(사) 한국어문회 주관
한국한자능력검정회 시행

합격, 실력UP

한자 漢字
능력검정시험

〈최신 개정판〉

조규남 엮음

조규남 선생님의
합격보장 자원풀이

• 핵심정리장
  (자원풀이 포함)
• 쓰기장
• 예상문제

3급

태평양저널

조 규 남 (曺圭南)

성균관대학교 문과대학 한문학과 졸업
성균관대학교 대학원 졸업(한문교육전공)
민족문화추진회 국역연수부 졸업
대한민국 미술대전 서예부문 입선(미협)
추사김정희선생추모 전국휘호대회 초대작가
소사벌서예대전 초대작가
도원서예 원장
성균관대학교 강사(「금석서예」지도)
원광대학교 초빙교수

100% 합격보장하는 자원풀이 **한자능력 검정시험 3급**

2022년11월 30일 제판 6쇄 인쇄
2024년 1월 10일 제판 7쇄 발행
엮은이 : 조 규 남
펴낸이 : 박 종 수
펴낸곳 : 태평양저널.(서울특별시 영등포구 신길5동 339-119.)
전 화 : (02)834-1806
팩 스 : (02)834-1802
등 록 : 1991. 5. 3.(제03-00468)
ⓒ 조규남2007

정가 14,000원

이 책의 무단 복제, 복사, 전재는 저작권법에 저촉됩니다.
잘못 만들어진 책은 바꾸어 드립니다.

ISBN 89-90642-89-9 13710

감 수 문 (監 修 文)

우리나라는 한자문화권에 속해 있다.

우리는 수천 년 동안 한자(漢字)와 더불어 생활해왔기 때문에 한자는 알게 모르게 우리의 생활 깊숙이 들어와 있다. 한자가 비록 외국의 문자이긴 하지만 우리 민족은 한자를 맹목적으로 받아들인 것이 아니고 한자를 이용하여 우리의 문화를 풍부하게 하는 슬기를 발휘하였다. 지금 우리들에게 남겨진 찬란한 민족문화의 유산이 바로 그것이다. 그러므로 우리는 좋든 싫든 한자를 떠날 수 없게 되어 있다.

그동안 파행적인 어문정책으로 인하여 학생들의 한자학습에 커다란 어려움을 겪기도 하였으나, 근년에 한자학습의 필요성이 새롭게 인식되어 그 열기가 전국적으로 확산되고 있는 것은 늦은 감이 있으나마 지극히 다행스러운 일이다. 특히 초등학교 학생들의 학습 전반에 걸쳐 한자가 차지하는 비중은 거의 절대적이라 할 수 있다. 각 교과목에 나오는 학습용어(學習用語)들이 대부분 한자어로 되어 있어 한자를 익히면 내용의 절반 이상을 저절로 이해할 수 있기 때문이다. 더구나 표의문자(表意文字)인 한자의 특성상 한자학습은 학생들의 사고력을 증진시키고 조어력(造語力)을 향상시킨다. 또한 이 어지러운 시대에 한자학습은 학생들의 인성교육(人性敎育)에도 커다란 공헌을 하고 있다.

이러한 시대적 요구에 부응하여 조규남군이 이 책을 편찬한 것은 참으로 훌륭한 일이라 하겠다. 조규남군은 성균관대학교 한문학과에서 내가 직접 가르친 제자이다. 조군은 성균관대학교 한문학과를 졸업하고 교육대학원에서 한자교육 연구로 석사학위를 취득했으며, 재능교육에서 다년간 한자 학습지 편찬을 주관하다가 뜻한 바 있어 지금은 아담한 교실을 마련하여 학생들에게 한자와 서예를 지도하고 있다. 항상 단정한 몸가짐으로 선비의 품성을 갖춘 조규남군이, 한문학과에서 공부한 한문학 지식과 대학원에서 연구한 학습이론을 바탕으로 펴낸 이 책이 한자를 공부하려는 학생들에게 등대와 같은 길잡이가 되리라는 것은 믿어 의심치 않는다.

성균관대학교 한문학과 교수 문학박사 송 재 소

■ 미리 읽어보는 시험대비 기본지침자료

◆ (사)한국어문회 전국한자능력검정시험

♦ 응시자격
모든 급수에 누구나 응시가능.

♦ 시험일정
1년에 4회 실시(인터넷 www.hangum.re.kr 및 주요 일간지 광고면 참조).

♦ 원서접수
1. 방문접수 : 각 고사장 접수처.
2. 인터넷접수 : www.hangum.re.kr 이용.

♦ 합격자 발표
시험일 한 달 뒤, 인터넷(www.hangum.re.kr)과 ARS(060-800-1100)로 발표함.

♦ **공인급수**는 1급·2급·3급·3급Ⅱ이며, **교육급수**는 4급·4급Ⅱ·5급·5급Ⅱ·6급·6급Ⅱ·7급·7급Ⅱ·8급입니다.

❖ (사)한국어문회 전국한자능력검정시험 급수구분 및 문제유형에 따른 급수별 출제기준

문제유형 \ 급수구분	8급	7급Ⅱ	7급	6급Ⅱ	6급	5급Ⅱ	5급	4급Ⅱ	4급	3급Ⅱ	3급	2급	1급
독음(讀音)	24	22	32	32	33	35	35	35	32	45	45	45	50
한자(漢字) 쓰기	0	0	0	10	20	20	20	20	20	30	30	30	40
훈음(訓音)	24	30	30	29	22	23	23	22	22	27	27	27	32
완성형(完成型)	0	2	2	2	3	4	4	5	5	10	10	10	15
반의어(反義語)	0	2	2	2	3	3	3	3	3	10	10	10	10
뜻풀이	0	2	2	2	2	3	3	3	3	5	5	5	10
동음이의어(同音異義語)	0	0	0	0	2	3	3	3	3	5	5	5	10
부수(部首)	0	0	0	0	0	0	0	0	0	5	5	5	10
동의어(同義語)	0	0	0	0	0	0	3	3	3	5	5	5	10
장단음(長短音)	0	0	0	0	0	0	0	0	0	5	5	5	10
약자(略字)·속자(俗字)	0	0	0	0	0	0	3	3	3	3	3	3	3
필순(筆順)	2	2	2	3	3	3	3	0	0	0	0	0	0
읽기 배정한자	50	100	150	225	300	400	500	750	1,000	1,500	1,817	2,355	3,500
쓰기 배정한자	-	-	-	50	150	225	300	400	500	750	1,000	1,817	2,005
출제문항(개)	50	60	70	80	90	100	100	100	100	150	150	150	200
합격문항(개)	35	42	49	56	63	70	70	70	70	105	105	105	160
시험시간(분)	50	50	50	50	50	50	50	50	50	60	60	60	90

★ 위 출제기준표는 기본지침자료이며, 출제자의 의도에 따라 차이가 있을 수 있습니다.

*상위급수 한자는 모두 하위급수 한자를 포함하며, 쓰기 배정한자는 바로 아래 급수의 읽기 배정한자이거나 그 범위 내에 있습니다.

차례

3 감수문

4 미리 읽어보는 시험대비 기본지침자료

6 이 책의 활용법

7 기초(基礎) 학습
- 육서(六書)   8
- 한자의 필순(筆順)   9
- 부수
  - 1. 부수자(部首字)의 이름과 위치   11
  - 2. 부수자의 변형   13
- 자전(字典)에서 한자찾기   14

15 한자(漢字) 학습
- 3급 배정한자표(配定漢字表)   16
- 신습한자표(新習漢字表)   29
- 신습한자 익히기   41
- 약자(略字)·속자(俗字) 익히기   201

205 한자어(漢字語) 학습
- 한자어 독음(讀音) 쓰기(장단음 포함)   206
- 한자어 쓰기   222
- 반의어(反義語)   283
- 동의어(同義語)   293
- 동음이의어(同音異義語)   296
- 한자성어(漢字成語)   300

309 활용(活用) 학습
- 3급 예상문제(15회분)   310

363 부록(附錄)
- 읽기장   364
- 부수자 일람표

이 책의 활용법

- 이 책은 **전국한자능력검정시험**을 위한 수험서입니다.
- 다년간 현장 학습지도(學習指導)로 경험이 많으신 여러 선생님들의 의견을 반영하여 제작하였습니다.

| 학 | 습 | 방 | 법 |

① 한자의 모양(형)·뜻(훈)·소리(음)를 잘 살펴본다.
   핵심정리를 통해 글자의 생성과정(字源 풀이)과 중요점을 확인한다.

② **본보기 한자(漢字)**를 쓰는 순서대로 3~5회, 글자 위에 그대로 따라 써 본다.
   다음에 부수(部首)·획수(畫數)·총획(總畫)·훈음(訓音)의 변화 등을 익힌 후,
   빈칸을 채워나간다.

③ 신습한자 칸의 **한자어 독음(讀音)**을 미리 써 본다.
   모두 해당 급수 범위 내의 출제 가능한 한자어만 선정했으므로, 아는 한자어의 독음
   (讀音)을 써 보고 해답은 뒷면의 복습•쓰기장 에서 확인한다.

④ 한자어의 첫글자 다음에 장음(長音=긴소리. :표시)이 온 경우는, 첫글자의 음(音)을
   여러 번 길게 소리내어 읽어본다.

⑤ 한자어(漢字語)는 정확한 뜻풀이를 중심으로 익힌다.
   한자는 의미(意味)를 위주로 하는 표의문자(表意文字)이므로, 그 특성을 충분히 살려
   성어(成語)나 한문 문구(文句)를 이해하도록 한다.

⑥ 약자(略字)·반의어(反義語)·유의어(類義語)·동음이의어(同音異義語) 등도 출제빈도가
   높으므로 잘 익혀둔다.

⑦ **두음법칙**(頭音法則)·속음(俗音)·사이시옷 등, 정확한 한글 맞춤법을 알아 둔다.

⑧ **예상문제**를 풀어가며 최종 정리한다.

⑨ **읽기장**은 공부할 때마다 훈음(訓音)을 가리고 입과 눈으로 익힌다.

 이 학습서가 한자학습(漢字學習)의 좋은 길잡이가 되어 공부에 자신감이 생기기를 진심으로 바라는 바입니다.

엮은이 　 조 규 남 드림

기초(基礎)학습

- 육서(六書)
- 한자의 필순(筆順)
- 부수자(部首字)의 이름과 위치
- 부수자의 변형
- 자전(字典)에서 한자찾기

육서(六書)

육서(六書)는 상형문자/지사문자/회의문자/형성문자/전주문자/가차문자를 말하며, 각각 일정한 규칙에 의해 그 구성과 응용 방법에 따라 나누어진 것이다.

문자(文字)라는 말은 육서(六書) 중에서 문(文) 부분은 단독의 뜻을 가지고 있는 상형과 지사를 말하며, 자(字) 부분은 이미 만들어진 문(文)의 의미를 조합하여 기본 글자를 불려나갔으니 회의와 형성이 여기에 해당된다. 따라서 문(文)과 자(字)는 한자를 만드는 원리를 대표하는 말인 셈이다. 그 외에 전주와 가차는 이미 만들어진 문자(文字)를 활용하는 편에 속한다고 할 수 있다.

1. 상형문자(象形文字): 구체적임

구체적인 사물의 모양을 본떠서 만든 글자.
 예) 日(해 일), 月(달 월), 馬(말 마), 山(메 산) 등.

2. 지사문자(指事文字): 추상적임

추상적인 생각이나 뜻을 점이나 선, 또는 부호로 나타낸 글자.
 예) 一(한 일), 上(위 상), 下(아래 하), 本(근본 본), 末(끝 말) 등.

3. 회의문자(會意文字): 뜻부분(意) + 뜻부분(意)

이미 만들어진 둘 이상의 글자들을 결합하여 그것들로부터 연관되는 새로운 뜻을 가지도록 만들어진 글자.
 예) 男[사내 남 → 田:밭 전 + 力:힘 력] ⇒ 논밭(田)의 일터에서 힘써(力) 일하는 '사내'
　　 休[쉴 휴 → 亻:사람 인 + 木:나무 목] ⇒ 사람(亻)이 나무(木) 그늘 밑에서 '쉼'

4. 형성문자(形聲文字): 뜻을 포함한 부분(形) + 음부분(聲)

이미 만들어진 글자를 결합하여 새로운 뜻을 나타내되, 일부는 뜻(形)을 나타내고 일부는 음(聲)을 나타내는 글자.
 예) 頭[머리 두 ⇒ 頁:머리 혈 + 豆:콩 두], 空[빌 공 ⇒ 穴:구멍 혈 + 工:장인 공] 등.

5. 전주문자(轉注文字): 뜻부분 위주

이미 만들어진 글자를 가지고 그 뜻을 유추(類推)하여 다른 뜻으로 굴리고(轉) 끌어대어(注) 활용하는 글자.
 예) 樂(풍류 악/즐길 락/좋아할 요), 老(늙은이 로/익숙할 로) 등.

6. 가차문자(假借文字): 음부분 위주

이미 만들어진 글자를 본래의 뜻에 관계 없이 음만 빌려다가 쓰는 글자.
 예) 亞細亞(아세아 : Asia), 佛陀(불타 : Buddha), 丁丁(정정 : 도끼로 나무를 찍는 소리),
　　 可口可樂(코카콜라 : Coca cola) 등.

한자의 필순(筆順)

　한자의 필순(筆順)은 절대적인 규칙이 있는 것은 아니지만, 오랜 세월동안 여러 사람의 체험을 통해서 붓글씨의 획(劃)을 쓰기위한 일반적인 순서가 갖추어졌다고 할 수 있다. 글자의 모양이 아름다우면서 빠르고 정확하게 쓸 수 있는 방법이 필요했던 것이다. 붓글씨의 획(劃)은 점(點)과 선(線)으로 이루어져있는데, 필순은 이 점과 선으로 구성된 획을 쓰는 순서를 말한다. 특히, 행서(行書)와 초서(草書)의 경우에는 쓰는 순서에 따라 그 한자의 모양새가 달라진다.

　필순(筆順)의 기본원칙(基本原則)은 다음과 같다. 예외적인 경우도 잘 알아두어야 한다.

1. 위에서 아래로 긋는다.
　　三 ⇨ 一 二 三

2. 왼쪽에서 오른쪽으로 긋는다.
　　川 ⇨ 丿 川 川

3. 가로획을 먼저 쓰고 세로획은 나중에 긋는다.
　　十 ⇨ 一 十　　　　　田 ⇨ 丨 冂 曰 田 田
　　主 ⇨ 丶 二 三 キ 主　　佳 ⇨ 丿 亻 个 个 个 佳 佳
　　馬 ⇨ 丨 厂 F F 馬 馬 馬 馬 馬

4. 삐침(丿)을 파임(\)보다 먼저 긋는다.
　　入 ⇨ 丿 入　　　　及 ⇨ 丿 ア 乃 及

　・**삐침(丿)을 나중에 긋는 경우도 있다.**
　　力 ⇨ 丁 力　　　　方 ⇨ 丶 二 亍 方

5. 좌우(左右)로 대칭일 때는 가운데 획을 먼저 긋는다.
　　小 ⇨ 亅 小 小　　　水 ⇨ 亅 才 才 水
　　山 ⇨ 丨 山 山　　　出 ⇨ 丨 屮 屮 出 出
　　雨 ⇨ 一 厂 币 币 雨 雨 雨
　　[예외] 火 ⇨ 丶 丷 火 火　　來 ⇨ 一 厂 厂 來 來 來 來 來

6. 글자 전체를 꿰뚫는 획은 나중에 긋는다.

中 ⇨ ｜ 冂 口 中   　　車 ⇨ 一 厂 亓 币 百 宣 車
事 ⇨ 一 亍 亓 亘 写 写 事
手 ⇨ 丿 二 三 手
子 ⇨ 了 了 子   　　女 ⇨ 〈 女 女
母 ⇨ 乚 口 口 母 母

[예외] 世 ⇨ 一 十 卄 卅 世

7. (오른쪽 위의) 점은 맨 나중에 찍는다.

太 ⇨ 一 ナ 大 太   　　寸 ⇨ 一 寸 寸
代 ⇨ 丿 亻 仁 代 代
求 ⇨ 一 十 十 才 求 求 求

8. 안을 둘러싸고 있는 한자는 바깥부분을 먼저 쓰고, 밑부분은 맨 나중에 긋는다.

四 ⇨ ｜ 冂 四 四 四
國 ⇨ ｜ 冂 冂 冃 同 同 同 國 國 國
門 ⇨ ｜ 門 門 門 門 門 門 門

9. 받침(辶, 廴)은 맨 나중에 긋는다.

建 ⇨ 𠃌 彐 ⺻ 聿 聿 律 建 建
近 ⇨ ´ 厂 斤 斤 斤 近 近 近

[예외] 起 ⇨ 一 十 土 キ 井 非 走 走 起 起
題 ⇨ ｜ 冂 日 日 旦 早 杲 是 是 是 題 題 題 題 題 題

부수(部首)

1. 부수자(部首字)의 위치에 따른 이름

이 름	위 치	해 당 한 자
제부수	■	手(손 수)　　日(해 일)　　月(달 월) 人(사람 인)　　馬(말 마) 등.
몸	ㄇ 口 ㅁ ㄇ 口 ㄷ	멀경몸 - 冊(책 책)　再(두 재) 등. 큰입구몸 - 國(나라 국)　因(인할 인) 등. 에운담몸 - 間(물을 문)　街(거리 가) 등. 위튼입구몸 - 凸(날 출)　凶(흉할 흉) 등. 튼입구몸 - 匠(장인 장)　匣(갑 갑) 등. 감출혜몸 - 區(구역 구)　匹(짝 필) 등. 쌀포몸 - 包(쌀 포)　勿(~하지말 물) 등.
머리	ㄱ	돼지머리해 - 亡(망할 망)　交(사귈 교) 등. 민갓머리 - 冠(갓 관)　冥(어두울 명) 등. 갓머리 - 家(집 가)　安(편안할 안) 등. 대죽머리 - 第(차례 제)　笑(웃을 소) 등. 필발머리 - 發(필 발)　登(오를 등) 등. 초두머리 - 花(꽃 화)　草(풀 초) 등.
발	ㄴ	어진사람인발 - 兄(형 형)　兒(아이 아) 등. 천천히걸을쇠발 - 夏(여름 하) 등. 스물입발 - 弄(희롱할 롱) 등. 연화발 - 然(그럴 연) 등.

11

이 름	위 치	해당 한자
좌부**변**	┌	이수변 – 冷(찰 랭)　涼(서늘할 량) 등. 두인변 – 德(덕 덕)　後(뒤 후) 등. 심방변 – 性(성품 성)　悟(깨달을 오) 등. 재방변 – 投(던질 투)　打(칠 타) 등. 장수장변 – 牀(평상 상) 등. 개사슴록변 – 犯(범할 범)　狗(개 구) 등. 구슬옥변 – 理(다스릴 리)　球(공 구) 등. 죽을사변 – 死(죽을 사)　殃(재앙 앙) 등. 삼수변 – 江(강 강)　海(바다 해) 등. 보일시변 – 神(귀신 신)　社(단체 사) 등. 육달월변 – 肝(간 간)　能(능할 능) 등. 좌부방변 – 防(막을 방)　陵(언덕 릉) 등.
우부**방**	┐	병부절방 – 印(도장 인)　卵(알 란) 등. 우부방 – 郡(고을 군)　鄕(시골 향) 등.
엄	⌐	민엄호 – 原(근원 원)　厄(재앙 액) 등. 주검시엄 – 尾(꼬리 미)　尺(자 척) 등. 엄호 – 庭(뜰 정)　度(법도 도) 등. 기운기엄 – 氣(기운 기) 등. 병질엄 – 病(병들 병)　疾(병 질) 등. 늙을로엄 – 老(늙을 로)　者(놈 자) 등. 범호엄 – 虎(범 호)　號(부르짖을 호) 등.
책**받침**	⌐_	민책받침 – 廷(조정 정)　建(세울 건) 등. 책받침 – 近(가까울 근)　道(길 도) 등.

2. 부수자(部首字)의 변형

부수자	변형 부수자	해당 한자
人(사람 인)	亻(사람인변)	仁(어질 인) 등.
刀(칼 도)	刂(선칼도방)	利(이로울 리) 등.
川(내 천)	巛(개미허리)	巡(순행할 순) 등.
彐(돼지머리 계)	彐 彑(튼가로왈)	彗(비 혜) 彘(돼지 체) 등.
攴(칠 복)	攵(등글월문)	敎(가르칠 교) 등.
心(마음 심)	忄(심방변)	情(뜻 정) 등.
手(손 수)	扌(재방변)	指(손가락 지) 등.
水(물 수)	氵(물수변)	法(법 법) 등.
火(불 화)	灬(연화발)	熱(더울 열) 등.
玉(구슬 옥)	王(구슬옥변)	珍(보배 진) 등.
示(보일 시)	礻(보일시변)	礼(예도 례) 등.
絲(실 사)	糸(실사변)	結(맺을 결) 등.
老(늙을 로)	耂(늙을로엄)	考(상고할 고) 등.
肉(고기 육)	月(육달월변)	肥(살찔 비) 등.
艸(풀 초)	⺿ ⺾(초두머리)	茶(차 다) 등.
衣(옷 의)	衤(옷의변)	複(겹칠 복) 등.
辵(쉬엄쉬엄갈 착)	辶(책받침)	通(통할 통) 등.
邑(고을 읍)	阝(우부방)-오른쪽에 위치	都(도읍 도) 등.
阜(언덕 부)	阝(좌부방변)-왼쪽에 위치	限(한정 한) 등.

자전(字典)에서 한자찾기

'자전(字典)'을 따로 '옥편(玉篇)'이라고도 한다.
한자의 부수(部首) 214자에 따라 분류한 한자를 획수의 차례로 배열하여 글자마다 우리말로 훈(뜻)과 음을 써 놓은 책이다.
자전(字典)에서 한자를 찾는 방법은 크게 아래의 세 가지 방법이 있다.

1. 「부수 색인(部首索引)」 이용법

부수한자 214자를 1획부터 17획까지의 획수에 따라 분류해서 만들어 놓은 「부수 색인(部首索引)」을 이용한다.

> <보기> '地' 자를 찾는 경우
> ① '地'의 부수인 '土'가 3획이므로 「부수 색인」 3획에서 '土'를 찾는다.
> ② '土' 자 옆에 적힌 쪽수에 따라 '土(흙 토)' 부를 찾아 펼친다.
> ③ '地' 자에서 부수를 뺀 나머지 부분(也)의 획이 3획이므로, 다시 3획 난의 한자를 차례로 살펴 '地' 자를 찾는다.
> ④ '地(땅 지)' 자의 훈과 음을 확인한다.

2. 「총획 색인(總畫索引)」 이용법

「부수 색인(部首索引)」으로 한자를 찾지 못한 경우는 글자의 총획을 세어서 획수별로 구분하여 놓은 「총획 색인(總畫索引)」을 이용한다.

> <보기> '乾' 자를 찾는 경우
> ① '乾' 자의 총획(11획)을 센다.
> ② 총획 색인 11획 난에서 '乾' 자를 찾는다.
> ③ '乾' 자 옆에 적힌 쪽수를 펼쳐서 '乾' 자를 찾는다.
> ④ '乾(하늘 건)' 자의 훈과 음을 확인한다.

3. 「자음 색인(字音索引)」 이용법

한자음을 알고 있을 때는 가나다 순으로 배열된 「자음 색인(字音索引)」을 이용한다.

> <보기> '南' 자를 찾는 경우
> ① '南' 자의 음이 '남'이므로 「자음 색인(字音索引)」에서 '남' 난을 찾는다.
> ② '남' 난에 배열된 한자들 중에서 '南' 자를 찾는다.
> ③ '南' 자 아래에 적힌 쪽수를 찾아 펼친다.
> ④ '南(남녘 남)' 자의 훈과 음을 확인한다.

한자(漢字) 학습

- 배정한자표(配定漢字表)
- 신습한자표(新習漢字表)
- 신습한자 익히기
- 약자(略字)·속자(俗字) 익히기

3級 配定漢字(1,817字)

3급 배정한자 1,817字 = 3급Ⅱ 배정한자 1,500字 + 추가 317字
* 표시는 **쓰기 배정한자 1,000字**임.
:, (:) 표시는 장음(長音)을 나타냄.

*可 옳을 가:	剛 굳셀 강	牽 이끌 견	*季 계절 계:
*加 더할 가	*康 편안 강	끌 견	*界 지경 계:
佳 아름다울 가:	*强 강할 강(:)	*見 볼 견:	癸 북방 계:
架 시렁 가:	綱 벼리 강	뵈올 현:	천간 계:
*家 집 가	鋼 강철 강	肩 어깨 견	繫 맬 계:
*假 거짓 가:	*講 욀 강	*堅 굳을 견	契 맺을 계:
*街 거리 가(:)	介 낄 개:	遣 보낼 견:	*係 맬 계:
*暇 겨를 가:	*改 고칠 개(:)	絹 비단 견	*計 셀 계:
틈 가:	皆 다 개	*決 결단할 결	桂 계수나무 계:
*歌 노래 가	*個 낱 개(:)	*缺 이지러질 결	啓 열 계:
*價 값 가	*開 열 개	訣 이별할 결	械 기계 계:
*各 각각 각	蓋 덮을 개	*結 맺을 결	*階 섬돌 계
*角 뿔 각	慨 슬퍼할 개:	*潔 깨끗할 결	溪 시내 계
却 물리칠 각	槪 대개 개:	兼 겸할 겸	*繼 이을 계:
*刻 새길 각	*客 손 객	謙 겸손할 겸	*鷄 닭 계
脚 다리 각	*更 다시 갱	*京 서울 경	*古 예 고:
閣 집 각	고칠 경	庚 별 경	*考 생각할 고(:)
*覺 깨달을 각	*去 갈 거:	徑 지름길 경	*告 고할 고:
*干 방패 간	*巨 클 거:	길 경	*固 굳을 고
刊 새길 간	*車 수레 거/차	耕 밭갈 경	苦 쓸 고
肝 간 간(:)	*居 살 거	竟 마침내 경:	姑 시어미 고
*看 볼 간	*拒 막을 거:	頃 이랑 경	*孤 외로울 고
姦 간음할 간:	距 상거할 거:	잠깐 경	枯 마를 고
*間 사이 간(:)	*據 근거 거:	*景 볕 경(:)	*故 연고 고(:)
幹 줄기 간	*擧 들 거:	卿 벼슬 경	*高 높을 고
懇 간절할 간:	*件 물건 건	硬 굳을 경	庫 곳집 고
*簡 간략할 간	*建 세울 건	*敬 공경 경:	鼓 북 고
대쪽 간(:)	*健 굳셀 건	*傾 기울 경	稿 원고 고:
渴 목마를 갈	乾 하늘 건	*經 지날 경	볏집 고:
*甘 달 감	마를 간	글 경	顧 돌아볼 고
*減 덜 감:	*傑 뛰어날 걸	*境 지경 경	*曲 굽을 곡
*敢 감히 감:	乞 빌 걸	*輕 가벼울 경	谷 골 곡
구태여 감:	*儉 검소할 검:	慶 경사 경:	哭 울 곡
*感 느낄 감:	劍 칼 검:	*警 깨우칠 경:	*穀 곡식 곡
*監 볼 감	*檢 검사할 검:	鏡 거울 경:	*困 곤할 곤:
鑑 거울 감	格 격식 격	競 다툴 경:	坤 따 곤
*甲 갑옷 갑	*激 격할 격	*驚 놀랄 경	*骨 뼈 골
*江 강 강	隔 사이뜰 격	*系 이어맬 계:	*工 장인 공
*降 내릴 강	*擊 칠 격	이을 계:	*公 공평할 공
항복할 항	*犬 개 견	*戒 경계할 계:	공변될 공

漢字	訓	音		漢字	訓	音		漢字	訓	音		漢字	訓	音
*孔	구멍	공:		郊	들	교		*屈	굽힐	굴		錦	비단	금:
*功	공	공		*校	학교	교:		弓	활	궁		及	미칠	급
*共	한가지	공:		*敎	가르칠	교:		*宮	집	궁		*急	급할	급
*攻	칠	공:		較	비교	교		*窮	다할	궁		*級	등급	급
*空	빌	공			견줄	교			궁할	궁		*給	줄	급
供	이바지할	공:		*橋	다리	교		*券	문서	권		肯	즐길	긍:
恭	공손할	공		矯	바로잡을	교:		*卷	책	권		*己	몸	기
貢	바칠	공:		*九	아홉	구		拳	주먹	권:		企	꾀할	기
恐	두려울	공:		*口	입	구(:)		*勸	권할	권:		忌	꺼릴	기
*果	실과	과:		久	오랠	구:		*權	권세	권		*技	재주	기
*科	과목	과		丘	언덕	구		厥	그	궐		*汽	물끓는김	기
*過	지날	과:		*句	글귀	구		軌	바퀴자국	궤		*奇	기특할	기
誇	자랑할	과:		*求	구할	구		鬼	귀신	귀:		其	그	기
寡	적을	과:		*究	연구할	구		*貴	귀할	귀:		祈	빌	기
*課	공부할	과			궁구할	구		*歸	돌아갈	귀:		*紀	벼리	기
	과정	과		*具	갖출	구(:)		叫	부르짖을	규		*氣	기운	기
郭	둘레	곽		苟	구차할	구		糾	얽힐	규		豈	어찌	기
	외성	곽			진실로	구		*規	법	규		*起	일어날	기
*官	벼슬	관		拘	잡을	구		*均	고를	균		*記	기록할	기
冠	갓	관		狗	개	구		菌	버섯	균		飢	주릴	기
貫	꿸	관(:)		俱	함께	구		克	이길	극		*基	터	기
寬	너그러울	관		*區	구분할	구		*極	극진할	극		*寄	부칠	기
*管	대롱	관			지경	구			다할	극		旣	이미	기
	주관할	관		*球	공	구		*劇	심할	극		棄	버릴	기
慣	익숙할	관		*救	구원할	구:		斤	근	근		幾	몇	기
館	집	관		*構	얽을	구			날	근		欺	속일	기
*關	관계할	관		*舊	예	구:		*近	가까울	근:		*期	기약할	기
*觀	볼	관		懼	두려워할	구		*根	뿌리	근		*旗	기	기
*光	빛	광		驅	몰	구		*筋	힘줄	근		畿	경기	기
*廣	넓을	광:		龜	거북	구/귀		僅	겨우	근:		*器	그릇	기
*鑛	쇳돌	광:			터질	균		*勤	부지런할	근(:)		*機	틀	기
狂	미칠	광		*局	판	국		謹	삼갈	근:		騎	말탈	기
掛	걸	괘		菊	국화	국		*今	이제	금		緊	긴할	긴
怪	괴이할	괴(:)		*國	나라	국		*金	쇠	금		吉	길할	길
塊	흙덩이	괴		*君	임금	군			성	김		那	어찌	나:
愧	부끄러울	괴:		*軍	군사	군		禽	새	금		諾	허락할	낙
壞	무너질	괴:		*郡	고을	군:		琴	거문고	금		*暖	따뜻할	난:
巧	공교할	교		*群	무리	군		*禁	금할	금:		*難	어려울	난(:)
*交	사귈	교												

漢字	訓	音		漢字	訓	音		漢字	訓	音		漢字	訓	音
*男	사내	남		*談	말씀	담		*圖	그림	도		蘭	난초	란
*南	남녘	남		*擔	멜	담		稻	벼	도		欄	난간	란
*納	들일	납		畓	논	답		*導	인도할	도:		濫	넘칠	람:
娘	계집	낭		*答	대답	답		*毒	독	독		*覽	볼	람
乃	이에	내:		踏	밟을	답		*督	감독할	독		浪	물결	랑
*內	안	내:		唐	당나라 당황할	당		篤	도타울	독		郞	사내	랑
奈	어찌	내		*堂	집	당		*獨	홀로	독		*朗	밝을	랑:
耐	견딜	내:		*當	마땅	당		*讀	읽을 구절	독 두		廊	사랑채 행랑	랑 랑
*女	계집	녀		糖	엿 사탕	당 탕		豚	돼지	돈		*來	올	래(:)
*年	해	년		*黨	무리	당		敦	도타울	돈		*冷	찰	랭:
*念	생각	념:		*大	큰	대(:)		突	갑자기	돌		*略	간략할 약할	략 략
寧	편안	녕		*代	대신	대:		*冬	겨울	동(:)		掠	노략질할	략
奴	종	노		待	기다릴	대:		*同	한가지	동		*良	어질	량
努	힘쓸	노		帶	띠	대(:)		*東	동녘	동		*兩	두	량:
怒	성낼	노:		貸	빌릴 꿀	대: 대:		*洞	골 밝을	동: 통		涼	서늘할	량
*農	농사	농		*隊	무리	대		凍	얼	동:		梁	들보 돌다리	량 량
惱	번뇌할	뇌		臺	대	대		*動	움직일	동:		*量	헤아릴	량
腦	골 뇌수	뇌 뇌		*對	대할	대:		*童	아이	동:		諒	살펴알 믿을	량 량
*能	능할	능		*德	큰	덕		銅	구리	동		*糧	양식	량
泥	진흙	니		刀	칼	도		*斗	말	두		*旅	나그네	려
*多	많을	다		*到	이를	도:		*豆	콩	두		*慮	생각할	려:
茶	차 차	다 차		*度	법도 헤아릴	도(:) 탁		*頭	머리	두		勵	힘쓸	려:
丹	붉을	단		挑	돋울	도		屯	진칠	둔		*麗	고울	려
旦	아침	단		*逃	도망할	도		鈍	둔할	둔:		*力	힘	력
但	다만	단:		*島	섬	도		*得	얻을	득		*歷	지날	력
*段	층계	단		倒	넘어질	도:		*登	오를	등		曆	책력	력
*單	홑 흉노임금	단 선		塗	칠할	도		*等	무리	등:		*連	이을	련
*短	짧을	단(:)		*徒	무리	도		*燈	등	등		蓮	연꽃	련
*團	둥글	단		途	길	도:		騰	오를	등		憐	불쌍히여길	련
*端	끝	단		桃	복숭아	도		羅	벌릴 벌	라 라		*練	익힐	련:
壇	단	단		陶	질그릇	도		*落	떨어질	락		聯	연이을	련
檀	박달나무	단		*盜	도둑	도		絡	이을 얽을	락 락		鍊	쇠불릴 단련할	련: 련:
*斷	끊을	단:		渡	건널	도		*樂	즐길 노래 좋아할	락 악 요		戀	그리워할 그릴	련: 련:
*達	통달할	달		道	길 말할	도: 도:		*卵	알	란:				
淡	맑을	담		*都	도읍	도		*亂	어지러울	란:				
				跳	뛸	도								

劣	못할	렬	*柳	버들	류:	*亡	망할	망	*模	본뜰	모
*列	벌	렬	*留	머무를	류	妄	망령될	망:	貌	모양	모
	벌일	렬	*流	흐를	류	忙	바쁠	망	侮	업신여길	모
*烈	매울	렬	*類	무리	류:	忘	잊을	망	冒	무릅쓸	모
裂	찢어질	렬	*六	여섯	륙	罔	없을	망	謀	꾀	모
廉	청렴할	렴	*陸	뭍	륙	茫	아득할	망	*木	나무	목
獵	사냥	렵	倫	인륜	륜	*望	바랄	망:	*目	눈	목
*令	하여금	령(:)	*輪	바퀴	륜	*每	매양	매(:)	*牧	칠	목
零	떨어질	령	*律	법칙	률	*妹	누이	매	睦	화목할	목
	영	령	栗	밤	률	埋	묻을	매	沒	빠질	몰
*領	거느릴	령	率	비율	률	*買	살	매:	夢	꿈	몽
嶺	고개	령		거느릴	솔	梅	매화	매	蒙	어두울	몽
靈	신령	령	隆	높을	륭	媒	중매	매	卯	토끼	묘
*例	법식	례:	陵	언덕	릉	*賣	팔	매(:)	*妙	묘할	묘
*禮	예도	례:	*里	마을	리:	*脈	줄기	맥	苗	모	묘
隷	종	례	*理	다스릴	리:	麥	보리	맥	*墓	무덤	묘
*老	늙을	로:	*利	이할	리:	盲	소경	맹	廟	사당	묘
*勞	일할	로	*離	떠날	리:		눈멀	맹	戊	천간	무
*路	길	로:	裏	속	리:	孟	만	맹	茂	무성할	무
露	이슬	로:	梨	배	리	猛	사나울	맹:	*武	호반	무
爐	화로	로	履	밟을	리:	盟	맹세	맹	*務	힘쓸	무
鹿	사슴	록	*李	오얏	리:	免	면할	면:	*無	없을	무
祿	녹	록		성	리:	*面	낯	면:	貿	무역할	무
綠	푸를	록	吏	관리	리:	眠	잘	면	*舞	춤출	무
				벼슬아치	리:	*勉	힘쓸	면:	霧	안개	무
*錄	기록할	록	隣	이웃	린	綿	솜	면	墨	먹	묵
*論	논할	론	*林	수풀	림	滅	멸할	멸	默	잠잠할	묵
弄	희롱할	롱:	臨	임할	림		꺼질	멸	*文	글월	문
雷	우레	뢰	*立	설	립	*名	이름	명	*門	문	문
賴	의뢰할	뢰:	*馬	말	마:	*命	목숨	명	*問	물을	문:
了	마칠	료:	麻	삼	마	*明	밝을	명	*聞	들을	문(:)
僚	동료	료	磨	갈	마	冥	어두울	명	紋	무늬	문
*料	헤아릴	료(:)	莫	없을	막	*鳴	울	명	勿	말	물
*龍	용	룡	幕	장막	막	銘	새길	명	*物	물건	물
累	여러	루:	漠	넓을	막	*毛	터럭	모	*未	아닐	미(:)
	자주	루:	*萬	일만	만:	*母	어미	모:	*米	쌀	미
淚	눈물	루:	晚	늦을	만:	某	아무	모:	尾	꼬리	미
屢	여러	루:	滿	찰	만(:)	募	모을	모	*味	맛	미
漏	샐	루:	慢	거만할	만:		뽑을	모	*美	아름다울	미(:)
樓	다락	루	漫	흩어질	만:	慕	그릴	모:	眉	눈썹	미
			*末	끝	말	暮	저물	모:	迷	미혹할	미(:)

微	작을	미	*背	등	배:	卜	점	복	*粉	가루	분
*民	백성	민	*倍	곱	배:	覆	엎어질	복	紛	어지러울	분
敏	민첩할	민	配	나눌	배:		덮을	부	*憤	분할	분:
憫	민망할	민		짝	배:	*伏	엎드릴	복	墳	무덤	분
*密	빽빽할	밀	培	북돋을	배:	*服	옷	복	奮	떨칠	분:
蜜	꿀	밀	排	밀칠	배	*復	회복할	복	*不	아닐	불/부
*朴	성	박	輩	무리	배:		다시	부	*佛	부처	불
泊	머무를	박	*白	흰	백	腹	배	복	拂	떨칠	불
	배댈	박	*百	일백	백	*福	복	복	朋	벗	붕
*拍	칠	박	伯	맏	백	*複	겹칠	복	崩	무너질	붕
迫	핍박할	박	*番	차례	번	*本	근본	본	*比	견줄	비:
*博	넓을	박	煩	번거로울	번	*奉	받들	봉	妃	왕비	비
薄	엷을	박	繁	번성할	번	封	봉할	봉	*批	비평할	비:
*反	돌아올	반:	飜	번역할	번	峯	봉우리	봉	*非	아닐	비
	돌이킬	반:	*伐	칠	벌	逢	만날	봉(:)	肥	살찔	비:
*半	반	반:	*罰	벌할	벌	蜂	벌	봉	卑	낮을	비:
返	돌이킬	반:	凡	무릇	범(:)	鳳	새	봉:	*飛	날	비
叛	배반할	반:	*犯	범할	범:	*夫	지아비	부	*祕	숨길	비:
*班	나눌	반	*範	법	범:	*父	아비	부	*悲	슬플	비:
般	가지	반	*法	법	법	付	부칠	부:	*費	쓸	비:
	일반	반	碧	푸를	벽	否	아닐	부:	*備	갖출	비:
飯	밥	반	*壁	벽	벽	扶	도울	부	婢	계집종	비:
伴	짝	반:	辨	분별할	변:	*府	마을	부(:)	*鼻	코	비:
盤	소반	반	*邊	가	변		관청	부(:)	*碑	비석	비
拔	뽑을	발	*辯	말씀	변:	附	붙을	부:	*貧	가난할	빈
*發	필	발	*變	변할	변:	*負	질	부:	賓	손	빈
*髮	터럭	발	*別	다를	별	赴	다다를	부:	頻	자주	빈
*方	모	방		나눌	별		갈	부:	*氷	얼음	빙
芳	꽃다울	방	丙	남녘	병	浮	뜰	부	聘	부를	빙
*妨	방해할	방	*兵	병사	병	符	부호	부(:)	*士	선비	사:
*防	막을	방	屏	병풍	병	*婦	며느리	부	巳	뱀	사:
邦	나라	방	竝	나란히	병	*部	떼	부	*四	넉	사:
*房	방	방	*病	병	병:	*副	버금	부:	*史	사기	사:
*放	놓을	방(:)	*步	걸음	보:	*富	부자	부:	司	맡을	사
倣	본뜰	방:	*保	지킬	보(:)	腐	썩을	부:	*仕	섬길	사(:)
*訪	찾을	방:	*普	넓을	보:	賦	부세	부:	*寺	절	사
傍	곁	방:	補	기울	보:	簿	문서	부:	*死	죽을	사:
杯	잔	배	*報	갚을	보:	*北	북녘	북	似	닮을	사:
*拜	절	배:		알릴	보:		달아날	배:			
			譜	족보	보:	*分	나눌	분(:)			
			*寶	보배	보:	奔	달릴	분			

沙	모래	사	桑	뽕나무	상	析	쪼갤	석
邪	간사할	사	*商	장사	상	*席	자리	석
*私	사사	사	*常	떳떳할	상	惜	아낄	석
*舍	집	사	祥	상서	상	釋	풀	석
事	일	사:	喪	잃을	상(:)	*仙	신선	선
*使	하여금	사:	*象	코끼리	상	*先	먼저	선
	부릴	사:	*想	생각	상:	*宣	베풀	선
*社	모일	사	*傷	다칠	상	旋	돌(廻)	선
祀	제사	사	詳	자세할	상	*船	배	선
*査	조사할	사	裳	치마	상	*善	착할	선
*思	생각	사(:)	嘗	맛볼	상	*選	가릴	선:
*師	스승	사	像	모양	상	*線	줄	선
*射	쏠	사(:)	*賞	상줄	상	禪	선	선
捨	버릴	사	霜	서리	상	*鮮	고울	선
蛇	긴뱀	사	償	갚을	상	*舌	혀	설
斜	비낄	사	雙	두	쌍	*雪	눈	설
*絲	실	사		쌍	쌍	設	베풀	설
詐	속일	사	塞	막힐	색	*說	말씀	설
詞	말	사		변방	새		달랠	세:
	글	사	*色	빛	색	涉	건널	섭
斯	이	사	索	찾을	색	攝	잡을	섭
*寫	베낄	사		노(새끼줄)	삭	*成	이룰	성
賜	줄	사:	*生	날	생	*性	성품	성:
*謝	사례할	사:	*西	서녘	서	*姓	성	성:
*辭	말씀	사	*序	차례	서:	*省	살필	성
削	깎을	삭	*書	글	서		덜	생
朔	초하루	삭	恕	용서할	서:	星	별	성
*山	메	산	徐	천천할	서(:)	*城	재	성
*産	낳을	산:	庶	여러	서:	*盛	성할	성:
*散	흩을	산:	敍	펼	서:	*聖	성인	성:
*算	셈	산:	誓	맹세할	서:	*誠	정성	성
*殺	죽일	살	逝	갈	서	*聲	소리	성
	감할	쇄:	暑	더울	서:	*世	인간	세:
*三	석	삼	署	마을	서:	*洗	씻을	세:
森	수풀	삼		관청	서:	*細	가늘	세:
*上	윗	상:	緖	실마리	서:	*稅	세금	세:
*床	상	상	*夕	저녁	석	*歲	해	세:
尙	오히려	상(:)	*石	돌	석	*勢	형세	세:
*狀	형상	상	昔	예	석	*小	작을	소:
	문서	장:				*少	적을	소:
*相	서로	상				召	부를	소
						*所	바	소:
						昭	밝을	소
						*素	본디	소(:)
							흴(白)	소(:)
						疏	소통할	소
						*笑	웃음	소:
						*消	사라질	소
						*掃	쓸(掃除)	소(:)
						訴	호소할	소
						蔬	나물	소
						燒	사를	소(:)
						蘇	되살아날	소
						騷	떠들	소
						束	묶을	속
						*俗	풍속	속
						*速	빠를	속
						粟	조	속
						*屬	붙일	속
						*續	이을	속
						*孫	손자	손(:)
						*損	덜	손:
						*松	소나무	송
						*送	보낼	송:
						訟	송사할	송:
						*頌	칭송할	송:
							기릴	송:
						誦	욀	송:
						刷	인쇄할	쇄:
						鎖	쇠사슬	쇄:
						衰	쇠할	쇠
						*水	물	수
						*手	손	수(:)
						囚	가둘	수
						垂	드리울	수
						搜	찾을	수

*守	지킬	수	戌	개	술	*身	몸	신	押	누를	압
*收	거둘	수	述	펼	술	伸	펼	신	央	가운데	앙
*秀	빼어날	수	*術	재주	술	*信	믿을	신:	仰	우러를	앙:
*受	받을	수(:)	*崇	높을	숭	*神	귀신	신	殃	재앙	앙
*首	머리	수	拾	주울	습	晨	새벽	신	哀	슬플	애
帥	장수	수		열	십	愼	삼갈	신:	涯	물가	애
*修	닦을	수	*習	익힐	습	*新	새	신	*愛	사랑	애(:)
殊	다를	수	濕	젖을	습	*失	잃을	실	厄	액	액
*授	줄	수	襲	엄습할	습	*室	집	실	*液	진	액
須	모름지기	수	*承	이을	승	*實	열매	실	*額	이마	액
遂	드디어	수	昇	오를	승	*心	마음	심	也	이끼	야:
愁	근심	수	乘	탈	승	甚	심할	심:		어조사	야:
睡	졸음	수	*勝	이길	승	*深	깊을	심	*夜	밤	야:
需	쓰일	수	僧	중	승	尋	찾을	심	耶	어조사	야
壽	목숨	수	*市	저자	시:	審	살필	심	*野	들	야:
隨	따를	수	*示	보일	시:	*十	열	십	若	같을	약
誰	누구	수	矢	화살	시:	牙	어금니	아		반야	야:
*數	셈	수:	侍	모실	시:	芽	싹	아	躍	뛸	약
*樹	나무	수	*始	비로소	시:	我	나	아:	*約	맺을	약
輸	보낼	수	是	이	시:	亞	버금	아(:)	*弱	약할	약
雖	비록	수	*施	베풀	시:	*兒	아이	아	*藥	약	약
獸	짐승	수	*時	때	시	阿	언덕	아	*羊	양	양
*叔	아재비	숙	*視	볼	시:	雅	맑을	아(:)	*洋	큰바다	양
*宿	잘	숙	*詩	시	시	餓	주릴	아:	揚	날릴	양
	별자리	수:	*試	시험	시(:)	岳	큰산	악	*陽	볕	양
淑	맑을	숙	*氏	각씨	씨	*惡	악할	악	楊	버들	양
孰	누구	숙		성씨	씨:		미워할	오	*養	기를	양:
*肅	엄숙할	숙	*式	법	식	*安	편안	안	*樣	모양	양
熟	익을	숙	*食	밥	식	岸	언덕	안:	壤	흙덩이	양:
旬	열흘	순		먹을	식	*案	책상	안:	讓	사양할	양:
巡	돌(廻)	순	*息	쉴	식	*眼	눈	안:	於	어조사	어
	순행할	순	*植	심을	식	雁	기러기	안:		탄식할	오
殉	따라죽을	순	飾	꾸밀	식	顔	낯	안	*魚	고기	어
*純	순수할	순	*識	알	식	謁	뵐	알	御	거느릴	어:
脣	입술	순		기록할	지	巖	바위	암	*漁	고기잡을	어
*順	순할	순:	*申	납(猿)	신	暗	어두울	암:	*語	말씀	어:
循	돌	순	*臣	신하	신	*壓	누를	압	抑	누를	억
瞬	눈깜짝일	순	辛	매울	신		억누를	압	*億	억(數字)	억

| 憶 생각할 억
| *言 말씀 언
| 焉 어찌 언
| *嚴 엄할 엄
| *業 업 업
| 予 나 여
| 汝 너 여:
| *如 같을 여
| 余 나 여
| *與 더불 여: 줄 여:
| *餘 남을 여
| 輿 수레 여:
| 亦 또 역
| 役 부릴 역
| *易 바꿀 역 쉬울 이:
| *逆 거스릴 역
| 疫 전염병 역
| *域 지경 역
| 譯 번역할 역
| 驛 역 역
| *延 늘일 연
| 沿 물따라갈 연(:) 따를 연(:)
| 宴 잔치 연:
| 軟 연할 연:
| *硏 갈 연:
| *然 그럴 연
| *煙 연기 연
| 鉛 납 연
| *演 펼 연:
| *燃 탈 연
| *緣 인연 연
| 燕 제비 연(:)
| 悅 기쁠 열
| 閱 볼 열
| *熱 더울 열

| 炎 불꽃 염
| 染 물들 염:
| 鹽 소금 염
| *葉 잎 엽
| *永 길 영:
| *迎 맞을 영
| *英 꽃부리 영
| 泳 헤엄칠 영:
| *映 비칠 영(:)
| 詠 읊을 영:
| *榮 영화 영
| 影 그림자 영:
| 營 경영할 영
| 銳 날카로울 예:
| *豫 미리 예:
| *藝 재주 예:
| 譽 기릴 예: 명예 예:
| *午 낮 오:
| *五 다섯 오:
| 汚 더러울 오:
| 吾 나 오
| 烏 까마귀 오
| 悟 깨달을 오:
| 娛 즐길 오
| 嗚 슬플 오
| 傲 거만할 오
| *誤 그르칠 오:
| *玉 구슬 옥
| *屋 집 옥
| 獄 옥 옥
| *溫 따뜻할 온
| 翁 늙은이 옹
| 擁 낄 옹:
| 瓦 기와 와:
| 臥 누울 와:
| *完 완전할 완
| 緩 느릴 완:

| 曰 가로 왈
| *王 임금 왕
| *往 갈 왕:
| *外 바깥 외:
| 畏 두려워할 외:
| *要 요긴할 요(:)
| 搖 흔들 요
| 遙 멀 요
| 腰 허리 요
| *謠 노래 요
| *曜 빛날 요:
| 辱 욕될 욕
| *浴 목욕할 욕
| 欲 하고자할 욕
| 慾 욕심 욕
| *用 쓸 용:
| *勇 날랠 용:
| *容 얼굴 용
| 庸 떳떳할 용
| 又 또 우:
| 于 어조사 우
| *友 벗 우:
| 尤 더욱 우
| *牛 소 우
| *右 오른 우:
| 宇 집 우:
| 羽 깃 우:
| *雨 비 우:
| 偶 짝 우:
| *遇 만날 우:
| 愚 어리석을 우
| *郵 우편 우
| 憂 근심 우
| *優 넉넉할 우
| 云 이를 운
| *雲 구름 운
| *運 옮길 운:
| 韻 운 운:

| *雄 수컷 웅
| *元 으뜸 원
| *怨 원망할 원(:)
| *原 언덕 원
| *員 인원 원
| *院 집 원
| *援 도울 원:
| *圓 둥글 원
| *園 동산 원
| *源 근원 원
| *遠 멀 원:
| *願 원할 원:
| *月 달 월
| 越 넘을 월
| *危 위태할 위
| *位 자리 위
| *委 맡길 위
| 胃 밥통 위
| *威 위엄 위
| *偉 클 위
| *爲 할 위
| *圍 에워쌀 위
| 違 어긋날 위
| 僞 거짓 위
| *慰 위로할 위
| 緯 씨 위
| 謂 이를 위
| 衛 지킬 위
| *由 말미암을 유
| 幼 어릴 유
| *有 있을 유:
| 酉 닭 유
| *乳 젖 유
| *油 기름 유
| 柔 부드러울 유
| 幽 그윽할 유
| 悠 멀 유

唯	오직	유	已	이미	이:	慈	사랑	자	*財	재물 재
惟	생각할	유	*以	써	이:	*資	재물	자	裁	옷마를 재
猶	오히려	유	而	말이을	이	*作	지을	작	載	실을 재(:)
裕	넉넉할	유:	*耳	귀	이:	*昨	어제	작	*爭	다툴 쟁
*遊	놀	유	夷	오랑캐	이	酌	술부을	작	*低	낮을 저:
愈	나을	유	*異	다를	이:		잔질할	작	*底	밑 저
維	벼리	유	*移	옮길	이	爵	벼슬	작	抵	막을 저:
誘	꾈	유	益	더할	익	*殘	남을	잔	著	나타날 저:
*遺	남길	유	翼	날개	익	暫	잠깐	잠(:)	*貯	쌓을 저:
*儒	선비	유	*人	사람	인	潛	잠길	잠	*赤	붉을 적
*肉	고기	육	*仁	어질	인	*雜	섞일	잡	*的	과녁 적
*育	기를	육	*引	끌	인	丈	어른	장	寂	고요할 적
閏	윤달	윤:	*因	인할	인	*壯	장할	장:	笛	피리 적
潤	불을	윤:	*印	도장	인	長	긴	장(:)	跡	발자취 적
*恩	은혜	은	忍	참을	인	莊	씩씩할	장	*賊	도둑 적
*銀	은	은	姻	혼인	인	章	글	장	滴	물방울 적
*隱	숨을	은	寅	범	인	帳	장막	장	摘	딸(手収) 적
乙	새	을		동방	인	張	베풀	장	*適	맞을 적
吟	읊을	음	*認	알	인	*將	장수	장(:)	*敵	대적할 적
*音	소리	음	*一	한	일	掌	손바닥	장:	*積	쌓을 적
淫	음란할	음	*日	날	일	葬	장사지낼	장:	績	길쌈 적
*陰	그늘	음	逸	편안할	일	*場	마당	장	蹟	자취 적
*飮	마실	음:	壬	북방	임:	粧	단장할	장	*籍	문서 적
*邑	고을	읍	*任	맡길	임(:)	*裝	꾸밀	장	*田	밭 전
泣	울	읍	賃	품삯	임:	*腸	창자	장	*全	온전 전
*應	응할	응:	*入	들	입	獎	장려할	장(:)	*典	법 전:
凝	엉길	응	*子	아들	자	*障	막을	장	*前	앞 전
*衣	옷	의	*字	글자	자	藏	감출	장:	*展	펼 전:
矣	어조사	의	*自	스스로	자	臟	오장	장:	*專	오로지 전
宜	마땅	의	*姉	손위누이	자	墻	담	장	*電	번개 전:
*依	의지할	의	刺	찌를	자:	*才	재주	재	*傳	전할 전
*意	뜻	의:		찌를	척	*在	있을	재:	*錢	돈 전
*義	옳을	의:	*者	놈	자	*再	두	재:	殿	전각 전:
*疑	의심할	의	玆	이	자	*災	재앙	재	*戰	싸움 전:
*儀	거동	의	*姿	모양	자:	*材	재목	재	*轉	구를 전:
*醫	의원	의	恣	방자할	자:	宰	재상	재:	*切	끊을 절
*議	의논할	의		마음대로	자:	哉	어조사	재		온통 체
*二	두	이:	紫	자주빛	자(:)	栽	심을	재:	*折	꺾을 절

*絶	끊을	절	齊	가지런할	제	*座	자리	좌:	*止	그칠	지
竊	훔칠	절	*製	지을	제:	*罪	허물	죄:	*支	지탱할	지
*節	마디	절	*際	즈음	제:	*主	임금	주	只	다만	지
*占	점령할	점(:)		가(邊)	제:		주인	주	*至	이를	지
	점칠	점(:)	諸	모두	제	*朱	붉을	주	枝	가지	지
*店	가게	점	*濟	건널	제:	舟	배	주	池	못	지
漸	점점	점:	*題	제목	제	鑄	쇠불릴	주	*地	따	지
*點	점	점(:)	弔	조상할	조:	*州	고을	주	*志	뜻	지
*接	이을	접	*早	이를	조:	*走	달릴	주	*知	알	지
蝶	나비	접	兆	억조	조	*住	살	주:	*持	가질	지
*丁	장정	정	*助	도울	조:	*周	두루	주	*指	가리킬	지
	고무래	정	*造	지을	조:	宙	집	주:	*紙	종이	지
井	우물	정(:)	*祖	할아비	조	*注	부을	주:	*智	지혜	지
*正	바를	정(:)	租	조세	조	洲	물가	주		슬기	지
廷	조정	정	*鳥	새	조	奏	아뢸	주	*誌	기록할	지
*定	정할	정:	*條	가지	조	柱	기둥	주	遲	더딜	지
征	칠	정	*組	짤	조	*酒	술	주		늦을	지
亭	정자	정	*朝	아침	조	株	그루	주	*直	곧을	직
貞	곧을	정	照	비칠	조	珠	구슬	주	*職	직분	직
*政	정사	정	*潮	조수	조	*晝	낮	주	*織	짤	직
訂	바로잡을	정	*調	고를	조	*週	주일	주	辰	별	진
*庭	뜰	정	*操	잡을	조(:)	*竹	대	죽		때	신
頂	정수리	정	燥	마를	조	俊	준걸	준:	*珍	보배	진
*停	머무를	정	*足	발	족	*準	준할	준:	*眞	참	진
*情	뜻	정	*族	겨레	족	遵	좇을	준:	振	떨칠	진:
淨	깨끗할	정	*存	있을	존	*中	가운데	중	*陣	진칠	진
*程	길	정	*尊	높을	존	仲	버금	중(:)	陳	베풀	진:
*精	정할	정	*卒	마칠	졸	*重	무거울	중:		묵을	진
*整	가지런할	정:	拙	졸할	졸	*衆	무리	중:	震	우레	진:
*靜	고요할	정	*宗	마루	종	卽	곧	즉	*進	나아갈	진:
*弟	아우	제:	從	좇을	종(:)	症	증세	증(:)	*盡	다할	진:
*制	절제할	제:	*終	마칠	종	曾	일찍	증	鎭	진압할	진(:)
*帝	임금	제:	種	씨	종(:)	蒸	찔	증	姪	조카	질
*除	덜	제	縱	세로	종	*增	더할	증	疾	병	질
*第	차례	제:	鍾	쇠북	종	憎	미울	증	秩	차례	질
*祭	제사	제:	*左	왼	좌:	*證	증거	증	*質	바탕	질
堤	둑	제	坐	앉을	좌:	贈	줄	증	執	잡을	집
*提	끌	제	佐	도울	좌:	之	갈	지	*集	모을	집

徵 부를 **징**	*千 일천 **천**	*寸 마디 **촌:**	*致 이를 **치:**
懲 징계할 **징**	*川 내 **천**	*村 마을 **촌:**	*置 둘(措) **치:**
且 또 **차:**	*天 하늘 **천**	*銃 총 **총**	稚 어릴 **치:**
*次 버금 **차**	*泉 샘 **천**	聰 귀밝을 **총**	*齒 이 **치**
此 이 **차**	淺 얕을 **천:**	*總 다(皆) **총:**	*則 법칙 **칙**
*差 다를 **차**	踐 밟을 **천:**	*最 가장 **최:**	곧 **즉**
借 빌 **차**	賤 천할 **천:**	催 재촉할 **최:**	*親 친할 **친**
빌릴 **차**	遷 옮길 **천:**	抽 뽑을 **추**	*七 일곱 **칠**
捉 잡을 **착**	薦 천거할 **천:**	*秋 가을 **추**	漆 옻 **칠**
*着 붙을 **착**	哲 밝을 **철**	追 쫓을 **추**	沈 잠길 **침**
錯 어긋날 **착**	徹 통할 **철**	따를 **추**	성 **심:**
贊 도울 **찬**	*鐵 쇠 **철**	*推 밀 **추**	枕 베개 **침**
*讚 기릴 **찬:**	尖 뾰족할 **첨**	醜 추할 **추**	*侵 침노할 **침**
*察 살필 **찰**	添 더할 **첨**	丑 소 **축**	浸 잠길 **침**
*參 참여할 **참**	妾 첩 **첩**	畜 짐승 **축**	*針 바늘 **침(:)**
석 **삼**	*靑 푸를 **청**	*祝 빌 **축**	*寢 잘 **침**
慘 참혹할 **참**	*淸 맑을 **청**	逐 쫓을 **축**	*稱 일컬을 **칭**
慙 부끄러울 **참**	晴 갤 **청**	*蓄 모을 **축**	*快 쾌할 **쾌**
昌 창성할 **창(:)**	*請 청할 **청**	*築 쌓을 **축**	*他 다를 **타**
倉 곳집 **창(:)**	*聽 들을 **청**	*縮 줄일 **축**	*打 칠 **타:**
*窓 창 **창**	*廳 관청 **청**	*春 봄 **춘**	妥 온당할 **타:**
*唱 부를 **창:**	替 바꿀 **체**	*出 날 **출**	墮 떨어질 **타:**
*創 비롯할 **창:**	滯 막힐 **체**	*充 채울 **충**	托 맡길 **탁**
蒼 푸를 **창**	逮 미칠 **체**	*忠 충성 **충**	*卓 높을 **탁**
暢 화창할 **창:**	遞 갈릴 **체**	衝 찌를 **충**	濁 흐릴 **탁**
菜 나물 **채:**	*體 몸 **체**	*蟲 벌레 **충**	濯 씻을 **탁**
*採 캘 **채:**	肖 닮을 **초**	吹 불 **취**	*炭 숯 **탄:**
彩 채색 **채:**	같을 **초**	*取 가질 **취:**	*彈 탄알 **탄:**
債 빚 **채:**	抄 뽑을 **초**	臭 냄새 **취:**	*歎 탄식할 **탄:**
*冊 책 **책**	秒 분초 **초**	*就 나아갈 **취:**	誕 낳을 **탄:**
責 꾸짖을 **책**	*初 처음 **초**	醉 취할 **취:**	거짓 **탄:**
策 꾀 **책**	*招 부를 **초**	*趣 뜻 **취:**	*脫 벗을 **탈**
妻 아내 **처**	*草 풀 **초**	側 곁 **측**	奪 빼앗을 **탈**
*處 곳 **처:**	超 뛰어넘을 **초**	*測 헤아릴 **측**	貪 탐낼 **탐**
尺 자 **척**	礎 주춧돌 **초**	*層 층 **층**	*探 찾을 **탐**
斥 물리칠 **척**	促 재촉할 **촉**	*治 다스릴 **치**	塔 탑 **탑**
拓 넓힐 **척**	燭 촛불 **촉**	値 값 **치**	湯 끓을 **탕:**
戚 친척 **척**	觸 닿을 **촉**	恥 부끄러울 **치**	*太 클 **태**

怠 게으를 태	*篇 책 편	匹 짝 필	*解 풀 해:
殆 거의 태	編 엮을 편	*必 반드시 필	*核 씨 핵
泰 클 태	*平 평평할 평	畢 마칠 필	*行 다닐 행(:)
*態 모습 태:	*評 평할 평	*筆 붓 필	항렬 항(:)
*宅 집 택/댁	肺 허파 폐:	*下 아래 하:	*幸 다행 행
澤 못 택	*閉 닫을 폐:	何 어찌 하	*向 향할 향:
*擇 가릴 택	廢 폐할 폐:	*河 물 하	享 누릴 향:
*土 흙 토	버릴 폐:	*夏 여름 하:	*香 향기 향
吐 토할 토(:)	蔽 덮을 폐:	荷 멜 하(:)	*鄕 시골 향
兔 토끼 토	弊 폐단 폐:	賀 하례할 하:	響 울릴 향:
*討 칠(伐) 토(:)	해질 폐:	*學 배울 학	*許 허락 허
*通 통할 통	幣 화폐 폐:	鶴 학 학	*虛 빌 허
*痛 아플 통:	*布 베 포(:)	汗 땀 한(:)	軒 집 헌
*統 거느릴 통:	보시 보:	旱 가물 한:	*憲 법 헌:
*退 물러날 퇴:	*包 쌀 포(:)	*恨 한 한:	獻 드릴 헌:
*投 던질 투	抱 안을 포:	*限 한할 한:	*險 험할 험:
透 사무칠 투	*胞 세포 포(:)	寒 찰 한	*驗 시험할 험:
*鬪 싸움 투	浦 개(水邊) 포	閑 한가할 한	*革 가죽 혁
*特 특별할 특	捕 잡을 포:	*漢 한수 한:	玄 검을 현
*波 물결 파	砲 대포 포:	한나라 한:	*現 나타날 현:
*派 갈래 파	飽 배부를 포:	*韓 한국 한(:)	絃 줄 현
把 잡을 파	幅 폭 폭	나라 한(:)	*賢 어질 현
*破 깨뜨릴 파:	*暴 사나울 폭	割 벨 할	縣 고을 현
頗 자못 파	모질 포:	含 머금을 함	懸 달(繋) 현:
罷 마칠 파:	*爆 불터질 폭	咸 다 함	*顯 나타날 현:
播 뿌릴 파(:)	*表 겉 표	陷 빠질 함:	穴 굴 혈
*判 판단할 판	*票 표 표	*合 합할 합	嫌 싫어할 혐
*板 널 판	漂 떠다닐 표	*抗 겨룰 항	*血 피 혈
版 판목 판	*標 표할 표	巷 거리 항:	*協 화할 협
販 팔 판	*品 물건 품:	恒 항상 항	脅 위협할 협
*八 여덟 팔	*風 바람 풍	*航 배 항:	*兄 형 형
貝 조개 패:	楓 단풍 풍	*港 항구 항:	*刑 형벌 형
*敗 패할 패:	豊 풍년 풍	項 항목 항:	亨 형통할 형
片 조각 편(:)	皮 가죽 피	亥 돼지 해	*形 모양 형
偏 치우칠 편	彼 저 피:	*害 해할 해:	螢 반딧불 형
*便 편할 편(:)	*疲 피곤할 피	奚 어찌 해	衡 저울대 형
똥오줌 변(:)	被 입을 피:	*海 바다 해:	兮 어조사 혜
遍 두루 편	*避 피할 피:	該 갖출 해	*惠 은혜 혜:
		마땅 해	

慧 슬기로울 혜:	穫 거둘 확	*希 바랄 희
*戶 집 호:	丸 둥글 환	*喜 기쁠 희
互 서로 호:	*患 근심 환:	稀 드물 희
乎 어조사 호	換 바꿀 환:	戱 놀이 희
*好 좋을 호:	還 돌아올 환	
虎 범 호(:)	*環 고리 환	
*呼 부를 호	*歡 기쁠 환	
胡 되 호	*活 살 활	
浩 넓을 호:	*況 상황 황:	
毫 터럭 호	皇 임금 황	
*湖 호수 호	荒 거칠 황	
*號 이름 호:	*黃 누를 황	
豪 호걸 호	*灰 재 회	
*護 도울 호:	*回 돌아올 회	
*或 혹 혹	悔 뉘우칠 회:	
惑 미혹할 혹	*會 모일 회:	
昏 어두울 혼	懷 품을 회	
*混 섞을 혼:	劃 그을 획	
*婚 혼인할 혼	獲 얻을 획	
魂 넋 혼	橫 가로 횡	
忽 갑자기 홀	*孝 효도 효:	
弘 클 홍	*效 본받을 효:	
洪 넓을 홍	曉 새벽 효:	
*紅 붉을 홍	*厚 두터울 후:	
鴻 기러기 홍	侯 제후 후	
*火 불 화(:)	*後 뒤 후:	
*化 될 화(:)	*候 기후 후:	
禾 벼 화	*訓 가르칠 훈:	
*花 꽃 화	毁 헐 훼:	
*和 화할 화	*揮 휘두를 휘	
*華 빛날 화	輝 빛날 휘	
*貨 재물 화:	*休 쉴 휴	
*畫 그림 화:	携 이끌 휴	
그을 획	*凶 흉할 흉	
*話 말씀 화	胸 가슴 흉	
禍 재앙 화:	*黑 검을 흑	
*確 굳을 확	*吸 마실 흡	
擴 넓힐 확	*興 일 흥(:)	

3급 신습한자 ①

*신습한자 : 317자, 총 학습자 : 1,817자(3급Ⅱ 1,500자 포함). 쓰기배정한자 : 1,000자(4급)

형(形)	훈(訓) 음(音)	형(形)	훈(訓) 음(音)	형(形)	훈(訓) 음(音)	형(形)	훈(訓) 음(音)
却	물리칠 각	塊	흙덩이 괴	棄	버릴 기	濫	넘칠 람
姦	간음할 간	愧	부끄러울 괴	欺	속일 기	掠	노략질할 략
渴	목마를 갈	矯	바로잡을 교	旣	이미 기	諒	살펴알 량 / 믿을 량
慨	슬퍼할 개	郊	들 교	豈	어찌 기	憐	불쌍히여길 련
皆	다 개	俱	함께 구	飢	주릴 기	劣	못할 렬
乞	빌 걸	狗	개 구	那	어찌 나	廉	청렴할 렴
牽	이끌 견 / 끌 견	懼	두려워할 구	乃	이에 내	獵	사냥 렵
肩	어깨 견	苟	구차할 구	奈	어찌 내	零	떨어질 령 / 영 령
絹	비단 견	驅	몰 구	惱	번뇌할 뇌	隷	종(노예) 례
遣	보낼 견	龜	거북 구/귀 터질 균	畓	논 답	鹿	사슴 록
卿	벼슬 경	厥	그 궐	塗	칠할 도	了	마칠 료
庚	별 경	軌	바퀴자국 궤	挑	돋울 도	僚	동료 료
竟	마침내 경	叫	부르짖을 규	跳	뛸 도	屢	여러 루
癸	북방 계 / 천간 계	糾	얽힐 규	稻	벼 도	淚	눈물 루
繫	맬 계	僅	겨우 근	篤	도타울 독	梨	배 리
枯	마를 고	斤	근 근 / 날 근	敦	도타울 돈	隣	이웃 린
顧	돌아볼 고	謹	삼갈 근	豚	돼지 돈	慢	거만할 만
坤	따(땅) 곤	肯	즐길 긍	屯	진칠 둔	漫	흩어질 만
郭	둘레 곽 / 외성 곽	幾	몇 기	鈍	둔할 둔	忙	바쁠 망
掛	걸 괘	忌	꺼릴 기	騰	오를 등	忘	잊을 망

3급 신습한자 ②

형(形)	훈(訓)	음(音)	형(形)	훈(訓)	음(音)	형(形)	훈(訓)	음(音)	형(形)	훈(訓)	음(音)
罔	없을	망	伴	짝	반	聘	부를	빙	昭	밝을	소
茫	아득할	망	叛	배반할	반	似	닮을	사	蔬	나물	소
埋	묻을	매	返	돌이킬	반	巳	뱀	사	騷	떠들	소
冥	어두울	명	傍	곁	방	捨	버릴	사	粟	조	속
侮	업신여길	모	倣	본뜰	방	斯	이	사	誦	욀	송
募	모을 뽑을	모 모	邦	나라	방	賜	줄	사	囚	가둘	수
冒	무릅쓸	모	杯	잔	배	詐	속일	사	睡	졸음	수
暮	저물	모	煩	번거로울	번	朔	초하루	삭	搜	찾을	수
某	아무	모	飜	번역할	번	嘗	맛볼	상	遂	드디어	수
卯	토끼	묘	辨	분별할	변	祥	상서	상	誰	누구	수
廟	사당	묘	屛	병풍	병	庶	여러	서	雖	비록	수
苗	모	묘	竝	나란히	병	敍	펼	서	須	모름지기	수
戊	천간	무	卜	점	복	暑	더울	서	孰	누구	숙
霧	안개	무	蜂	벌	봉	誓	맹세할	서	循	돌 좇을	순 순
迷	미혹할	미	赴	다다를 갈	부 부	逝	갈	서	殉	따라죽을	순
眉	눈썹	미	墳	무덤	분	昔	예	석	脣	입술	순
憫	민망할	민	朋	벗	붕	析	쪼갤	석	戌	개	술
敏	민첩할	민	崩	무너질	붕	攝	잡을 다스릴	섭 섭	矢	화살	시
蜜	꿀	밀	賓	손	빈	涉	건널	섭	伸	펼	신
泊	머무를 배댈	박 박	頻	자주	빈	召	부를	소	晨	새벽	신

3급 신습한자 ③

형(形)	훈(訓) 음(音)	형(形)	훈(訓) 음(音)	형(形)	훈(訓) 음(音)	형(形)	훈(訓) 음(音)
辛	매울 신	閱	볼 열	尤	더욱 우	爵	벼슬 작
尋	찾을 심	泳	헤엄칠 영	云	이를 운	酌	술부을 작 / 잔질할 작
餓	주릴 아	詠	읊을 영	緯	씨 위	墻	담 장
岳	큰산 악	銳	날카로울 예	違	어긋날 위	哉	어조사 재
雁	기러기(鴈) 안	傲	거만할 오	唯	오직 유	宰	재상 재
謁	뵐 알	吾	나 오	惟	생각할 유	滴	물방울 적
押	누를 압	嗚	슬플 오	愈	나을 유	竊	훔칠 절
殃	재앙 앙	娛	즐길 오	酉	닭 유	蝶	나비 접
涯	물가 애	汚	더러울 오	閏	윤달 윤	訂	바로잡을 정
厄	액 액	擁	낄 옹	吟	읊을 음	堤	둑 제
也	이끼 야 / 어조사 야	翁	늙은이 옹	泣	울 읍	弔	조상할 조
耶	어조사 야	臥	누울 와	凝	엉길 응	燥	마를 조
躍	뛸 약	曰	가로 왈	宜	마땅 의	拙	졸할 졸
楊	버들 양	畏	두려워할 외	矣	어조사 의	佐	도울 좌
於	어조사 어 / 탄식할 오	搖	흔들 요	夷	오랑캐 이	舟	배 주
焉	어찌 언	腰	허리 요	而	말이을 이	俊	준걸 준
予	나 여	遙	멀 요	姻	혼인 인	遵	좇을 준
余	나 여	庸	떳떳할 용	寅	범 인 / 동방 인	贈	줄 증
汝	너 여	于	어조사 우	恣	방자할 자 / 마음대로 자	只	다만 지
輿	수레 여	又	또 우	玆	이 자	遲	더딜 지 / 늦을 지

3급 신습한자 ④

형(形)	훈(訓)	음(音)	형(形)	훈(訓)	음(音)	형(形)	훈(訓)	음(音)	형(形)	훈(訓)	음(音)
姪	조카	질	抽	뽑을	추	遍	두루	편	螢	반딧불	형
懲	징계할	징	醜	추할	추	幣	화폐	폐	兮	어조사	혜
且	또	차	丑	소	축	蔽	덮을	폐	乎	어조사	호
捉	잡을	착	逐	쫓을	축	抱	안을	포	互	서로	호
慘	참혹할	참	臭	냄새	취	飽	배부를	포	毫	터럭	호
慙	부끄러울	참	枕	베개	침	幅	폭	폭	昏	어두울	혼
暢	화창할	창	妥	온당할	타	漂	떠다닐	표	弘	클	홍
斥	물리칠	척	墮	떨어질	타	匹	짝	필	鴻	기러기	홍
薦	천거할	천	托	맡길	탁	旱	가물	한	禾	벼	화
尖	뾰족할	첨	濁	흐릴	탁	咸	다	함	穫	거둘	확
添	더할	첨	濯	씻을	탁	巷	거리	항	擴	넓힐	확
妾	첩	첩	誕	낳을 거짓	탄 탄	亥	돼지	해	丸	둥글	환
晴	갤	청	貪	탐낼	탐	奚	어찌	해	曉	새벽	효
替	바꿀	체	怠	게으를	태	該	갖출 마땅	해 해	侯	제후	후
逮	잡을	체	把	잡을	파	享	누릴	향	毁	헐	훼
遞	갈릴	체	播	뿌릴	파	軒	집	헌	輝	빛날	휘
抄	뽑을	초	罷	마칠	파	絃	줄	현	携	이끌	휴
秒	분초	초	頗	자못	파	縣	고을	현			
燭	촛불	촉	販	팔	판	嫌	싫어할	혐			
聰	귀밝을	총	貝	조개	패	亨	형통할	형			

3급 신습한자 ①

형(形)	훈(訓) 음(音)	형(形)	훈(訓) 음(音)	형(形)	훈(訓) 음(音)	형(形)	훈(訓) 음(音)
却		塊		棄		濫	
姦		愧		欺		掠	
渴		矯		旣		諒	
慨		郊		豈		憐	
皆		俱		飢		劣	
乞		狗		那		廉	
牽		懼		乃		獵	
肩		苟		奈		零	
絹		驅		惱		隷	
遣		龜		畓		鹿	
卿		厥		塗		了	
庚		軌		挑		僚	
竟		叫		跳		屢	
癸		糾		稻		淚	
繫		僅		篤		梨	
枯		斤		敦		隣	
顧		謹		豚		慢	
坤		肯		屯		漫	
郭		幾		鈍		忙	
掛		忌		騰		忘	

3급 신습한자 ②

형(形)	훈(訓) 음(音)	형(形)	훈(訓) 음(音)	형(形)	훈(訓) 음(音)	형(形)	훈(訓) 음(音)
罔		伴		聘		昭	
茫		叛		似		蔬	
埋		返		已		騷	
冥		傍		捨		粟	
侮		倣		斯		誦	
募		邦		賜		囚	
冒		杯		詐		睡	
暮		煩		朔		搜	
某		飜		嘗		遂	
卯		辨		祥		誰	
廟		屛		庶		雖	
苗		竝		敍		須	
戊		卜		暑		孰	
霧		蜂		誓		循	
迷		赴		逝		殉	
眉		墳		昔		脣	
憫		朋		析		戌	
敏		崩		攝		矢	
蜜		賓		涉		伸	
泊		頻		召		晨	

3급 신습한자 ③

형(形)	훈(訓) 음(音)	형(形)	훈(訓) 음(音)	형(形)	훈(訓) 음(音)	형(形)	훈(訓) 음(音)
辛		閱		尤		爵	
尋		泳		云		酌	
餓		詠		緯		墻	
岳		銳		違		哉	
雁		傲		唯		宰	
謁		吾		惟		滴	
押		嗚		愈		竊	
殃		娛		酉		蝶	
涯		汚		閏		訂	
厄		擁		吟		堤	
也		翁		泣		弔	
耶		臥		凝		燥	
躍		曰		宜		拙	
楊		畏		矣		佐	
於		搖		夷		舟	
焉		腰		而		俊	
予		遙		姻		遵	
余		庸		寅		贈	
汝		于		恣		只	
輿		又		玆		遲	

3급 신습한자 ④

형(形)	훈(訓) 음(音)	형(形)	훈(訓) 음(音)	형(形)	훈(訓) 음(音)	형(形)	훈(訓) 음(音)
姪		抽		遍		螢	
懲		醜		幣		兮	
且		丑		蔽		乎	
捉		逐		抱		互	
慘		臭		飽		毫	
慙		枕		幅		昏	
暢		妥		漂		弘	
斥		墮		匹		鴻	
薦		托		旱		禾	
尖		濁		咸		穫	
添		濯		巷		擴	
妾		誕		亥		丸	
晴		貪		奚		曉	
替		怠		該		侯	
逮		把		享		毁	
遞		播		軒		輝	
抄		罷		絃		携	
秒		頗		縣			
燭		販		嫌			
聰		貝		亨			

3급 신습한자 ①

형(形)	훈(訓) 음(音)	형(形)	훈(訓) 음(音)	형(形)	훈(訓) 음(音)	형(形)	훈(訓) 음(音)
	물리칠 각		흙덩이 괴		버릴 기		넘칠 람
	간음할 간		부끄러울 괴		속일 기		노략질할 략
	목마를 갈		바로잡을 교		이미 기		살펴알 량 믿을 량
	슬퍼할 개		들 교		어찌 기		불쌍히여길 련
	다 개		함께 구		주릴 기		못할 렬
	빌 걸		개 구		어찌 나		청렴할 렴
	이끌 견 끌 견		두려워할 구		이에 내		사냥 렵
	어깨 견		구차할 구		어찌 내		떨어질 령 영 령
	비단 견		몰 구		번뇌할 뇌		종(노예) 례
	보낼 견		거북 구/귀 터질 균		논 답		사슴 록
	벼슬 경		그 궐		칠할 도		마칠 료
	별 경		바퀴자국 궤		돋울 도		동료 료
	마침내 경		부르짖을 규		뛸 도		여러 루
	북방 계 천간 계		얽힐 규		벼 도		눈물 루
	맬 계		겨우 근		도타울 독		배 리
	마를 고		근 근 날 근		도타울 돈		이웃 린
	돌아볼 고		삼갈 근		돼지 돈		거만할 만
	따(땅) 곤		즐길 긍		진칠 둔		흩어질 만
	둘레 곽 외성 곽		몇 기		둔할 둔		바쁠 망
	걸 괘		꺼릴 기		오를 등		잊을 망

37

3급 신습한자 ②

형(形)	훈(訓) 음(音)	형(形)	훈(訓) 음(音)	형(形)	훈(訓) 음(音)	형(形)	훈(訓) 음(音)
	없을 망		짝 반		부를 빙		밝을 소
	아득할 망		배반할 반		닮을 사		나물 소
	묻을 매		돌이킬 반		뱀 사		떠들 소
	어두울 명		곁 방		버릴 사		조 속
	업신여길 모		본뜰 방		이 사		욀 송
	모을 모 뽑을 모		나라 방		줄 사		가둘 수
	무릅쓸 모		잔 배		속일 사		졸음 수
	저물 모		번거로울 번		초하루 삭		찾을 수
	아무 모		번역할 번		맛볼 상		드디어 수
	토끼 묘		분별할 변		상서 상		누구 수
	사당 묘		병풍 병		여러 서		비록 수
	모 묘		나란히 병		펼 서		모름지기 수
	천간 무		점 복		더울 서		누구 숙
	안개 무		벌 봉		맹세할 서		돌 순 좇을 순
	미혹할 미		다다를 부 갈 부		갈 서		따라죽을 순
	눈썹 미		무덤 분		예 석		입술 순
	민망할 민		벗 붕		쪼갤 석		개 술
	민첩할 민		무너질 붕		잡을 섭 다스릴 섭		화살 시
	꿀 밀		손 빈		건널 섭		펼 신
	머무를 박 배댈 박		자주 빈		부를 소		새벽 신

3급 신습한자 ③

형(形)	훈(訓)	음(音)	형(形)	훈(訓)	음(音)	형(形)	훈(訓)	음(音)	형(形)	훈(訓)	음(音)
	매울	신		볼	열		더욱	우		벼슬	작
	찾을	심		헤엄칠	영		이를	운		술부을 잔질할	작 작
	주릴	아		읊을	영		씨	위		담	장
	큰산	악		날카로울	예		어긋날	위		어조사	재
	기러기(雁)	안		거만할	오		오직	유		재상	재
	뵐	알		나	오		생각할	유		물방울	적
	누를	압		슬플	오		나을	유		훔칠	절
	재앙	앙		즐길	오		닭	유		나비	접
	물가	애		더러울	오		윤달	윤		바로잡을	정
	액	액		낄	옹		읊을	음		둑	제
	이끼 어조사	야 야		늙은이	옹		울	읍		조상할	조
	어조사	야		누울	와		엉길	응		마를	조
	뛸	약		가로	왈		마땅	의		졸할	졸
	버들	양		두려워할	외		어조사	의		도울	좌
	어조사 탄식할	어 오		흔들	요		오랑캐	이		배	주
	어찌	언		허리	요		말이을	이		준걸	준
	나	여		멀	요		혼인	인		좇을	준
	나	여		떳떳할	용		범 동방	인 인		줄	증
	너	여		어조사	우		방자할 마음대로	자 자		다만	지
	수레	여		또	우		이	자		더딜 늦을	지 지

3급 신습한자 ④

형(形)	훈(訓) 음(音)	형(形)	훈(訓) 음(音)	형(形)	훈(訓) 음(音)	형(形)	훈(訓) 음(音)
	조카 **질**		뽑을 **추**		두루 **편**		반딧불 **형**
	징계할 **징**		추할 **추**		화폐 **폐**		어조사 **혜**
	또 **차**		소 **축**		덮을 **폐**		어조사 **호**
	잡을 **착**		쫓을 **축**		안을 **포**		서로 **호**
	참혹할 **참**		냄새 **취**		배부를 **포**		터럭 **호**
	부끄러울 **참**		베개 **침**		폭 **폭**		어두울 **혼**
	화창할 **창**		온당할 **타**		떠다닐 **표**		클 **홍**
	물리칠 **척**		떨어질 **타**		짝 **필**		기러기 **홍**
	천거할 **천**		맡길 **탁**		가물 **한**		벼 **화**
	뾰족할 **첨**		흐릴 **탁**		다 **함**		거둘 **확**
	더할 **첨**		씻을 **탁**		거리 **항**		넓힐 **확**
	첩 **첩**		낳을 **탄** 거짓 **탄**		돼지 **해**		둥글 **환**
	갤 **청**		탐낼 **탐**		어찌 **해**		새벽 **효**
	바꿀 **체**		게으를 **태**		갖출 **해** 마땅 **해**		제후 **후**
	잡을 **체**		잡을 **파**		누릴 **향**		헐 **훼**
	갈릴 **체**		뿌릴 **파**		집 **헌**		빛날 **휘**
	뽑을 **초**		마칠 **파**		줄 **현**		이끌 **휴**
	분초 **초**		자못 **파**		고을 **현**		
	촛불 **촉**		팔 **판**		싫어할 **혐**		
	귀밝을 **총**		조개 **패**		형통할 **형**		

핵심정리장 1

모양(형 形)	뜻(훈 訓) 소리(음 音)	핵 심 정 리
却	물리칠 각	무릎을 구부리고 뒷걸음질쳐 가도록 '**물리친다**'는 뜻의 자입니다.
姦:	간음할 간	마음이 편협하고 기량이 협소한 소견머리 좁은 여자들이 사악해져 기뻐한 척 사람을 유혹하여 '**간음한다**'는 뜻의 자입니다. • 긴소리로 읽음.
渴	목마를 갈	몸속에 제공됐던 수분이 그치니 '**목마르다**'는 뜻의 자입니다.
慨:	슬퍼할 개	마음이 아프니 이미 '**슬프다**'는 뜻의 자입니다. • 긴소리로 읽음.
皆	다 개	많은 사람들이 견주어 말하듯 모두 '**다**'라는 뜻의 자입니다.
乞	빌 걸	기운도 없으면서 몸을 새처럼 구부려 음식 등을 '**빌**'어 먹는다는 뜻의 자입니다.
牽	이끌(끌) 견 별이름 견	소의 코뚜레를 끼우고 망을 씌워 '**이끈다**'는 뜻의 자입니다. • 부수는 牛(소 우)임.
肩	어깨 견	쪽문처럼 생긴 뼈에 살이 붙은 '**어깨**'라는 뜻의 자입니다.
絹	비단 견	누에고치에서 뽑은 실로 짠 '**비단**'이라는 뜻의 자입니다.
遣:	보낼 견	흙을 삼태기에 담아 내다버리듯 어떤 일감을 지워 '**보낸다**'는 뜻의 자입니다. • 긴소리로 읽음.

○ 핵심정리장 2　　　　　　　　　　　　　　　　🔽 자세히 읽어 보세요.

모양(형形)	뜻(훈訓) 소리(음音)		핵 심 정 리
卿	벼슬	경	마주앉아 정사를 의논하는 국록을 먹는 '**벼슬**'아치를 나타낸 자입니다.
庚	별	경	움집에서 절굿공이로 가을에 여문 곡식을 찧는 모양을 나타낸 자로, 가을을 상징하는 '**별**'을 뜻하는 자입니다.
竟	마침내	경	사람이 부르던 노래 소리가 '**마침내**' 끝났다는 뜻의 자입니다. • 畢(필) ≒ 竟(경)　　• 부수는 立(설 립)임.
癸:	북방 천간	계 계	발걸음 또는 화살로 길이를 재어 헤아림을 나타내며, 상징적인 방위로 '**북방**'을 뜻하는 자입니다. • 긴소리로 읽음.
繫	맬	계	굴대에서 수레바퀴가 벗어나가지 못하도록 비녀장을 꽂고 노끈으로 얽어 '**맨다**'는 뜻의 자입니다.
枯	마를	고	오래된 나무가 껍질이 벗겨져 '**말랐다**'는 뜻의 자입니다.
顧	돌아볼	고	머슴이 주인의 부름에 머리로 '**돌아본다**'는 뜻의 자입니다.
坤	따(땅)	곤	펼쳐진 흙위에 만물을 길러 자라게 하는 '**땅**'이라는 뜻의 자입니다. • 乾(건) ⇔ 坤(곤)
郭	둘레 외성	곽 곽	높은 성 밑의 고을 밖에 쌓은 외성의 '**둘레**'라는 뜻의 자입니다.
掛	걸	괘	점칠 때 산가지를 손가락 사이에 끼운 것같이 물건을 '**걸어**'놓는다는 뜻의 자입니다.

3급-1

却 물리칠 각	卩 부수 5획, 총 7획. ( )부수 ( )획, 총 ( )획.
	却說　　棄却　　忘却　　賣:却　　退:却

姦 간음할 간	女 부수 6획, 총 9획. ( )부수 ( )획, 총 ( )획.
	姦:臣　　姦:淫　　姦:通　　姦:凶　　强姦

渴 목마를 갈	氵水 부수 9획, 총 12획. ( )부수 ( )획, 총 ( )획.
	渴求　　渴望　　渴症　　解:渴

慨 슬퍼할 개	忄心 부수 11획, 총 14획. ( )부수 ( )획, 총 ( )획.
	慨:歎　　憤:慨　　感:慨無量

皆 다 개	白 부수 4획, 총 9획. ( )부수 ( )획, 총 ( )획.
	皆勤　　擧:皆　　皆骨山

3급-1-복습·쓰기장

♣ **아래의 빈칸을 채우시오.**

【금일학습】

却						
물리칠 **각**						
姦						
간음할 **간**						
渴						
목마를 **갈**						
慨						
슬퍼할 **개**						
皆						
다 **개**						

각설 기각 망각 매각 퇴각
간신 간음 간통 간흉 강간
갈구 갈망 갈증 해갈
개탄 분개 감개무량
개근 거개 개골산

3급-2

乞 빌 걸	乙 부수 2획, 총 3획. ( )부수 ( )획, 총 ( )획.
	乞鬼　　乞食　　乞神　　求乞　　哀乞

牽 이끌(끌) 견 별이름 견	牛 부수 7획, 총 11획. ( )부수 ( )획, 총 ( )획.
	牽牛　　牽引　　牽制　　牽強附會

肩 어깨 견	月 肉 부수 4획, 총 8획. ( )부수 ( )획, 총 ( )획.
	肩骨　　肩章　　比:肩

絹 비단 견	糸 부수 7획, 총 13획. ( )부수 ( )획, 총 ( )획.
	絹絲　　絹織物　　人造絹

遣 보낼 견	辶 辵 부수 10획, 총 14획. ( )부수 ( )획, 총 ( )획.
	派遣

3급-2-복습·쓰기장

♣ **아래의 빈칸을 채우시오.** 【지난학습】

물리칠 **각**		간음할 **간**		목마를 **갈**		슬퍼할 **개**		다 **개**	

【금일학습】

乞 빌 **걸**									
牽 이끌 **견**									
肩 어깨 **견**									
絹 비단 **견**									
遣 보낼 **견**									

걸귀 걸식 걸신 구걸 애걸
견우 견인 견제 견강부회
견골 견장 비견
견사 견직물 인조견
파견

3급-3

卿 벼슬 경	卩 부수 10획, 총 12획. ( )부수 ( )획, 총 ( )획.
	公卿大夫

庚 별 경	广 부수 5획, 총 8획. ( )부수 ( )획, 총 ( )획.
	庚辰年

竟 마침내 경	立 부수 6획, 총 11획. ( )부수 ( )획, 총 ( )획.
	究竟　　畢竟

癸 북방 천간 계	癶 부수 4획, 총 9획. ( )부수 ( )획, 총 ( )획.
	癸:卯　　癸:丑日記

繫 맬 계	糸 부수 13획, 총 19획. ( )부수 ( )획, 총 ( )획.
	繫累　　繫留　　繫辭　　連繫

♣ 아래의 빈칸을 채우시오.   【지난학습】

빌 결		이끌 견		어깨 견		비단 견		보낼 견	

【금일학습】

卿 벼슬 경								
庚 별 경								
竟 마침내 경								
癸 북방 계								
繫 맬 계								

공경대부
경진년
구경 필경
계묘 계축일기
계루 계류 계사 연계

3급-4

枯 마를 고	木 부수 5획, 총 9획. ( )부수 ( )획, 총 ( )획.			
	枯渴　　枯死　　榮枯盛衰			

顧 돌아볼 고	頁 부수 12획, 총 21획. ( )부수 ( )획, 총 ( )획.			
	顧客　　顧問　　回顧錄　　四顧無親			

坤 따(땅) 곤	土 부수 5획, 총 8획. ( )부수 ( )획, 총 ( )획.			
	乾坤　　坤殿			

郭 둘레 곽 외성 곽	阝邑 부수 8획, 총 11획. ( )부수 ( )획, 총 ( )획.			
	城郭　　外:郭			

掛 걸 괘	扌手 부수 8획, 총 11획. ( )부수 ( )획, 총 ( )획.			
	掛念　　掛意　　掛圖			

3급-4-복습·쓰기장

♣ 아래의 빈칸을 채우시오. 【지난학습】

벼슬 **경**	별 **경**	마침내 **경**	북방 **계**	맬 **계**	

【금일학습】

枯 마를 고					
顧 돌아볼 고					
坤 따 곤					
郭 둘레 곽					
掛 걸 괘					

고갈 고사 영고성쇠
고객 고문 회고록 사고무친
건곤 곤전
성곽 외곽
괘념 괘의 괘도

◦ 핵심정리장 3　　　　　　　　　　　　　　　　🔻 자세히 읽어 보세요.

모양(형 形)	뜻(훈 訓) 소리(음 音)	핵 심 정 리
塊	흙덩이　괴	귀신처럼 알 수 없는 형상으로 흙으로 다져진 '**흙덩이**'를 나타낸 자입니다.
愧:	부끄러울　괴	악귀같은 나쁜 마음 때문에 가책을 받아 '**부끄럽다**'는 뜻의 자입니다. • 긴소리로 읽음.
矯:	바로잡을　교	키가 큰데다 끝이 구부러져 있어 화살처럼 곧게 '**바로잡는다**'는 뜻의 자입니다. • 矯(교) ≒ 正(정)　　• 긴소리로 읽음.
郊	들　교	성내에서 쉬이 왕래할 수 성밖 마을인 시골을 '**들**'이라 한다는 뜻의 자입니다.
俱	함께　구	사람들이 모두 모여 '**함께**' 한다는 뜻의 자입니다.
狗	개　구	몸을 구부리고 다니는 개과 동물인 '**개**'를 나타낸 자입니다. • **拘**(잡을 구),　**狗**(개 구)
懼	두려워할　구	마음속에 생각지도 않는 일로 놀라 '**두려워한다**'는 뜻의 자입니다.
苟:	구차할　구	덩굴손으로 다른 풀을 감싸안으며 뻗어나가니 '**구차하다**'는 뜻의 자입니다. • 긴소리로 읽음.
驅	몰　구	말의 네 발굽이 구분이 안 될 정도로 '**몬다**'는 뜻의 자입니다.
龜	거북　구/귀 터질　균	배와 등에 껍질이 있어 몸체를 속에 간직하는 동물인 '**거북**'의 모양을 본뜬 자입니다. • 일자다음자임. **구/귀·균**.　※**구**지가(龜旨歌), **귀**감(龜鑑), **균**열(龜裂)

핵심정리장 4 　　　　　　　　　　　자세히 읽어 보세요.

모양(형 形)	뜻(훈 訓) 소리(음 音)	핵 심 정 리
厥	그　　　　궐	바위 밑의 언덕진 곳에 사람들이 숨을 죽이고 엎드려 있는 '**그**' 곳을 뜻하는 자입니다.
軌	바퀴자국　궤	구부정한 둥근 수레 바퀴가 지나가면서 생긴 '**바퀴자국**'을 뜻하는 자입니다.
叫	부르짖을　규	목을 꼬며 입을 크게 벌려 '**부르짖는다**'는 뜻의 자입니다.
糾	얽힐　　　규 살필　　　규	노끈을 꼬아 얽듯이 일이 '**얽힌다**'는 뜻의 자입니다.
僅:	겨우　　　근	사람이 진흙길을 '**겨우**' 걸어간다는 뜻의 자입니다. • 긴소리로 읽음.
斤	근(무게)　근 날　　　　근	도끼 '**날**'의 모양을 본뜬 자로, 도끼는 무게를 다는 '**근**' 단위의 뜻도 있습니다.
謹:	삼갈　　　근	진흙 길을 갈 때처럼 말을 조심하고 '**삼간다**'는 뜻의 자입니다. • 긴소리로 읽음.
肯:	즐길　　　긍	뼈에 붙은 살코기가 맛이 있으니 그 맛을 '**즐긴다**'는 뜻의 자입니다. • 긴소리로 읽음.
幾	몇　　　　기	사람이 베틀에 가는 실을 걸면서 실올이 '**몇**'인가 센다는 뜻의 자입니다. • 畿(경기 기),　幾(몇 기)
忌	꺼릴　　　기	마음을 얽어 매는 것을 '**꺼린다**'는 뜻의 자입니다.

3급-5

| 塊 흙덩이 괴 | 土 부수 10획, 총 13획. ( )부수 ( )획, 총 ( )획. |
| | 金塊　　銀塊 |

| 愧 부끄러울 괴 | 忄心 부수 10획, 총 13획. ( )부수 ( )획, 총 ( )획. |
| | 愧:色　　自愧之心 |

| 矯 바로잡을 교 | 矢 부수 12획, 총 17획. ( )부수 ( )획, 총 ( )획. |
| | 矯:正　　矯:導所　　矯:角殺牛 |

| 郊 들 교 | 阝邑 부수 6획, 총 9획. ( )부수 ( )획, 총 ( )획. |
| | 郊外　　近:郊 |

| 俱 함께 구 | 亻人 부수 8획, 총 10획. ( )부수 ( )획, 총 ( )획. |
| | 俱現　　父母俱存 |

♣ **아래의 빈칸을 채우시오.** 【지난학습】

마를 **고**		돌아볼 **고**		따 **곤**		둘레 **곽**		걸 **쾌**	

【금일학습】

塊 흙덩이 **괴**									
愧 부끄러울 **괴**									
矯 바로잡을 **교**									
郊 들 **교**									
俱 함께 **구**									

금괴 은괴
괴색 자괴지심
교정 교도소 교각살우
교외 근교
구현 부모구존

3급-6

월   일 【시 간】   ~

| 狗 개 구 | 犭犬 부수 5획, 총 8획. (   )부수 (   )획, 총 (   )획. |
| | 走狗   海:狗   羊頭狗肉   喪家之狗 |

| 懼 두려워할 구 | 忄心 부수 18획, 총 21획. (   )부수 (   )획, 총 (   )획. |
| | 疑懼心 |

| 苟 구차할 구 / 진실로 구 | ⺾艸 부수 5획, 총 9획. (   )부수 (   )획, 총 (   )획. |
| | 苟:且 |

| 驅 몰 구 | 馬 부수 11획, 총 21획. (   )부수 (   )획, 총 (   )획. |
| | 驅迫   驅步   驅蟲   驅逐   先驅者 |

| 龜 거북 구/귀 터질 균 | 龜 부수 0획, 총 16획. (   )부수 (   )획, 총 (   )획. |
| | 龜鑑   龜裂   龜浦 |

♣ 아래의 빈칸을 채우시오.   【지난학습】

흙덩이 **괴**	부끄러울 **괴**	바로잡을 **교**	들 **교**	함께 **구**	

【금일학습】

狗 개 구					
懼 두려워할 구					
苟 구차할 구					
驅 몰 구					
龜 거북 구/귀					

주구 해구 양두구육 상가지구
의구심
구차
구박 구보 구충 구축 선구자
귀감 균열 구포

3급-7

厥 그 궐	厂 부수 10획, 총 12획. ( )부수 ( )획, 총 ( )획.
	厥女

軌 바퀴자국 궤	車 부수 2획, 총 9획. ( )부수 ( )획, 총 ( )획.
	軌道　　軌跡　　同軌　　樂學軌範

叫 부르짖을 규	口 부수 2획, 총 5획. ( )부수 ( )획, 총 ( )획.
	絶叫

糾 얽힐 규 / 살필 규	糸 부수 2획, 총 8획. ( )부수 ( )획, 총 ( )획.
	糾明　　糾彈　　糾合　　紛糾

僅 겨우 근	亻 人 부수 11획, 총 13획. ( )부수 ( )획, 총 ( )획.
	僅:僅　　僅:少

3급-7-복습·쓰기장

♣ 아래의 빈칸을 채우시오.　　　　　　　　　　　　　　　　　【지난학습】

개	狗	두려워할	懼	구차할	苟	몰	驅	거북	龜

【금일학습】

厥 그 궐							
軌 바퀴자국 궤							
叫 부르짖을 규							
糾 얽힐 규							
僅 겨우 근							

궐녀
궤도　궤적　동궤　악학궤범
절규
규명　규탄　규합　분규
근근　근소

3급-8

斤 근(무게) 날 근	斤 부수 0획, 총 4획.	( )부수 ( )획, 총 ( )획.
	斤量　　斤數	

謹 삼갈 근	言 부수 11획, 총 18획.	( )부수 ( )획, 총 ( )획.
	謹:愼　　謹:嚴　　謹:弔　　謹:賀新年	

肯 즐길 긍	月 肉 부수 4획, 총 8획.	( )부수 ( )획, 총 ( )획.
	肯:定　　首肯	

幾 몇 기	幺 부수 9획, 총 12획.	( )부수 ( )획, 총 ( )획.
	幾十萬　　幾何級數	

忌 꺼릴 기	心 부수 3획, 총 7획.	( )부수 ( )획, 총 ( )획.
	忌日　忌中　忌避　禁:忌　忌祭祀	

♣ 아래의 빈칸을 채우시오.　　　　　　　　　　　　　　　【지난학습】

그	궐	바퀴자국	궤	부르짖을	규	얽힐	규	겨우	근

【금일학습】

斤 근 근							
謹 삼갈 근							
肯 즐길 긍							
幾 몇 기							
忌 꺼릴 기							

근량　근수
근신　근엄　근조　근하신년
긍정　수긍
기십만　기하급수
기일　기중　기피　금기　기제사

핵심정리장 5 　　　　　　　　　　　　　　⬇ 자세히 읽어 보세요.

모양(형 形)	뜻(훈 訓) 소리(음 音)		핵 심 정 리
棄	버릴	기	키우지 못할 자식을 쓰레기 담는 삼태기에 넣어 들고 내던져 '**버린다**'는 뜻의 자입니다.
欺	속일	기	하품하듯이 그것처럼 말했다가 저것처럼 말을 바꾸어 '**속인다**'는 뜻의 자입니다. • 詐(사) ≒ 欺(기)
旣	이미	기	고소한 밥을 목이 멜이만큼 '**이미**' 먹어치웠다는 뜻의 자입니다.
豈	어찌	기	콩알을 싸는 콩꼬투리처럼 갑옷을 입어 몸을 무장한 병사들의 사기가 산같으니 '**어찌**' 당해내겠는가 라는 뜻의 자입니다.
飢	주릴	기	힘이 없어 안석에 기댈 정도로 밥을 못먹어 굶'**주리다**'는 뜻을 나타낸 자입니다. • 飢(기) ≒ 餓(아)
那:	어찌	나	뺨에 긴털이 난 사람이 많다는 서쪽의 고을이 있다는데 '**어찌**' 그럴 수 있는가라는 뜻의 자입니다. • 긴소리로 읽음.
乃:	이에(곧) 너 접때	내 내 내	말할 때 목구멍으로부터 구부러져 입김이 '**곧**'바로 나온다는 뜻의 자입니다. • 及(미칠 급), 刀(칼 도), 乃(이에 내)　　• 긴소리로 읽음.
奈	어찌	내	제사에 쓰일 큰 능금 열매를 '**어찌**'어찌 구한다는 뜻의 자입니다.
惱	번뇌할	뇌	마음과 머리가 괴로워서 '**번뇌한다**'는 뜻의 자입니다.
畓	논	답	물을 밭으로 끌어들여 농사짓는 '**논**'을 뜻하는 자입니다. • 田(전) ⇔ 畓(답)

○ 핵심정리장 6　　　　　　　　　　　　　🔽 자세히 읽어 보세요.

모양(형 形)	뜻(훈 訓) 소리(음 音)		핵 심 정 리
塗	칠할	도	개천 바닥의 진흙을 벽에 바르거나 '**칠한다**'는 뜻의 자입니다.
挑	돋울	도	좋은 징조라 믿고 손을 대 집적거리며 '**돋는다**'는 뜻의 자입니다.
跳	뛸	도	땅에 금이 날이 만큼 발을 구르며 '**뛴다**'는 뜻의 자입니다.
稻	벼	도	나락을 절구에 찧으면 쌀알이 남는 '**벼**'를 나타낸 자입니다.
篤	도타울	독	댓조각을 모아 만든 채찍으로 느리게 걷는 말을 힘을 다해 달리도록 하니 '**도탑다**'는 뜻의 자입니다. • 敦(돈) ≒ 篤(독)
敦	도타울	돈	제사 지낼 때 성심껏 지휘하니 그 행실이 '**도탑다**'는 뜻의 자입니다. • 敦(돈) ≒ 篤(독)
豚	돼지	돈	돼지 중에서 특히 살이 통통히 오른 '**돼지**'를 뜻하는 자입니다.
屯	진칠	둔	싹이 힘들게 땅을 뚫고 나와 그 자리에 포기를 나누며 '**진친다**'는 뜻의 자입니다.
鈍	둔할	둔	쇠로 만든 창이나 칼의 날이 닳아 두터워지니 기능이 무디어 '**둔하다**'는 뜻의 자입니다. • 鈍(둔) ⇔ 銳(예)
騰	오를	등	배의 틈새 사이로 물줄기가 솟구치듯이 말이 굽을 모아 뛰어 '**오른다**'는 뜻의 자입니다. • 騰(등) ⇔ 落(락)

3급-9

棄 버릴 기	木 부수 8획, 총 12획.	( )부수 ( )획, 총 ( )획.
	棄權　　放:棄　　投棄　　破:棄	

欺 속일 기	欠 부수 8획, 총 12획.	( )부수 ( )획, 총 ( )획.
	欺罔	

旣 이미 기	无 부수 7획, 총 11획.	( )부수 ( )획, 총 ( )획.
	旣成　　旣約　　旣存　　旣婚　　旣得權	

豈 어찌 기	豆 부수 3획, 총 10획.	( )부수 ( )획, 총 ( )획.
	豈敢　　豈不	

飢 주릴 기	食 부수 2획, 총 11획.	( )부수 ( )획, 총 ( )획.
	飢渴　　虛飢	

3급-9-복습·쓰기장

♣ **아래의 빈칸을 채우시오.**　　　　　　　　　　　　　　　　　　　【지난학습】

근	근	삼갈	근	즐길	궁	몇	기	꺼릴	기

【금일학습】

棄 버릴 기									
欺 속일 기									
旣 이미 기									
豈 어찌 기									
飢 주릴 기									

기권 방기 투기 파기
기망
기성 기약 기존 기혼 기득권
기감 기불
기갈 허기

3급-10

월   일 【시 간】   ~

| 那 어찌 나 | 阝邑 부수 4획, 총 7획. ( )부수 ( )획, 총 ( )획. |
| | 支那 |

| 乃 이에(곧) 내 / 너 내 / 접때 내 | 丿 부수 1획, 총 2획. ( )부수 ( )획, 총 ( )획. |
| | 乃父   乃者   乃至   人乃天 |

| 奈 어찌 내 / 나락 나 | 大 부수 5획, 총 8획. ( )부수 ( )획, 총 ( )획. |
| | 奈何   奈落   莫無可奈 |

| 惱 번뇌할 뇌 | 忄心 부수 9획, 총 12획. ( )부수 ( )획, 총 ( )획. |
| | 惱殺   苦惱 |

| 畓 논 답 | 田 부수 4획, 총 9획. ( )부수 ( )획, 총 ( )획. |
| | 田畓   天水畓 |

♣ 아래의 빈칸을 채우시오.

【지난학습】

| 버릴 기 | 속일 기 | 이미 기 | 어찌 기 | 주릴 기 |

【금일학습】

| 那 어찌 나 |
| 乃 이에 내 |
| 奈 어찌 내 |
| 惱 번뇌할 뇌 |
| 畓 논 답 |

지나
내부 내자 내지 인내천
내하 나락 막무가내
뇌쇄 고뇌
전답 천수답

3급-11

塗 칠할 도	土 부수 10획, 총 13획. ( )부수 ( )획, 총 ( )획.
	塗料　　　塗裝　　　塗炭　　　道聽塗說

挑 돋울 도	扌手 부수 6획, 총 9획. ( )부수 ( )획, 총 ( )획.
	挑發　　　挑戰

跳 뛸 도	足 부수 6획, 총 13획. ( )부수 ( )획, 총 ( )획.
	跳梁

稻 벼 도	禾 부수 10획, 총 15획. ( )부수 ( )획, 총 ( )획.
	稻熱病　　　立稻先賣

篤 도타울 독	竹 부수 10획, 총 16획. ( )부수 ( )획, 총 ( )획.
	篤實　　　危篤　　　篤志家

3급-11-복습·쓰기장

♣ 아래의 빈칸을 채우시오.   【지난학습】

어찌	나	이에	내	어찌	내	번뇌할	뇌	논	답

【금일학습】

塗 칠할 도									
挑 돋울 도									
跳 뛸 도									
稻 벼 도									
篤 도타울 독									

도로 도장 도탄 도청도설
도발 도전
도량
도열병 입도선매
독실 위독 독지가

3급-12

敦
도타울 돈

攵(攴) 부수 8획, 총 12획. (　　)부수 (　)획, 총 (　　)획.

敦篤　　敦厚　　敦化門

豚
돼지 돈

豕 부수 4획, 총 11획. (　　)부수 (　)획, 총 (　　)획.

豚舍　　豚肉　　家豚　　養:豚　　種豚

屯
진칠 둔

屮 부수 1획, 총 4획. (　　)부수 (　)획, 총 (　　)획.

屯兵　　屯營　　屯田　　屯土　　屯畓

鈍
둔할 둔

金 부수 4획, 총 12획. (　　)부수 (　)획, 총 (　　)획.

鈍:感　　鈍:器　　鈍:才　　老:鈍　　愚鈍

騰
오를 등

馬 부수 10획, 총 20획. (　　)부수 (　)획, 총 (　　)획.

騰貴　　騰落　　飛騰　　暴騰

3급-12-복습·쓰기장

♣ 아래의 빈칸을 채우시오.　　　　　　　　　　　　【지난학습】

칠할	도	돈을	도	뗄	도	벼	도	도타울	독

【금일학습】

敦 도타울 돈							
豚 돼지 돈							
屯 진칠 둔							
鈍 둔할 둔							
騰 오를 등							

돈독　돈후　돈화문
돈사　돈육　가돈　양돈　종돈
둔병　둔영　둔전　둔토　둔답
둔감　둔기　둔재　노둔　우둔
등귀　등락　비등　폭등

◦ 핵심정리장 7   ⬇ 자세히 읽어 보세요.

모양(형 形)	뜻(훈 訓) 소리(음 音)	핵 심 정 리
濫:	넘칠 람(남)	목욕통에 드러누우니 물이 '**넘친다**'는 뜻의 자입니다. • 긴소리로 읽음. • 두음법칙에 따라 첫글자의 음이 바뀜. 람 → 남
掠	노략질할 략(약)	서울 같은 큰 도회지에 침입하여 재물 등을 들어내어 '**노략질한다**'는 뜻의 자입니다. • 두음법칙에 따라 첫글자의 음이 바뀜. 략 → 약
諒	살펴알 량(양) 믿을 량(양)	생각이 크고 깊은 사람의 말은 믿을만하니 '**살펴안다**'는 뜻의 자입니다. • 두음법칙에 따라 첫글자의 음이 바뀜. 량 → 양
憐	불쌍히여길 련(연)	도깨비불이 언뜻 나타났다가 사그라지듯이 가엾음이 마음에 일어 '**불쌍히여긴다**'는 뜻의 자입니다. • 두음법칙에 따라 첫글자의 음이 바뀜. 련 → 연
劣	못할 렬(열)	힘이 너무 적어 제 앞가림도 '**못한다**'는 뜻의 자입니다. • **優**(우) ⇔ **劣**(열) • 두음법칙에 따라 첫글자의 음이 바뀜. 렬 → 열
廉	청렴할 렴(염)	벽과 기둥이 겸해 있는 값이 거의없는 집처럼 욕심이 없고 마음이 깨끗함을 '**청렴하다**'는 뜻의 자입니다. • 두음법칙에 따라 첫글자의 음이 바뀜. 렴 → 염
獵	사냥 렵(엽)	사냥개가 짐승의 목갈기를 물어 '**사냥**'한다는 뜻의 자입니다. • 두음법칙에 따라 첫글자의 음이 바뀜. 렵 → 엽
零	떨어질 령(영) 영 령(영)	명령을 내리듯이 하늘에서 비가 '**떨어진다**'는 뜻의 자입니다. • 두음법칙에 따라 첫글자의 음이 바뀜. 령 → 영
隷	종(노예) 례	전쟁터에서 잡혀오거나 저지른 죄의 꼬리가 잡혀 그 벌로써 '**종**'이 되었다는 뜻의 자입니다. • 두음법칙에 따라 첫글자의 음이 바뀜. 례 → 예
鹿	사슴 록(녹)	가지진 뿔·머리·몸·꼬리·네 다리를 본뜬 성질이 순한 '**사슴**'의 모양을 본뜬 자입니다. • 두음법칙에 따라 첫글자의 음이 바뀜. 록 → 녹

핵심정리장 8

모양(형形)	뜻(훈訓) 소리(음音)	핵 심 정 리
了	마칠 료(요)	아기가 양팔을 몸에 꽉 붙이고 모체로부터 나와 해산을 '**마친다**'는 뜻을 나타낸 자입니다. • 終(종) ≒ 了(료) • 두음법칙에 따라 첫글자의 음이 바뀜. 료 → 요
僚	동료 료(요)	횃불을 밝혀 놓고 노는 벗인 사람이 '**동료**'라는 뜻의 자입니다.
屢:	여러 루(누)	배움이 없어 어리석은 사람이 일을 '**자주**' 반복한다는 뜻의 자입니다. • 긴소리로 읽음. • 두음법칙에 따라 첫글자의 음이 바뀜. 루 → 누
淚:	눈물 루	허물을 뉘우치고 흐르는 '**눈물**'이라는 뜻의 자입니다. • 긴소리로 읽음.
梨	배 리(이)	약재로 쓰이는 등 이로움이 많은 나무인 '**배**'를 나타낸 자입니다. • 두음법칙에 따라 첫글자의 음이 바뀜. 리 → 이
隣	이웃 린(인)	마을 안에서 서로 왔다갔다 교류하는 '**이웃**'을 뜻하는 자입니다. • 두음법칙에 따라 첫글자의 음이 바뀜. 린 → 인 ※ 본래의 글자는 鄰(이웃 린)이며, 부수는 阝(우부방변) = 邑(고을 읍)임.
慢:	거만할 만	마음이 느슨히 퍼진 게으른 사람의 모습인데 허세까지 부리니 '**거만하다**'는 뜻의 자입니다. • 긴소리로 읽음.
漫:	흩어질 만	흘러가는 물이 널리 퍼지며 '**흩어진다**'는 뜻의 자입니다. • 긴소리로 읽음.
忙	바쁠 망	심장이 곤두서서 정신을 잃을 만큼 '**바쁘다**'는 뜻의 자입니다.
忘	잊을 망	마음에서 없어져 '**잊었다**'는 뜻의 자입니다.

3급-13

濫 넘칠 람(남)

氵 水 부수 14획, 총 17획. ( )부수 ( )획, 총 ( )획.

濫:發 濫:伐 濫:用 濫:獲

掠 노략질할 략(약)

扌 手 부수 8획, 총 11획. ( )부수 ( )획, 총 ( )획.

掠奪 侵掠

諒 살펴알 량, 믿을 량(양)

言 부수 8획, 총 15획. ( )부수 ( )획, 총 ( )획.

海:諒 諒知 諒解

憐 불쌍히여길 련(연)

忄 心 부수 12획, 총 15획. ( )부수 ( )획, 총 ( )획.

可:憐 同病相憐

劣 못할 렬(열)

力 부수 4획, 총 6획. ( )부수 ( )획, 총 ( )획.

劣性 劣勢 劣惡 卑:劣 優劣

3급-13-복습·쓰기장

♣ **아래의 빈칸을 채우시오.** 　　　　　　　　　　　　　　　　　　　【지난학습】

도타울 **돈**		돼지 **돈**		진칠 **둔**		둔할 **둔**		오를 **등**	

【금일학습】

濫 넘칠 **람**					
掠 노략질할 **략**					
諒 살펴알 **량**					
憐 불쌍히여길 **련**					
劣 못할 **렬**					

남발 남벌 남용 남획
약탈 침략
해량 양지 양해
가련 동병상련
열성 열세 열악 비열 우열

3급-14

廉 청렴할 렴(염)	广 부수 10획, 총 13획. ( )부수 ( )획, 총 ( )획.
	廉價　　廉恥　　廉探　　低:廉　　淸廉

獵 사냥 렵(엽)	犭犬 부수 15획, 총 18획. ( )부수 ( )획, 총 ( )획.
	獵奇　　獵等　　獵銃　　密獵　　涉獵

零 떨어질 령령(영)	雨 부수 5획, 총 13획. ( )부수 ( )획, 총 ( )획.
	零度　　零細　　零落　　零點　　零下

隷 종(노예) 례(예)	隶 부수 8획, 총 16획. ( )부수 ( )획, 총 ( )획.
	隷書　　隷屬　　奴隷

鹿 사슴 록(녹)	鹿 부수 0획, 총 11획. ( )부수 ( )획, 총 ( )획.
	鹿角　　鹿皮　　指鹿爲馬

3급-14-복습·쓰기장

♣ **아래의 빈칸을 채우시오.**　　　　　　　　　　　　　　　　【지난학습】

넘칠 **람**	노략질할 **략**	살펴알 **량**	불쌍히여길 **련**	못할 **렬**	

【금일학습】

廉 청렴할 **렴**					
獵 사냥 **렵**					
零 떨어질 **령**					
隷 종 **례**					
鹿 사슴 **록**					

염가 염치 염탐 저렴 청렴
엽기 엽등 엽총 밀렵 섭렵
영도 영세 영락 영점 영하
예서 예속 노예
녹각 녹비 지록위마

3급-15

了 마칠 료(요)
亅 부수 1획, 총 2획.　( )부수 ( )획, 총 ( )획.

滿了　　修了　　完了　　終了　　了解

僚 동료 료(요)
亻人 부수 12획, 총 14획.　( )부수 ( )획, 총 ( )획.

僚友　　僚輩　　官僚　　閣僚　　同僚

屢 여러 루(누)
尸 부수 11획, 총 14획.　( )부수 ( )획, 총 ( )획.

屢:代　　屢:次

淚 눈물 루
氵水 부수 8획, 총 11획.　( )부수 ( )획, 총 ( )획.

落:淚　　血淚　　催:淚彈

梨 배 리(이)
木 부수 7획, 총 11획.　( )부수 ( )획, 총 ( )획.

梨花　　烏飛梨落

♣ 아래의 빈칸을 채우시오.　　　　　　　　　　　　　　　　【지난학습】

청렴할	렴	사냥	렵	떨어질	령	종	례	사슴	록

【금일학습】

了								
마칠 료								
僚								
동료 료								
屢								
여러 루								
淚								
눈물 루								
梨								
배 리								

만료　수료　완료　종료　요해
요우　요배　관료　각료　동료
누대　누차
낙루　혈루　최루탄
이화　오비이락

3급-16

| 隣 이웃 린(인) | 阝邑 부수 12획, 총 15획. ( )부수 ( )획, 총 ( )획. |
| | 近:隣　　善:隣　　隣近　　隣接 |

| 慢 거만할 만 | 忄心 부수 11획, 총 14획. ( )부수 ( )획, 총 ( )획. |
| | 慢:性　　自慢 |

| 漫 흩어질 만 | 氵水 부수 11획, 총 14획. ( )부수 ( )획, 총 ( )획. |
| | 漫:談　　漫:筆　　漫畫　　浪:漫　　散:漫 |

| 忙 바쁠 망 | 忄心 부수 3획, 총 6획. ( )부수 ( )획, 총 ( )획. |
| | 忙中閑　　公私多忙 |

| 忘 잊을 망 | 心 부수 3획, 총 7획. ( )부수 ( )획, 총 ( )획. |
| | 勿忘草　　刻骨難忘　　背:恩忘德 |

3급-16-복습·쓰기장

♣ **아래의 빈칸을 채우시오.**　　　　　　　　　　　　　　　　　　【지난학습】

마칠 **료**		동료 **료**		여러 **루**		눈물 **루**		배 **리**	

【금일학습】

隣 이웃 **린**								
慢 거만할 **만**								
漫 흩어질 **만**								
忙 바쁠 **망**								
忘 잊을 **망**								

근린 선린 인근 인접
만성 자만
만담 만필 만화 낭만 산만
망중한 공사다망
물망초 각골난망 배은망덕

핵심정리장 9

▶ 자세히 읽어 보세요.

모양(형形)	뜻(훈訓) 소리(음音)	핵 심 정 리
罔:	없을 망	그물로 고기를 잡으려하니 고기가 도망쳐 '**없다**'는 뜻의 자입니다. • 긴소리로 읽음.
茫	아득할 망	초목의 끝만 보일 정도로 큰물이 져서 보이는 것이 '**아득하다**'는 뜻의 자입니다.
埋	묻을 매	마을 근처에 흙구덩이를 파고 주검을 '**묻는다**'는 뜻의 자입니다.
冥	어두울 명	그믐을 전후한 6일 동안 달빛이 가려져 없어지니 '**어둡다**'는 뜻의 자입니다.
侮	업신여길 모	매양 탐을 내니 사람들이 '**업신여긴다**'는 뜻의 자입니다.
募	모을 모 뽑을 모	힘이 다하여 없을 때까지 일할 사람을 '**모은다**'는 뜻의 자입니다. • 莫(없을 막), 幕(장막 막), 慕(그릴 모), 募(모을 모), 暮(저물 모)
冒	무릅쓸 모	눈을 수건으로 가림은 어떤 상황도 '**무릅쓴다**'는 뜻의 자입니다.
暮:	저물 모	해의 밝은 빛이 없어지니 '**저물었다**'는 뜻의 자입니다. • 긴소리로 읽음. • 莫(없을 막), 幕(장막 막), 慕(그릴 모), 募(모을 모), 暮(저물 모)
某:	아무 모	매화나무 열매라도 입에 넣고 씹기 전에는 그 맛을 '**아무**'도 모른다는 뜻의 자입니다. • 긴소리로 읽음.
卯:	토끼 묘	초목의 싹이 무성해지는 음력 2월을 나타내는 상징 동물이 '**토끼**'라는 뜻의 자입니다. • 긴소리로 읽음.

◦ 핵심정리장 10　　　　　　　　　　　　　⬇ 자세히 읽어 보세요.

모양(형形)	뜻(훈訓) 소리(음音)		핵 심 정 리
廟:	사당	묘	조정의 역대 제왕의 위패를 안치한 집인 '**사당**'을 나타낸 자입니다. • 긴소리로 읽음.
苗:	모(싹)	묘	초목의 새순처럼 밭에서 돋아나는 곡식의 '**싹**'인 '**모**'를 나타낸 자입니다. • 긴소리로 읽음.
戊:	천간	무	초목이 무성한 모양을 본뜬 자로, 십간(十干)의 다섯째로 쓰이는 '**천간**'을 나타낸 자입니다. • 긴소리로 읽음.　• 戌(개 술),　戊(천간 무)
霧:	안개	무	수증기가 힘차게 몰려 자욱히 '**안개**'가 낀다는 뜻의 자입니다. • 긴소리로 읽음.
迷(:)	미혹할	미	흩어진 쌀알처럼 이리저리 갈라진 갈림길에서 어디로 갈까 '**미혹되다**'는 뜻의 자입니다. • 긴소리 또는 짧은소리로도 읽음.
眉	눈썹	미	눈 위에 난 털인 '**눈썹**'을 나타낸 자입니다. • 부수는 目(눈 목)임.
憫	민망할	민	불쌍하니 마음속까지 '**민망하다**'는 뜻을 나타낸 자입니다.
敏	민첩할	민	회초리를 자주 들어 때리며 훈련시키니 동작이 '**민첩하다**'는 뜻의 자입니다. • 부수는 攵(등글월문) = 攴(칠 복)임.
蜜	꿀	밀	날벌레인 벌이 빽빽하게 지은 집속에 저장해두는 '**꿀**'을 나타낸 자입니다.
泊	머무를 배댈	박 박	물이 깊지 않아 희게 보이는 곳에 배를 '**머무르**'게 한다는 뜻의 자입니다. • 拍(칠 박),　迫(핍박할 박),　泊(머무를 박)

3급-17

罔 없을 망	罒 网 부수 3획, 총 8획. ( )부수 ( )획, 총 ( )획.			
	罔:極　　罔:測			

茫 아득할 망	⺾ 艸 부수 6획, 총 10획. ( )부수 ( )획, 총 ( )획.			
	茫漠　　茫茫大海　　茫然自失			

埋 묻을 매	土 부수 7획, 총 10획. ( )부수 ( )획, 총 ( )획.			
	埋沒　　埋伏　　埋立　　暗:埋葬			

冥 어두울 명	冖 부수 8획, 총 10획. ( )부수 ( )획, 총 ( )획.			
	冥福　　冥想　　冥王星			

侮 업신여길 모	亻 人 부수 7획, 총 9획. ( )부수 ( )획, 총 ( )획.			
	侮辱　　受侮　　侮辱感			

3급-17-복습·쓰기장

♣ 아래의 빈칸을 채우시오.   【지난학습】

이웃 린		거만할 만		흩어질 만		바쁠 망		잊을 망	

【금일학습】

罔 없을 망									
茫 아득할 망									
埋 묻을 매									
冥 어두울 명									
侮 업신여길 모									

망극 망측
망막 망망대해 망연자실
매몰 매복 매립 암매장
명복 명상 명왕성
모욕 수모 모욕감

3급-18

募
모을 모
뽑을 모

力 부수 11획, 총 13획. ( )부수 ( )획, 총 ( )획.

募金   募集   公募   應:募

冒
무릅쓸 모

冂 부수 7획, 총 9획. ( )부수 ( )획, 총 ( )획.

冒頭   冒險

暮
저물 모

日 부수 11획, 총 15획. ( )부수 ( )획, 총 ( )획.

暮:春   歲:暮   朝令暮改   朝三暮四

某
아무 모

木 부수 5획, 총 9획. ( )부수 ( )획, 총 ( )획.

某:國   某:氏   某:種   某:年   某:處

卯
토끼 묘

卩 부수 3획, 총 5획. ( )부수 ( )획, 총 ( )획.

卯:時   癸卯生   己卯士禍

♣ 아래의 빈칸을 채우시오.　　　　　　　　　　　　　　　　　　【지난학습】

없을 **망**		아득할 **망**		묻을 **매**		어두울 **명**		업신여길 **모**	

【금일학습】

募									
모을 모									
冒									
무릅쓸 모									
暮									
저물 모									
某									
아무 모									
卯									
토끼 묘									

모금　모집　공모　응모
모두　모험
모춘　세모　조령모개　조삼모사
모국　모씨　모종　모년　모처
묘시　계묘생　기묘사화

3급-19

廟 사당 묘	广 부수 12획, 총 15획. ( )부수 ( )획, 총 ( )획.
	廟:堂 宗廟

苗 모 싹 묘	⺿ 艸 부수 5획, 총 9획. ( )부수 ( )획, 총 ( )획.
	苗:木 苗:床 苗:板 育苗 種:苗

戊 천간 무	戈 부수 1획, 총 5획. ( )부수 ( )획, 총 ( )획.
	戊:午士禍

霧 안개 무	雨 부수 11획, 총 19획. ( )부수 ( )획, 총 ( )획.
	霧:散 濃霧 雲霧 五:里霧中

迷 미혹할 미	辶 辵 부수 6획, 총 10획. ( )부수 ( )획, 총 ( )획.
	迷:宮 迷:路 迷兒 迷惑 迷:信

♣ 아래의 빈칸을 채우시오.　　　　　　　　　　　【지난학습】

모을	모	무릅쓸	모	저물	모	아무	모	토끼	묘

【금일학습】

廟						
사당 묘						
苗						
모 묘						
戊						
천간 무						
霧						
안개 무						
迷						
미혹할 미						

묘당 종묘
묘목 묘상 묘판 육묘 종묘
무오사화
무산 농무 운무 오리무중
미궁 미로 미아 미혹 미신

3급-20

眉 눈썹 미	目 부수 4획, 총 9획.	( )부수 ( )획, 총 ( )획.
	眉間　　白眉	

憫 민망할 민	忄 心부수 12획, 총 15획.	( )부수 ( )획, 총 ( )획.
	憐憫　　憫然	

敏 민첩할 민	攵 攴 부수 7획, 총 11획.	( )부수 ( )획, 총 ( )획.
	敏感　　敏活　　過:敏　　機敏　　不敏	

蜜 꿀 밀	虫 부수 8획, 총 14획.	( )부수 ( )획, 총 ( )획.
	蜜語　　蜜月　　採:蜜	

泊 머무를 박 배댈 박	氵 水 부수 5획, 총 8획.	( )부수 ( )획, 총 ( )획.
	民泊　　宿泊　　外:泊　　停泊　　淡泊	

♣ **아래의 빈칸을 채우시오.** 【지난학습】

사당	묘	모	묘	천간	무	안개	무	미혹할	미

【금일학습】

眉 눈썹 미								
憫 민망할 민								
敏 민첩할 민								
蜜 꿀 밀								
泊 머무를 박								

미간 백미
연민 민연
민감 민활 과민 기민 불민
밀어 밀월 채밀
민박 숙박 외박 정박 담박

○ 핵심정리장 11　　　　　　　　　　　　▼ 자세히 읽어 보세요.

모양(형 形)	뜻(훈 訓) 소리(음 音)	핵 심 정 리
伴	짝　　　　반	두 사람의 의사가 반씩 합쳐져 이뤄진 한 쌍의 '짝'이라는 뜻의 자입니다.
叛:	배반할　　반	반으로 나누어져 서로 반대하여 '배반하다'는 뜻의 자입니다. • 부수는 又(또 우)임.　• 긴소리로 읽음.
返:	돌이킬　　반	갔던 길을 다시 되짚어 반대로 '돌이킨다'는 뜻의 자입니다. • 返(반) ≒ 還(환)　• 긴소리로 읽음.
傍	곁　　　　방	이웃을 한 사람끼리 서로를 '곁'에 둔다는 뜻의 자입니다.
倣:	본뜰　　　방	자기의 본성을 놓아버리고 남의 것을 '본뜬다'는 뜻의 자입니다. • 긴소리로 읽음.
邦	나라　　　방	언덕이 지고 풀이 무성하게 자라는 곳에 자리잡고 사는 부족들의 '나라'를 뜻하는 자입니다. • 부수는 阝(우부방) = 邑(고을 읍)임.
杯	잔　　　　배	나무로 만든 표주박 같은 '잔'이라는 뜻의 자입니다.
煩	번거로울　번	일이 어수선하여 머리에 열이나고 '번거롭다'는 뜻의 자입니다.
飜	번역할　　번	새가 날개를 차례로 퍼득여 날 듯이 어떤 순서에 따라 뜻이 정확하게 잘 전달되도록 책을 '번역한다'는 뜻의 자입니다.
辨:	분별할　　변	두 사람이 다툼질하는 것을 칼로 쪼개듯이 '분별한다'는 뜻의 자입니다. • 辯(말씀 변), 辨(분별할 변)　• 긴소리로 읽음.

핵심정리장 12

모양(형形)	뜻(훈訓) 소리(음音)	핵 심 정 리
屛	병풍 병	나무틀에 종이나 천을 합쳐 발라 바람을 막는 '병풍'을 나타낸 자입니다.
並:	나란히 병	두 사람이 서서 어깨를 '나란히' 한다는 뜻의 자입니다. • 긴소리로 읽음.
卜	점 복	거북을 불로 구워 째진 갈래로 길흉의 '점'을 쳤다는 뜻의 자입니다.
蜂	벌 봉	수컷과 암컷이 공중의 높은 곳에서 만나 교미하는 날벌레인 '벌'을 나타낸 자입니다.
赴:	다다를 갈 부 부	점을 쳐 보고 급히 달려가 '다다른다'는 뜻의 자입니다. • 긴소리로 읽음.
墳	무덤 분	흙을 높이 쌓아올려 크게 만든 '무덤'이라는 뜻의 자입니다. • 墳(분) ≒ 墓(묘)
朋	벗 붕	조개를 두줄로 나란히 엮어 한 패를 이룬 것처럼 서로 다정스레 지내는 '벗'을 나타낸 자입니다. • 朋(붕) ≒ 友(우)
崩	무너질 붕	조개더미가 뭉그러져 내리듯 산이 '무너진다'는 뜻의 자입니다.
賓	손 빈	집의 아늑한 데서 재물을 들여 정중히 대접하는 '손님'을 나타낸 자입니다. • 賓(빈) ≒ 客(객)
頻	자주 빈	물을 건너갈 때의 파문처럼 이맛살을 '자주' 찌푸린다는 뜻의 자입니다.

3급-21

伴 짝 반	亻 人 부수 5획, 총 7획. ( )부수 ( )획, 총 ( )획.
	伴奏　　同伴　　隨伴

叛 배반할 반	又 부수 7획, 총 9획. ( )부수 ( )획, 총 ( )획.
	叛軍　　叛亂　　叛逆　　謀叛　　背叛

返 돌이킬 반	辶 辵 부수 4획, 총 8획. ( )부수 ( )획, 총 ( )획.
	返納　　返送　　返品　　返還

傍 곁 방	亻 人 부수 10획, 총 12획. ( )부수 ( )획, 총 ( )획.
	傍觀　　傍證　　傍聽客　　傍若無人

倣 본뜰 방	亻 人 부수 8획, 총 10획. ( )부수 ( )획, 총 ( )획.
	模倣　　倣古

♣ 아래의 빈칸을 채우시오.   【지난학습】

눈썹 미	민망할 민	민첩할 민	꿀 밀	머무를 박

【금일학습】

伴 짝 반								
叛 배반할 반								
返 돌이킬 반								
傍 곁 방								
倣 본뜰 방								

반주 동반 수반
반군 반란 반역 모반 배반
반납 반송 반품 반환
방관 방증 방청객 방약무인
모방 방고

3급-22

		阝邑 부수 4획, 총 7획.	( )부수 ( )획, 총 ( )획.
邦 나라 방		聯邦　萬:邦　盟邦　友:邦　異:邦人	

		木 부수 4획, 총 8획.	( )부수 ( )획, 총 ( )획.
杯 잔 배		乾杯　苦杯　金杯　祝杯	

		火 부수 9획, 총 13획.	( )부수 ( )획, 총 ( )획.
煩 번거로울 번		煩惱　煩雜　食少事煩	

		飛 부수 12획, 총 21획.	( )부수 ( )획, 총 ( )획.
飜 번역할 번		飜案　飜譯	

		辛 부수 9획, 총 16획.	( )부수 ( )획, 총 ( )획.
辨 분별할 변		辨:明　辨:償　辨:證　分辨　辨:別力	

♣ 아래의 빈칸을 채우시오.   【지난학습】

| 짝 **반** | 배반할 **반** | 돌이킬 **반** | 곁 **방** | 본뜰 **방** |

【금일학습】

邦 나라 **방**						
杯 잔 **배**						
煩 번거로울 **번**						
飜 번역할 **번**						
辨 분별할 **변**						

연방 만방 맹방 우방 이방인
건배 고배 금배 축배
번뇌 번잡 식소사번
번안 번역
변명 변상 변증 분변 변별력

3급-23

屏 병풍 **병**	尸 부수 8획, 총 11획.　　(　　)부수 (　　)획, 총 (　　)획.
	屏風

竝 나란히 **병**	立 부수 5획, 총 10획.　　(　　)부수 (　　)획, 총 (　　)획.
	竝:立　　竝:設　　竝:用　　竝:行　　竝:列

卜 점 **복**	卜 부수 0획, 총 2획.　　(　　)부수 (　　)획, 총 (　　)획.
	卜債

蜂 벌 **봉**	虫 부수 7획, 총 13획.　　(　　)부수 (　　)획, 총 (　　)획.
	蜂起　　分蜂　　養:蜂　　女王蜂

赴 다다를 **부**	走 부수 2획, 총 9획.　　(　　)부수 (　　)획, 총 (　　)획.
	赴任

3급-23-복습·쓰기장

♣ 아래의 빈칸을 채우시오.　　　　　　　　　　　　　　【지난학습】

나라 **방**	잔 **배**	번거로울 **번**	번역할 **번**	분별할 **변**	

【금일학습】

屏 병풍 **병**						
竝 나란히 **병**						
卜 점 **복**						
蜂 벌 **봉**						
赴 다다를 **부**						

병풍
병립　병설　병용　병행　병렬
복채
봉기　분봉　양봉　여왕봉
부임

3급-24

墳 무덤 분	土 부수 12획, 총 15획.　　(　　)부수 (　　)획, 총 (　　)획.
	墳墓　　古:墳　　封墳　　雙墳

朋 벗 붕	月 부수 4획, 총 8획.　　(　　)부수 (　　)획, 총 (　　)획.
	朋黨　　朋友　　朋友有信

崩 무너질 붕	山 부수 8획, 총 11획.　　(　　)부수 (　　)획, 총 (　　)획.
	崩壞　　崩御

賓 손 빈	貝 부수 7획, 총 14획.　　(　　)부수 (　　)획, 총 (　　)획.
	賓客　　國賓　　貴:賓　　來:賓　　外:賓

頻 자주 빈	頁 부수 7획, 총 16획.　　(　　)부수 (　　)획, 총 (　　)획.
	頻度　　頻發　　頻繁

♣ 아래의 빈칸을 채우시오.　　　　　　　　　　　　　　【지난학습】

| 병풍 **병** | 나란히 **병** | 점 **복** | 벌 **봉** | 다다를 **부** |

【금일학습】

墳 무덤 **분**								
朋 벗 **붕**								
崩 무너질 **붕**								
賓 손 **빈**								
頻 자주 **빈**								

분묘 고분 봉분 쌍분
붕당 붕우 붕우유신
붕괴 붕어
빈객 국빈 귀빈 내빈 외빈
빈도 빈발 빈번

○ 핵심정리장 13   ⬇ *자세히 읽어 보세요.*

모양(형 形)	뜻(훈 訓) 소리(음 音)	핵 심 정 리
聘	부를　　　빙	훌륭하다는 말을 듣고 마음이 이끌려 자주 '**부른다**'는 뜻의 자입니다.
似:	닮을　　　사	농부들이 사용하는 쟁기의 모양은 서로 '**닮았다**'는 뜻의 자입니다. • 긴소리로 읽음.
巳:	뱀　　　　사	아지랭이가 아른거리는 사월에 구불구불 기어가는 '**뱀**'의 모양을 본뜬 자입니다. • 己(몸 기), 已(이미 이), 巳(뱀 사)　　• 긴소리로 읽음.
捨	버릴　　　사	집을 손질하지 않고 그대로 '**버려**'둔다는 뜻의 자입니다.
斯	이　　　　사	도끼를 이용해 키를 만들려고 나무에 표시한 '**이**'곳이라는 뜻의 자입니다.
賜:	줄　　　　사	아랫사람을 다스릴 때 상으로 재물을 내려 '**준다**'는 뜻의 자입니다. • 긴소리로 읽음.
詐	속일　　　사	말을 잠깐 사이에 꾸미어 '**속인다**'는 뜻의 자입니다. • **詐**(사) ≒ **欺**(기)
朔	초하루　　삭 북쪽　　　삭	그믐달이 거꾸로 선 모양에서 점차 자라 초승달이 생긴 날이 '**초하루**'라는 뜻의 자입니다.
嘗	맛볼　　　상 일찍　　　상	음식의 맛을 높이 평가할지 어떨지 '**맛본다**'는 뜻의 자입니다.
祥	상서　　　상	희생으로 쓰이는 양을 잡아 정성껏 제사지내니 '**상서**'롭다는 뜻의 자입니다.

◦ 핵심정리장 14   ⬇ 자세히 읽어 보세요.

모양(형 形)	뜻(훈 訓) 소리(음 音)		핵 심 정 리
庶:	여러	서	집안 뜰에 불을 피우고 쬐는 사람이 '**여럿**'이라는 뜻의 자입니다. • 度(법도 도/헤아릴 탁), 席(자리 석), 庶(여러 서) • 긴소리로 읽음.
敍:	펼	서	벼슬아치들이 지시에 따라 별당에 지위순으로 늘어선 '**순위**'라는 뜻의 자입니다. • 긴소리로 읽음.
暑:	더울	서	장작이 가까이서 타오르는 것같이 햇볕이 따갑고 '**덥다**'는 뜻의 자입니다. • 署(마을 서/관청 서), 暑(더울 서)　• 긴소리로 읽음.
誓	맹세할	서	언약한 내용을 새긴 나무조각을 반으로 꺾거나 쪼개어 약속을 다짐하며 '**맹세한다**'는 뜻의 자입니다. • 부수는 言(말씀 언)임.
逝	갈	서	살아가면서 어느 시점에서 목숨이 꺾이어 영영 '**간다**'는 뜻의 자입니다.
昔	예	석	고기를 찢어 햇볕에 포로 말린지는 시간이 오래걸리니 '**옛**'날이라는 뜻의 자입니다.
析	쪼갤	석	나무를 도끼로 '**쪼갠다**'는 뜻의 자입니다.
攝	잡을 다스릴	섭 섭	귀엣말로 소근거릴려고 손으로 끌어 '**잡는다**'는 뜻의 자입니다.
涉	건널	섭	물길을 걸어서 '**건넌다**'는 뜻의 자입니다.
召	부를	소	웃사람이 칼날같이 위엄있는 말로 '**부른다**'는 뜻의 자입니다.

3급-25

聘 부를 빙	耳 부수 7획, 총 13획. ( )부수 ( )획, 총 ( )획.
	聘母　　聘禮　　聘丈　　招聘

似 닮을 사	亻 人부수 5획, 총 7획. ( )부수 ( )획, 총 ( )획.
	類:似　　似:而非　　近:似值　　非夢似夢

巳 뱀 사	己 부수 0획, 총 3획. ( )부수 ( )획, 총 ( )획.
	巳:時　　乙巳條約

捨 버릴 사	扌 手 부수 8획, 총 11획. ( )부수 ( )획, 총 ( )획.
	喜捨　　四捨五入　　取捨選擇

斯 이 사	斤 부수 8획, 총 12획. ( )부수 ( )획, 총 ( )획.
	斯界　　斯文

3급-25-복습·쓰기장

♣ 아래의 빈칸을 채우시오. 【지난학습】

무덤 **분**		벗 **붕**		무너질 **붕**		손 **빈**	자주 **빈**

【금일학습】

聘 부를 빙							
似 닮을 사							
巳 뱀 사							
捨 버릴 사							
斯 이 사							

빙모 빙례 빙장 초빙
유사 사이비 근사치 비몽사몽
사시 을사조약
희사 사사오입 취사선택
사계 사문

3급-26

賜 줄 사	貝 부수 8획, 총 15획.	( )부수 ( )획, 총 ( )획.
	賜:藥　　賜:姓　　下:賜　　厚:賜　　御:賜花	

詐 속일 사	言 부수 5획, 총 12획.	( )부수 ( )획, 총 ( )획.
	詐欺　　詐稱	

朔 초하루 삭 / 북쪽 삭	月 부수 6획, 총 10획.	( )부수 ( )획, 총 ( )획.
	朔望　　朔風　　滿朔	

嘗 맛볼 상 / 일찍 상	口 부수 11획, 총 14획.	( )부수 ( )획, 총 ( )획.
	未:嘗不	

祥 상서 상	示 부수 6획, 총 11획.	( )부수 ( )획, 총 ( )획.
	祥雲　　發祥地　　不祥事	

3급-26-복습·쓰기장

♣ 아래의 빈칸을 채우시오.　　　　　　　　　　　　　【지난학습】

부를 **빙**		닮을 **사**		뱀 **사**		버릴 **사**		이 **사**	

【금일학습】

賜								
줄 **사**								
詐								
속일 **사**								
朔								
초하루 **삭**								
嘗								
맛볼 **상**								
祥								
상서 **상**								

사약 사성 하사 후사 어사화
사기 사칭
삭망 삭풍 만삭
미상불
상운 발상지 불상사

3급-27

庶 여러 서	广 부수 8획, 총 11획.	( )부수 ( )획, 총 ( )획.		
	庶:務	庶:民	庶:子	庶:出

敍 펼 서	攴(攵) 부수 7획, 총 11획.	( )부수 ( )획, 총 ( )획.		
	敍:述	追敍	敍:事詩	自敍傳

暑 더울 서	日 부수 9획, 총 13획.	( )부수 ( )획, 총 ( )획.		
	大:暑	處:暑	暴暑	避暑地

誓 맹세할 서	言 부수 7획, 총 14획.	( )부수 ( )획, 총 ( )획.		
	誓約	誓願	盟誓	宣誓

逝 갈 서	辶(辵) 부수 7획, 총 11획.	( )부수 ( )획, 총 ( )획.		
	逝去	逝川	急逝	長逝

3급-27-복습·쓰기장

♣ **아래의 빈칸을 채우시오.**　　　　　　　　　　　　　　　　　【지난학습】

줄	사	속일	사	초하루	삭	맛볼	상	상서	상

【금일학습】

庶 여러 서									
敍 펼 서									
暑 더울 서									
誓 맹세할 서									
逝 갈 서									

서무　서민　서자　서출
서술　추서　서사시　자서전
대서　처서　폭서　피서지
서약　서원　맹서　선서
서거　서천　급서　장서

3급-28

昔 예 석	日 부수 4획, 총 8획. ( )부수 ( )획, 총 ( )획.		
	昔日　　　昔者　　　　昔脫解		

析 쪼갤 석	木 부수 4획, 총 8획. ( )부수 ( )획, 총 ( )획.		
	分析　　　解:析		

攝 잡을 섭 다스릴 섭	扌手 부수 18획, 총 21획. ( )부수 ( )획, 총 ( )획.		
	攝理　　攝生　　　攝政　　　攝取　　　包攝		

涉 건널 섭	氵水 부수 7획, 총 10획. ( )부수 ( )획, 총 ( )획.		
	涉外　　　干涉　　　交涉		

召 부를 소	口 부수 2획, 총 5획. ( )부수 ( )획, 총 ( )획.		
	召命　　　召集　　　召還　　　遠禍召福		

3급-28-복습·쓰기장

♣ **아래의 빈칸을 채우시오.**　　　　　　　　　　　　　　【지난학습】

여러 **서**		펼 **서**		더울 **서**		맹세할 **서**		갈 **서**	

【금일학습】

昔									
예 **석**									
析									
쪼갤 **석**									
攝									
잡을 **섭**									
涉									
건널 **섭**									
召									
부를 **소**									

석일　석자　석탈해
분석　해석
섭리　섭생　섭정　섭취　포섭
섭외　간섭　교섭
소명　소집　소환　원화소복

○ 핵심정리장 15　　　　　　　　　　　　⬇ *자세히 읽어 보세요.*

모양(형 形)	뜻(훈 訓) 소리(음 音)		핵 심 정 리
昭	밝을	소	해가 떠오를 때 모든 물체가 불려나오듯이 보이는 것이 '**밝다**'는 뜻의 자입니다.
蔬	나물	소	씨앗이 뿌리를 내리고 껍질을 뒤집어 쓴 채 돋아나는 푸성귀인 '**나물**'을 나타낸 자입니다. • 菜(채) ≒ 蔬(소)
騷	떠들	소	말이 벼룩 등에 물려 마구 날뛰며 '**떠든다**'는 뜻의 자입니다.
粟	조	속	이삭에 낟알이 껍질채 달린 겉곡식인 '**조**'를 나타낸 자입니다. • 栗(밤 률), 粟(조 속)
誦:	욀	송	샘물이 솟듯이 말소리를 높여 글을 '**왼다**'는 뜻의 자입니다. • 긴소리로 읽음.
囚	가둘	수	사람을 에워싼 데다 '**가둔다**'는 뜻의 자입니다. • 因(인할 인), 困(곤할 곤), 囚(가둘 수)
睡	졸음	수	눈까풀을 내리드리우고 머리를 숙여 '**존다**'는 뜻의 자입니다.
搜	찾을	수	늙은이가 손으로 불씨를 '**찾는다**'는 뜻의 자입니다.
遂	드디어	수	뜻이 가는대로 다 잘되어 일을 '**드디어**' 이룬다는 뜻의 자입니다. • 逐(쫓을 축), 遂(드디어 수)
誰	누구	수	새의 우는 외마디소리처럼 소리쳐 '**누구**'냐고 묻는다는 뜻의 자입니다.

◦ 핵심정리장 16   ⬇ 자세히 읽어 보세요.

모양(형 形)	뜻(훈 訓) 소리(음 音)	핵 심 정 리
雖	비록　　　수	벌레는 커도 새를 먹이삼기는 '비록' 못미친다는 뜻의 자입니다.
須	모름지기　수	얼굴 아래에 난 수염은 그 사람의 풍채를 '모름지기' 돋보이게 한다는 뜻의 자입니다.
孰	누구　　　숙	제사에 올릴 고기를 잡고 구울 사람이 '누구'냐는 뜻의 자입니다.
循	돌　　　　순 좇을　　　순	적을 방비하기위해 방패 등의 무기를 들고 순회하며 '돈다'는 뜻의 자입니다.
殉	따라죽을　순	죽은 사람의 뒤를 이어 열흘 안에 '따라죽는다'는 뜻의 자입니다.
脣	입술　　　순	조개가 살을 내밀고 껍데기를 벌렸다오므렸다 하는 모양이 '입술' 같다는 뜻의 자입니다. • 부수는 月(육달월) = 肉(고기 육)임.
戌	개　　　　술	초목이 더 자라지 않는 계절인 구월은 지지(地支)로 따져 해당되는 동물이 '개'라는 뜻의 자입니다. • 戊(천간 무),　戌(개 술)
矢:	화살　　　시	활이나 쇠뇌를 쏠 때 사용하는 '화살'이라는 뜻의 자입니다. • 失(잃을 실),　矢(화살 시)　• 긴소리로 읽음.
伸	펼　　　　신	사람이 기지개를 켜 몸을 '편다'는 뜻의 자입니다. • 伸(신) ⇔ 縮(축)
晨	새벽　　　신	햇빛에 눌려 별빛이 사그라지는 때인 '새벽'을 나타낸 자입니다.

3급-29

昭 밝을 소	日 부수 5획, 총 9획.　(　)부수 (　)획, 총 (　)획.
	昭詳

蔬 나물 소	⺾ 艸 부수 11획, 총 15획.　(　)부수 (　)획, 총 (　)획.
	蔬菜　　菜:蔬

騷 떠들 소	馬 부수 10획, 총 20획.　(　)부수 (　)획, 총 (　)획.
	騷動　　騷亂　　騷音　　騷客

粟 조 속	米 부수 6획, 총 12획.　(　)부수 (　)획, 총 (　)획.
	粟米　　滄海一粟

誦 욀 송	言 부수 7획, 총 14획.　(　)부수 (　)획, 총 (　)획.
	誦:讀　　朗:誦　　暗:誦　　愛:誦

♣ 아래의 빈칸을 채우시오.

【지난학습】

예 **석**		쪼갤 **석**		잡을 **섭**		건널 **섭**		부를 **소**	

【금일학습】

昭						
밝을 소						
蔬						
나물 소						
騷						
떠들 소						
粟						
조 속						
誦						
욀 송						

소상
소채 채소
소동 소란 소음 소객
속미 창해일속
송독 낭송 암송 애송

3급-30

囚 가둘 수	囗 부수 2획, 총 5획. ( )부수 ( )획, 총 ( )획.
	囚衣　　囚人　　罪:囚　　死:刑囚

睡 졸음 수	目 부수 8획, 총 13획. ( )부수 ( )획, 총 ( )획.
	睡眠　　午睡　　昏睡

搜 찾을 수	扌手 부수 10획, 총 13획. ( )부수 ( )획, 총 ( )획.
	搜査　　搜索　　搜所聞

遂 드디어 수	辶辵 부수 9획, 총 13획. ( )부수 ( )획, 총 ( )획.
	遂行　　未:遂　　完遂　　毛遂自薦

誰 누구 수	言 부수 8획, 총 15획. ( )부수 ( )획, 총 ( )획.
	誰何

3급-30-복습·쓰기장

♣ 아래의 빈칸을 채우시오.   【지난학습】

밝을 昭		나물 蔬		떠들 騷		조 粟		욀 誦		

【금일학습】

囚 가둘 수							
睡 졸음 수							
搜 찾을 수							
遂 드디어 수							
誰 누구 수							

수의 수인 죄수 사형수
수면 오수 혼수
수사 수색 수소문
수행 미수 완수 모수자천
수하

3급-31

雖 비록 수	隹 부수 9획, 총 17획. ( )부수 ( )획, 총 ( )획.
	雖然

須 모름지기 수	頁 부수 3획, 총 12획. ( )부수 ( )획, 총 ( )획.
	必須

孰 누구 숙	子 부수 8획, 총 11획. ( )부수 ( )획, 총 ( )획.
	孰若

循 돌 순 좇을 순	彳 부수 9획, 총 12획. ( )부수 ( )획, 총 ( )획.
	循環 循次

殉 따라죽을 순	歹 부수 6획, 총 10획. ( )부수 ( )획, 총 ( )획.
	殉敎 殉國 殉死 殉葬 殉職

【지난학습】

가둘 囚		졸음 睡		찾을 搜		드디어 遂		누구 誰	

【금일학습】

雖 비록 수						
須 모름지기 수						
孰 누구 숙						
循 돌 순						
殉 따라죽을 순						

수연
필수
숙약
순환 순차
순교 순국 순사 순장 순직

3급-32

脣 입술 순	月 肉 부수 7획, 총 11획. ( )부수 ( )획, 총 ( )획.			
	脣音　　　脣輕音　　　脣亡齒寒			

戌 개 술	戈 부수 2획, 총 6획. ( )부수 ( )획, 총 ( )획.			
	戌時			

矢 화살 시	矢 부수 0획, 총 5획. ( )부수 ( )획, 총 ( )획.			
	弓矢			

伸 펼 신 / 사뢸 신	亻人 부수 5획, 총 7획. ( )부수 ( )획, 총 ( )획.			
	伸張　　　伸縮　　　屈伸　　　追伸			

晨 새벽 신	日 부수 7획, 총 11획. ( )부수 ( )획, 총 ( )획.			
	晨星　　　昏定晨省			

3급-32-복습·쓰기장

♣ 아래의 빈칸을 채우시오.　　　　　　　　　　　　　【지난학습】

비록	수	모름지기	수	누구	숙	돌	순	따라죽을	순

【금일학습】

脣					
입술 순					
戌					
개 술					
矢					
화살 시					
伸					
펼 신					
晨					
새벽 신					

순음　순경음　순망치한
술시
궁시
신장　신축　굴신　추신
신성　혼정신성

○ 핵심정리장 17　　　　　　　　　　　　　⬇ 자세히 읽어 보세요.

모양(형 形)	뜻(훈 訓) 소리(음 音)	핵 심 정 리
辛	매울　신	윗사람에게 죄를 범해 바늘로 자자(刺字)를 하니 형벌이 혹독하고 '맵다'는 뜻의 자입니다. • 幸(다행 행),　辛(매울 신)
尋	찾을　심	좌우 양팔을 편 길이를 표준삼아 사물의 길이를 헤아려 실마리를 '찾는다'는 뜻의 자입니다. • 尋(심) ≒ 訪(방)
餓:	주릴　아	내자신도 먹을 것이 없어 '주린다'는 뜻의 자입니다. • 긴소리로 읽음.
岳	큰산　악	산 위에 언덕이 있는 '큰산'이라는 뜻의 자입니다.
雁:	기러기　안	바위 틈서리에 깃들이며 사람의 혼인 때 예물로 쓰이는 새인 '기러기'를 나타낸 자입니다. • 雁(안) = 鴈(안)　　　• 긴소리로 읽음.
謁	뵐　알	마음속에 있는 것을 다 고해 바치려고 직접 '뵌다'는 뜻의 자입니다.
押	누를　압	돋아나는 싹을 흙을 덮어 내리누르듯이 손으로 밀어 '누른다'는 뜻의 자입니다.
殃	재앙　앙	죽음이 몸 가운데인 명치에 다다라 이른 '재앙'이라는 뜻의 자입니다.
涯	물가　애	흐르는 물에 패인 언덕 밑의 '물가'라는 뜻의 자입니다.
厄	액　액	바위에 괴여 제대로 자라지 못한 나무가 구부러져 마디진 '액'이 생겼다는 뜻의 자입니다.

○ 핵심정리장 18   ⬇ 자세히 읽어 보세요.

모양(형 形)	뜻(훈 訓) 소리(음 音)	핵 심 정 리
也:	이끼 야 어조사 야	말을 낼 때나 끝맺을 때 서리는 입김 기운이 '이끼'라는 뜻의 자입니다. • 긴소리로 읽음.
耶	어조사 야	마을에서 들려오는 말에 의문을 나타낸 '어조사'를 나타낸 자입니다.
躍	뛸 약	꿩이 발돋움하며 팔짝팔짝 '뛴다'는 뜻의 자입니다.
楊	버들 양	봄볕 아지랑이와도 같이 가지가 한들거리는 나무인 냇'버들'이라는 뜻의 자입니다.
於	어조사 어 탄식할 오	까마귀가 까옥하고 우는 소리가 마치 '탄식한' 것같다는 감탄사로 쓰이는 '어조사'라는 뜻의 자입니다. • 일자다음자임. 어·오
焉	어찌 언	중국의 회수(淮水)에 사는 까마귀 울음소리를 흉내내어 의문사로 쓰이며 '어찌'라는 뜻을 가진 자입니다.
予	나 여	베짤 때 씨실을 담은 북을 좌우손으로 주고받는 것은 '나'라는 뜻의 자입니다.
余	나 여	외기둥 집에서 소리치는 음향이 멀리 퍼져나가는 소리의 근원은 '나'라는 뜻의 자입니다.
汝:	너 여	삼각주를 감싸고 흐르는 강물이 여자의 형상인 물이름으로 본래는 '너'라는 뜻을 가진 자입니다. • 긴소리로 읽음.
輿:	수레 여	들것보다 짐을 더 가득 실을 수 있는 차바퀴가 달린 '수레'라는 뜻의 자입니다. • 부수는 車(수레 거/차)　• 긴소리로 읽음.

3급-33

辛 매울 신	辛 부수 0획, 총 7획.	( )부수 ( )획, 총 ( )획.
	辛苦　　**辛勝**　　**香辛料**　　**千辛萬苦**	

尋 찾을 심	寸 부수 9획, 총 12획.	( )부수 ( )획, 총 ( )획.
	尋訪　　**推尋**	

餓 주릴 아	食 부수 7획, 총 16획.	( )부수 ( )획, 총 ( )획.
	餓:鬼　　**飢餓**　　**餓:死之境**	

岳 큰산 악	山 부수 5획, 총 8획.	( )부수 ( )획, 총 ( )획.
	山岳　　**冠岳山**	

雁 기러기 안 (雁 ≒ 鴈)	隹 부수 4획, 총 12획.	( )부수 ( )획, 총 ( )획.
	雁:書　　**雁:行**	

3급-33-복습·쓰기장

♣ **아래의 빈칸을 채우시오.**　　　　　　　　　　　　　　　　　　　【지난학습】

입술	순	개	술	화살	시	펼	신	새벽	신

【금일학습】

辛 매울 신					
尋 찾을 심					
餓 주릴 아					
岳 큰산 악					
雁 기러기 안					

신고　신승　향신료　천신만고
심방　추심
아귀　기아　아사지경
산악　관악산
안서　안항

3급-34

謁 뵐 알	言 부수 9획, 총 16획. ( )부수 ( )획, 총 ( )획.				
	謁見　　拜:謁　　謁聖及第				

押 누를 압	扌 手 부수 5획, 총 8획. ( )부수 ( )획, 총 ( )획.				
	押留　　押送　　押收　　押韻　　押印				

殃 재앙 앙	歹 부수 5획, 총 9획. ( )부수 ( )획, 총 ( )획.				
	殃禍　　災殃				

涯 물가 애	氵 水 부수 8획, 총 11획. ( )부수 ( )획, 총 ( )획.				
	生涯　　天涯				

厄 액 액	厂 부수 2획, 총 4획. ( )부수 ( )획, 총 ( )획.				
	厄運　　災厄　　橫厄				

♣ **아래의 빈칸을 채우시오.**　　　　　　　　　　　　　　　【지난학습】

매울	신	찾을	심	주릴 아		큰산 악		기러기 안	

【금일학습】

謁							
뵐 알							
押							
누를 압							
殃							
재앙 앙							
涯							
물가 애							
厄							
액 액							

알현   배알   알성급제
압류   압송   압수   압운   압인
앙화   재앙
생애   천애
액운   재액   횡액

3급-35

也 이끼 야 / 어조사 야	乙 부수 2획, 총 3획. ( )부수 ( )획, 총 ( )획.
	及其也　　獨也靑靑　　言則是也

耶 어조사 야	耳 부수 3획, 총 9획. ( )부수 ( )획, 총 ( )획.
	耶蘇敎　　有耶無耶

躍 뛸 약	足 부수 14획, 총 21획. ( )부수 ( )획, 총 ( )획.
	躍動　躍進　跳躍　飛躍　暗躍　活躍

楊 버들 양	木 부수 9획, 총 13획. ( )부수 ( )획, 총 ( )획.
	楊柳　　楊貴妃

於 어조사 어 / 탄식할 오	方 부수 4획, 총 8획. ( )부수 ( )획, 총 ( )획.
	於中間　　於此彼　　甚:至於

♣ 아래의 빈칸을 채우시오.   【지난학습】

별	**알**	누를	**압**	재앙	**앙**	물가	**애**	액	**액**

【금일학습】

也 이끼 **야**									
耶 어조사 **야**									
躍 뛸 **약**									
楊 버들 **양**									
於 어조사 **어**									

급기야 독야청청 언즉시야
야소교 유야무야
약동 약진 도약 비약 암약 활약
양류 양귀비
어중간 어차피 심지어

3급-36

焉 어찌 언	灬 火 부수 7획, 총 11획. ( )부수 ( )획, 총 ( )획.
	終焉　　　於焉間　　　焉敢生心

予 나 여	亅 부수 3획, 총 4획. ( )부수 ( )획, 총 ( )획.
	予一人

余 나 여	人 부수 5획, 총 7획. ( )부수 ( )획, 총 ( )획.
	余等

汝 너 여	氵 水 부수 3획, 총 6획. ( )부수 ( )획, 총 ( )획.
	汝:矣島

輿 수레 여	車 부수 10획, 총 17획. ( )부수 ( )획, 총 ( )획.
	輿:望　　　喪輿　　　輿:地圖　　　輿:論調査

♣ **아래의 빈칸을 채우시오.**　　　　　　　　　　　　　　【지난학습】

이끼 **야**		어조사 **야**		떨 **약**		버들 **양**		어조사 **어**		

【금일학습】

焉 어찌 언					
予 나 여					
余 나 여					
汝 너 여					
輿 수레 여					

종언　어언간　언감생심
여일인
여등
여의도
여망　상여　여지도　여론조사

핵심정리장 19 ⬇ 자세히 읽어 보세요.

모양(形形)	뜻(훈訓) 소리(음音)		핵 심 정 리
閱	볼	열	군영의 영문 안에서 군사들의 상황을 날카롭게 점검해 '**본다**'는 뜻의 자입니다.
泳	헤엄칠	영	물속에서 오랫동안 '**헤엄친다**'는 뜻의 자입니다.
詠:	읊을	영	말소리를 가락으로 바꿔 길게 '**읊는다**'는 뜻의 자입니다. • 긴소리로 읽음.
銳:	날카로울	예	쇠의 모양을 바꾸어 뾰족이 깎으니 끝이 '**날카롭다**'는 뜻의 자입니다. • 悅(기쁠 열), 說(말씀 설), 銳(날카로울 예) • 긴소리로 읽음.
傲:	거만할	오	사람을 희롱하는 행동이 '**거만하다**'는 뜻의 자입니다. • 긴소리로 읽음.
吾	나	오	다섯 손가락으로 자기를 가리켜 말하여 '**나**'라고 한다는 뜻의 자입니다.
嗚	슬플	오	까마귀의 흉한 울음처럼 '**슬프다**'라는 뜻의 자입니다.
娛:	즐길	오	재주있는 여자가 큰소리로 화제를 이끌어 여러 사람에게 분위기를 '**즐기**'게 한다는 뜻의 자입니다. • 긴소리로 읽음.
汚:	더러울	오	웅덩이의 괸 물에서 말할 때의 입김처럼 썩은 김이 오르니 '**더럽다**'는 뜻의 자입니다. • 긴소리로 읽음.
擁	낄	옹	서로 뜻이 화합하여 팔짱을 '**낀다**'는 뜻의 자입니다.

° 핵심정리장 20　　　　　　　　　　▼ 자세히 읽어 보세요.

모양(형 形)	뜻(훈 訓)	소리(음 音)	핵 심 정 리
翁	늙은이	옹	깃이 골고루 난 새의 목아래 털처럼 수염이 길게 난 '**늙은이**'를 나타낸 자입니다.
臥:	누울	와	신하가 임금을 잘 모시면 백성들이 편히 '**누워**' 잘 수 있다는 뜻의 자입니다. • 긴소리로 읽음.
曰	가로	왈	입을 벌리고 입김을 내며 '**말한다**'는 뜻의 자입니다. • 日(해 일/날 일),　曰(가로 왈)
畏:	두려워할	외	죽은 사람의 머리나 늙어 변해가는 현상을 모두들 '**두려워한다**'는 뜻의 자입니다. • 農(농사 농),　畏(두려워할 외)　　• 긴소리로 읽음.
搖	흔들	요	손으로 질그릇을 두드릴 때 소리나며 '**흔들**'린다는 뜻의 자입니다.
腰	허리	요	사람의 몸중에서 가장 중요한 곳이 '**허리**'라는 뜻의 자입니다.
遙	멀	요	질그릇을 두들길 때 퍼져 나가는 소리가 은은히 '**멀**'리까지 들린다는 뜻의 자입니다.
庸	떳떳할	용	잘못을 고쳐 바로잡는 데에 힘을 쓰니 '**떳떳하다**'는 뜻의 자입니다.
于	어조사	우	답답하게 막혔던 입김이 한번에 퍼져 나가듯이 글속에서 역할이 있는 '**어조사**'로 쓰이는 자입니다.
又:	또	우	오른손잡이의 오른손은 자주 '**또**' 쓴다는 뜻의 자입니다. • 긴소리로 읽음.

3급-37

閱 볼 열	門 부수 7획, 총 15획. ( )부수 ( )획, 총 ( )획.
	閱覽　　閱兵　　檢閱　　校閱　　査閱

泳 헤엄칠 영	氵 水 부수 5획, 총 8획. ( )부수 ( )획, 총 ( )획.
	背:泳　　水泳　　遊泳　　平泳　　混:泳

詠 읊을 영	言 부수 5획, 총 12획 ( )부수 ( )획, 총 ( )획.
	詠:物

銳 날카로울 예	金 부수 7획, 총 15획. ( )부수 ( )획, 총 ( )획.
	銳:角　　銳:利　　銳:敏　　新銳　　精銳

傲 거만할 오	亻 人 부수 11획, 총 13획. ( )부수 ( )획, 총 ( )획.
	傲:氣　　傲:慢　　傲:霜孤節

♣ 아래의 빈칸을 채우시오.　　　　　　　　　　　　　　　　　【지난학습】

어찌 **언**		나 **여**		나 **여**		너 **여**		수레 **여**	

【금일학습】

閱					
볼 **열**					
泳					
헤엄칠 **영**					
詠					
읊을 **영**					
銳					
날카로울 **예**					
傲					
거만할 **오**					

열람　열병　검열　교열　사열
배영　수영　유영　평영　혼영
영물
예각　예리　예민　신예　정예
오기　오만　오상고절

3급-38

| 吾 나 오 | 口 부수 4획, 총 7획. | ( )부수 ( )획, 총 ( )획. |
| | 吾等　　吾鼻三尺 | |

| 嗚 슬플 오 | 口 부수 10획, 총 13획. | ( )부수 ( )획, 총 ( )획. |
| | 嗚呼痛哉 | |

| 娛 즐길 오 | 女 부수 7획, 총 10획. | ( )부수 ( )획, 총 ( )획. |
| | 娛:樂　　娛:樂室 | |

| 汚 더러울 오 | 氵水 부수 3획, 총 6획. | ( )부수 ( )획, 총 ( )획. |
| | 汚:名　汚:物　汚:辱　汚:點　汚:染 | |

| 擁 낄 옹 | 扌手 부수 13획, 총 16획. | ( )부수 ( )획, 총 ( )획. |
| | 擁:立　　擁:衛　　擁:護　　抱擁 | |

♣ 아래의 빈칸을 채우시오.

【지난학습】

볼	**열**	헤엄칠	**영**	읊을	**영**	날카로울	**예**	거만할	**오**

【금일학습】

吾					
나 오					
鳴					
슬플 오					
娛					
즐길 오					
汚					
더러울 오					
擁					
낄 옹					

오등 오비삼척
오호통재
오락 오락실
오명 오물 오욕 오점 오염
옹립 옹위 옹호 포옹

3급-39

翁 늙은이 옹	羽 부수 4획, 총 10획. ( )부수 ( )획, 총 ( )획.
	翁主　　老:翁　　不倒翁

臥 누울 와	臣 부수 2획, 총 8획. ( )부수 ( )획, 총 ( )획.
	臥:龍　　臥:病

曰 가로 왈	曰 부수 0획, 총 4획. ( )부수 ( )획, 총 ( )획.
	曰字　　曰可曰否

畏 두려워할 외	田 부수 4획, 총 9획. ( )부수 ( )획, 총 ( )획.
	畏:敬　　畏:友　　敬:畏心

搖 흔들 요	扌手 부수 10획, 총 13획. ( )부수 ( )획, 총 ( )획.
	搖動　　動:搖　　搖之不動

♣ **아래의 빈칸을 채우시오.** 【지난학습】

나	오	슬플	오	즐길	오	더러울	오	낄	옹

【금일학습】

翁 늙은이 옹									
臥 누울 와									
曰 가로 왈									
畏 두려워할 외									
搖 흔들 요									

옹주 노옹 부도옹
와룡 와병
왈자 왈가왈부
외경 외우 경외심
요동 동요 요지부동

3급-40

월   일 【시 간】   ~

腰 허리 요	月 肉 부수 9획, 총 13획. ( )부수 ( )획, 총 ( )획.
	腰帶 腰折 腰痛

遙 멀 요	辶 辵 부수 10획, 총 14획. ( )부수 ( )획, 총 ( )획.
	遙遠

庸 떳떳할 용	广 부수 8획, 총 11획. ( )부수 ( )획, 총 ( )획.
	庸劣 中庸

于 어조사 우	二 부수 1획, 총 3획. ( )부수 ( )획, 총 ( )획.
	于先 于今

又 또 우	又 부수 0획, 총 2획. ( )부수 ( )획, 총 ( )획.
	日新又日新

3급-40-복습·쓰기장

♣ **아래의 빈칸을 채우시오.**　　　　　　　　　　　　　　【지난학습】

늙은이	옹	누울	와	가로	왈	두려워할	외	흔들	요

【금일학습】

腰								
허리 요								
遙								
멀 요								
庸								
떳떳할 용								
于								
어조사 우								
又								
또 우								

요대　요절　요통
요원
용렬　중용
우선　우금
일신우일신

○ 핵심정리장 21　　　　　　　　　　　　　　⬇ 자세히 읽어 보세요.

모양(형 形)	뜻(훈 訓) 소리(음 音)	핵 심 정 리
尤	더욱　우	손에 쥐었던 물건을 떨어뜨려 허물이 되었는데 허물을 '더욱' 탓한다는 뜻의 자입니다. • 부수는 尢(절름발이 왕)임.
云	이를　운	말을 할 때 입김이 나오는 모양을 본떠 말로 타'이르다'는 뜻의 자입니다.
緯	씨(씨실)　위	베를 짤 때 가로로만 어긋지며 왔다갔다하는 '씨(씨실)'를 나타낸 자입니다. • 經(경) ⇔ 緯(위)
違	어긋날　위	서로 길을 어긋지게 가서 만남이 '어긋남'을 나타낸 자입니다.
唯	오직　유	새가 외마디소리를 지르듯 대답을 '오직' 짧게 한다는 뜻의 자입니다.
惟	생각할　유	꽁지 짧은 새의 짧은 꼬리만큼의 시간이라도 나면 마음으로 '생각한다'는 뜻의 자입니다.
愈	나을　유	좋은 마음이 얼굴에 실려 표정이 한층 '낫다'는 뜻의 자입니다.
酉	닭　유	항아리나 잔 속에 술이 들어 있는 모양을 본뜬 자로, 십이지지(十二支地) 중에서 10번째인 유(酉)에 해당하는 동물이 '닭'이라는 뜻을 나타낸 자입니다.
閏:	윤달　윤	임금이 종묘 출입을 하지 않고 대궐문 안에만 있는다는 '윤달'을 나타낸 자입니다. • 긴소리로 읽음.
吟	읊을　음	이제 바로 신음소리를 길게 내며 노랫가락을 '읊는다'는 뜻의 자입니다.

◦ 핵심정리장 22   ⬇ 자세히 읽어 보세요.

모양(형形)	뜻(훈訓) 소리(음音)	핵 심 정 리
泣	울 읍	선채로 곧장 소리없이 눈물을 흘리며 '**운다**'는 뜻의 자입니다.
凝	엉길 응	얼어서 잘 떨어지지 않으며 '**엉긴다**'는 뜻의 자입니다. • 부수는 冫(얼음 빙)임.
宜	마땅 의	집에서 음식을 많이 쌓아놓고 제사를 지냄은 '**마땅**' 하다는 뜻의 자입니다.
矣	어조사 의	화살이 날아가 꽂혀있는 모양으로, 문장이 끝났음을 나타내는 '**어조사**'를 뜻하는 자입니다.
夷	오랑캐 이	나다닐 때 꼭 활을 가지고 다니며 잘 사용하는 중국보다 동쪽에 사는 '**오랑캐**'를 뜻하는 자입니다. • 부수는 大(큰 대)임.
而	말이을 이	입 위와 턱 밑에 난 뺨의 털인 수염의 모양처럼 글의 앞과 뒤를 길게 되도록 '**말이어**'준다는 뜻의 자입니다.
姻	혼인 인	딸로 인하여 '**혼인**'한다는 뜻의 자입니다.
寅	범 인 동방 인	집에서 어른을 두 손으로 부축하여 모시고 있는 모습인데, 지지(地支)의 3번째인 인(寅)으로 쓰여 해당되는 동물인 '**범**'을 뜻하는 자입니다.
恣:	방자할 자 마음대로 자	본 마음씨에서 벗어난 다음의 행실이 '**방자하다**'는 뜻의 자입니다. • 긴소리로 읽음.
玆	이 자	연약한 싹이 작아서 싸잡아 '**이**'것이라고 한다는 뜻의 자입니다.

3급-41

尤	尤 부수 1획, 총 4획. ( )부수 ( )획, 총 ( )획.
더욱 우	尤甚

云	二 부수 2획, 총 4획. ( )부수 ( )획, 총 ( )획.
이를 운	云云　　云謂

緯	糸 부수 9획, 총 15획. ( )부수 ( )획, 총 ( )획.
씨(씨실) 위	緯度　　經緯　　北緯

違	辶 부수 9획, 총 13획. ( )부수 ( )획, 총 ( )획.
어긋날 위	違反　　違背　　違法　　違約　　違憲

唯	口 부수 8획, 총 11획. ( )부수 ( )획, 총 ( )획.
오직 유	唯物論　　唯心論　　唯一無二

♣ 아래의 빈칸을 채우시오.　　　　　　　　　　　　【지난학습】

허리	요	멀	요	떳떳할	용	어조사	우	또	우

【금일학습】

尤 더욱 우									
云 이를 운									
緯 씨 위									
違 어긋날 위									
唯 오직 유									

우심
운운　운위
위도　경위　북위
위반　위배　위법　위약　위헌
유물론　유심론　유일무이

3급-42

惟 생각할 유	忄 心 부수 8획, 총 11획. ( )부수 ( )획, 총 ( )획.
	惟獨　　思惟

愈 나을 유	心 부수 9획, 총 13획. ( )부수 ( )획, 총 ( )획.
	快愈

酉 닭 유	酉 부수 0획, 총 7획. ( )부수 ( )획, 총 ( )획.
	酉時

閏 윤달 윤	門 부수 4획, 총 12획. ( )부수 ( )획, 총 ( )획.
	閏:年　　閏:四月

吟 읊을 음	口 부수 4획, 총 7획. ( )부수 ( )획, 총 ( )획.
	吟味　　吟遊詩人　　吟風弄月

3급-42-복습·쓰기장

♣ 아래의 빈칸을 채우시오.   【지난학습】

더욱 **우**		이를 **운**		씨 **위**		어긋날 **위**		오직 **유**	

【금일학습】

惟					
생각할 **유**					
愈					
나을 **유**					
酉					
닭 **유**					
閏					
윤달 **윤**					
吟					
읊을 **음**					

유독   사유
쾌유
유시
윤년   윤사월
음미   음유시인   음풍농월

3급-43

泣 울 읍	氵 水 부수 5획, 총 8획. ( )부수 ( )획, 총 ( )획.
	泣訴　　感:泣

凝 엉길 응	冫 부수 14획, 총 16획. ( )부수 ( )획, 총 ( )획.
	凝結　　凝固　　凝視　　凝集

宜 마땅 의	宀 부수 5획, 총 8획. ( )부수 ( )획, 총 ( )획.
	宜當　　時宜　　便宜

矣 어조사 의	矢 부수 2획, 총 7획. ( )부수 ( )획, 총 ( )획.
	萬事休矣

夷 오랑캐 이	大 부수 3획, 총 6획. ( )부수 ( )획, 총 ( )획.
	東夷

♣ 아래의 빈칸을 채우시오. 【지난학습】

| 생각할 유 | 나을 유 | 닭 유 | 윤달 윤 | 읊을 음 |

【금일학습】

泣 울 읍					
凝 엉길 응					
宜 마땅 의					
矣 어조사 의					
夷 오랑캐 이					

읍소 감읍
응결 응고 응시 응집
의당 시의 편의
만사휴의
동이

3급-44

而 말이을 이	而 부수 0획, 총 6획. ( )부수 ( )획, 총 ( )획.
	博而不精

姻 혼인 인	女 부수 6획, 총 9획. ( )부수 ( )획, 총 ( )획.
	姻戚 婚姻

寅 범 인 / 동방 인	宀 부수 8획, 총 11획. ( )부수 ( )획, 총 ( )획.
	寅時

恣 방자할 자 / 마음대로 자	心부수 6획, 총 10획. ( )부수 ( )획, 총 ( )획.
	恣:行 放:恣 恣:意的

玆 이 자	玄 부수 5획, 총 10획. ( )부수 ( )획, 총 ( )획.

3급-44-복습·쓰기장

♣ 아래의 빈칸을 채우시오.   【지난학습】

울	읍	영길	웅	마땅	의	어조사	의	오랑캐	이

【금일학습】

而						
말이을 이						
姻						
혼인 인						
寅						
범 인						
恣						
방자할 자						
玆						
이 자						

박이부정
인척 혼인
인시
자행 방자 자의적

◦ 핵심정리장 23   ⬇ 자세히 읽어 보세요.

모양(형形)	뜻(훈訓) 소리(음音)	핵 심 정 리
爵	벼슬 작	참새 모양의 술잔을 잡고 신전에 나가 제사를 올리는 고급관리인 '**벼슬**'아치라는 뜻의 자입니다.
酌	술부을 작 잔질할 작	술을 작은 구기로 떠서 잔에 '**술부은다**'는 뜻의 자입니다.
墻	담 장	곡식을 광에 넣고 아끼기 위해 흙으로 쌓는 '**담**'이라는 뜻의 자입니다.
哉	어조사 재	칼로 쪼개듯이 말문을 비로소 열어 끊겼다이었다 하며 문장의 분위기를 잇는 '**어조사**'라는 뜻의 자입니다. • 부수는 口(입 구)임.
宰	재상 재	죄인을 다루듯이 관청에서 정사를 다스리는 최고의 벼슬인 '**재상**'을 나타낸 자입니다.
滴	물방울 적	과실같이 매달렸다가 떨어지는 것같은 '**물방울**'이라는 뜻의 자입니다.
竊	훔칠 절	벌레가 쌀을 먹으려고 구멍을 뚫고 흠집을 내듯이 도둑이 들어 물건을 '**훔친다**'는 뜻을 나타낸 자입니다.
蝶	나비 접	곤충 중 날개가 나뭇잎같이 엷고 잎맥이 있는 '**나비**'를 나타낸 자입니다.
訂	바로잡을 정	비뚤어진 것을 쐐기나 못을 쳐서 바로 세우듯이 잘못을 말로 '**바로잡는다**'는 뜻의 자입니다.
堤	둑 제	숟가락으로 밥을 뜨듯이 흙을 떠서 쌓아올린 '**둑**'을 나타낸 자입니다.

○ 핵심정리장 24　　　　　　　　　　　　⬇ 자세히 읽어 보세요.

모양(형 形)	뜻(훈 訓) 소리(음 音)	핵 심 정 리
弔:	조상할　조	장례지내기 전에 주검을 풀로 덮어두는데 새들이 먹으려고 모여드니 사람이 활을 쏘아 멀리 쫓고 '**조상한다**'는 뜻의 자입니다. • 慶(경) ⇔ 弔(조)　• 부수는 弓(활 궁)임.　• 긴소리로 읽음.
燥	마를　조	새떼가 지저귀는 소리같이 불똥을 튀기며 타는 불에 쬐면 잘 '**마른다**'는 뜻의 자입니다.
拙	졸할　졸	솜씨가 들쭉날쭉 하니 '**졸하다**'라는 뜻의 자입니다.
佐:	도울　좌 (자)	윗사람을 바로 좌우에서 '**돕는다**'는 뜻의 자입니다. • 일자다음자임. **좌·자**.　※ 보좌(補佐), 자반(佐飯) • 긴소리로 읽음.
舟	배　주	물을 건너는 교통 기구인 '**배**'를 나타낸 자입니다. • 丹(붉을 단),　舟(배 주)
俊:	준걸　준	걸음새가 늠름한 사람이 '**준걸**'스럽다는 뜻의 자입니다. • 俊(준) ≒ 傑(걸), 俊(준) ≒ 秀(수)　• 긴소리로 읽음.
遵:	좇을　준	모시는 높은 사람의 뒤를 따라가 '**좇는다**'는 뜻의 자입니다. • 긴소리로 읽음.
贈	줄　증	재물이 늘게 거듭 더해 '**준다**'는 뜻의 자입니다.
只	다만　지	입에서 나오는 말소리가 흩어져 말이 '**다만**' 그쳤다는 뜻의 자입니다.
遲	더딜　지 늦을　지	무소가 천천히걸어가는 모양이 '**더디다**'는 뜻의 자입니다.

3급-45

爵 벼슬 작	爫 爪 부수 14획, 총 18획. ( )부수 ( )획, 총 ( )획.
	爵位　　爵祿　　公爵　　高官大爵

酌 술부을 작 / 잔질할 작	酉 부수 3획, 총 10획. ( )부수 ( )획, 총 ( )획.
	對:酌　　添酌　　情狀參酌

墻 담 장	土 부수 13획, 총 16획. ( )부수 ( )획, 총 ( )획.
	墻壁　　墻外　　墻內　　路柳墻花

哉 어조사 재	口 부수 6획, 총 9획. ( )부수 ( )획, 총 ( )획.
	快哉　　哀哉

宰 재상 재	宀 부수 7획, 총 10획. ( )부수 ( )획, 총 ( )획.
	宰相　　主宰

3급-45-복습·쓰기장

♣ **아래의 빈칸을 채우시오.**　　　　　　　　　　　　　　　　【지난학습】

말이을 이		혼인 인		범 인		방자할 자		이 자	

【금일학습】

爵 벼슬 작					
酌 술부을 작					
墻 담 장					
哉 어조사 재					
宰 재상 재					

작위 작록 공작 고관대작
대작 첨작 정상참작
장벽 장외 장내 노류장화
쾌재 애재
재상 주재

3급-46

滴 물방울 적	氵水 부수 11획, 총 14획. ( )부수 ( )획, 총 ( )획.
	滴水　　餘滴欄

竊 훔칠 절	穴 부수 17획, 총 22획. ( )부수 ( )획, 총 ( )획.
	竊盜　　竊取

蝶 나비 접	虫 부수 9획, 총 15획. ( )부수 ( )획, 총 ( )획.
	蝶泳　　胡蝶

訂 바로잡을 정	言 부수 2획, 총 9획. ( )부수 ( )획, 총 ( )획.
	訂正　　校:訂　　修訂　　改:訂版

堤 둑 제	土 부수 9획, 총 12획. ( )부수 ( )획, 총 ( )획.
	堤防　　防潮堤　　防波堤

♣ **아래의 빈칸을 채우시오.** 【지난학습】

| 벼슬 **작** | 술부을 **작** | 담 **장** | 어조사 **재** | 재상 **재** |

【금일학습】

滴 물방울 **적**

竊 훔칠 **절**

蝶 나비 **접**

訂 바로잡을 **정**

堤 둑 **제**

적수 여적란
절도 절취
접영 호접
정정 교정 수정 개정판
제방 방조제 방파제

3급-47

弔 조상할 조
弓 부수 1획, 총 4획.   ( )부수 ( )획, 총 ( )획.

弔:旗   弔:問   弔:鐘   弔:花   慶弔

燥 마를 조
火 부수 13획, 총 17획.   ( )부수 ( )획, 총 ( )획.

乾燥

拙 졸할 졸
扌手 부수 5획, 총 8획.   ( )부수 ( )획, 총 ( )획.

拙稿   拙劣   拙速   拙戰   稚拙

佐 도울 좌 (자)
亻人 부수 5획, 총 7획.   ( )부수 ( )획, 총 ( )획.

佐:郞   佐:平   補:佐   佐:飯

舟 배 주
舟 부수 0획, 총 6획.   ( )부수 ( )획, 총 ( )획.

方舟   刻舟求劍   一葉片舟

♣ 아래의 빈칸을 채우시오. 　　　　　　　　　　　　【지난학습】

| 물방울 적 | 훔칠 절 | 나비 접 | 바로잡을 정 | 둑 제 |

【금일학습】

弔 조상할 조							
燥 마를 조							
拙 졸할 졸							
佐 도울 좌							
舟 배 주							

조기 조문 조종 조화 경조
건조
졸고 졸렬 졸속 졸전 치졸
좌랑 좌평 보좌 자반
방주 각주구검 일엽편주

3급-48

俊 준걸 준	亻人 부수 7획, 총 9획. ( )부수 ( )획, 총 ( )획.
	俊:秀　　俊:嚴　　俊:才　　俊:傑　　英俊

遵 좇을 준	辶辵 부수 12획, 총 16획. ( )부수 ( )획, 총 ( )획.
	遵:法　　遵:守　　遵:據

贈 줄 증	貝 부수 12획, 총 19획. ( )부수 ( )획, 총 ( )획.
	寄贈　　贈與　　追贈

只 다만 지	口 부수 2획, 총 5획. ( )부수 ( )획, 총 ( )획.
	只今　　但:只

遲 더딜 지 / 늦을 지	辶辵 부수 12획, 총 16획. ( )부수 ( )획, 총 ( )획.
	遲刻　　遲延　　遲遲不進

3급-48-복습·쓰기장

♣ **아래의 빈칸을 채우시오.** 【지난학습】

조상할 조		마를 조		졸할 졸		도울 좌		배 주	

【금일학습】

俊						
준걸 준						
遵						
좇을 준						
贈						
줄 증						
只						
다만 지						
遲						
더딜 지						

준수 준엄 준재 준걸 영준
준법 준수 준거
기증 증여 추증
지금 단지
지각 지연 지지부진

핵심정리장 25

모양(형形)	뜻(훈訓) 소리(음音)	핵 심 정 리
姪	조카 질	옛날에 귀족들의 혼례에서 신부가 시집갈 때 데리고 갔던 '조카'딸을 나타낸 자입니다.
懲	징계할 징	불러서 착한 마음을 갖고 살도록 '징계한다'는 뜻의 자입니다.
且:	또 차	제기 위에 음식을 쌓고 '또' 쌓는다는 뜻의 자입니다. • 부수는 一(한 일)임.　• 긴소리로 읽음.
捉	잡을 착	발목을 손으로 '잡는다'는 뜻의 자입니다.
慘	참혹할 참	마음에 궂은 일만 끼여들어 '참혹하다'는 뜻의 자입니다.
慙	부끄러울 참	양심이 베어져 나간듯하여 마음이 떳떳하지 못하고 '부끄럽다'는 뜻의 자입니다.
暢:	화창할 창	햇살이 퍼져 빛나니 날씨가 따뜻하고 '화창하다'는 뜻의 자입니다. • 긴소리로 읽음.
斥	물리칠 척	도끼로 찍어내듯이 '물리친다'는 뜻의 자입니다.
薦:	천거할 천	상상 속의 동물인 해태는 시비·선악을 잘 구별한다는데 초야에 묻혀있는 그런 사람을 '천거한다'는 뜻의 자입니다. • 긴소리로 읽음.
尖	뾰족할 첨	아래는 크고 위의 끝은 '뾰족하다'는 뜻의 자입니다. • 부수는 小(작을 소)임.

핵심정리장 26

모양(형 形)	뜻(훈 訓) 소리(음 音)	핵 심 정 리
添	더할 첨	욕보인데다 물까지 끼얹어 망신을 '더한다'는 뜻의 자입니다. • 添(첨) ⇔ 削(삭) • 添(첨) ≒ 加(가)
妾	첩 첩	하녀로 세운 것처럼 대접이 낮은 남편의 짝이 '첩'이라는 뜻의 자입니다.
晴	갤 청	해가 나오고 푸른 하늘이 드러나 날씨가 '개다'는 뜻의 자입니다. • 晴(청) ⇔ 雨(우)
替	바꿀 체	두 사람이 말의 순서를 주고받으며 서로 '바꾼다'는 뜻의 자입니다. • 부수는 曰(가로 왈)임.
逮	잡을 체	뒤쫓아 미치어가서 '잡는다'는 뜻의 자입니다.
遞	갈릴 체	범처럼 소식을 빨리 가서 전해 주려고 하니 역말이 자주 '갈린다'는 뜻의 자입니다.
抄	뽑을 초 베낄 초 가로챌 초	손으로 조금씩 문장의 글을 '베낀다'는 뜻의 자입니다.
秒	분초 초	볍씨 끝에 가늘고 작게 붙은 까끄라기처럼 생긴 시계의 '분초' 침을 나타낸 자입니다.
燭	촛불 촉	벌레가 기어가듯 불꽃이 넘실거리는 '촛불'을 나타낸 자입니다.
聰	귀밝을 총	말을 바삐해도 빠르게 알아들을 정도로 '귀밝다'는 뜻의 자입니다.

월   일 【시 간】   ~

3급-49

| 姫 조카 질 | 女 부수 6획, 총 9획. ( )부수 ( )획, 총 ( )획. |
| | 姪女   姪婦   堂姪   叔姪 |

| 懲 징계할 징 | 心 부수 15획, 총 19획. ( )부수 ( )획, 총 ( )획. |
| | 懲戒   懲罰   懲役   勸善懲惡 |

| 且 또 차 | 一 부수 4획, 총 5획. ( )부수 ( )획, 총 ( )획. |
| | 且:置   況:且   重:且大 |

| 捉 잡을 착 | 扌 手 부수 7획, 총 10획. ( )부수 ( )획, 총 ( )획. |
| | 捕:捉 |

| 慘 참혹할 참 | 忄 心 부수 11획, 총 14획. ( )부수 ( )획, 총 ( )획. |
| | 慘劇   慘變   慘事   慘狀   慘敗 |

♣ 아래의 빈칸을 채우시오.

【지난학습】

준걸 **준**		좋을 **준**		줄 **증**		다만 **지**		더딜 **지**	

【금일학습】

姪 조카 **질**					
懲 징계할 **징**					
且 또 **차**					
捉 잡을 **착**					
慘 참혹할 **참**					

질녀 질부 당질 숙질
징계 징벌 징역 권선징악
차치 황차 중차대
포착
참극 참변 참사 참상 참패

3급-50

慚 부끄러울 참	心 부수 11획, 총 15획. ( )부수 ( )획, 총 ( )획.
	慚愧

暢 화창할 창	日 부수 10획, 총 14획. ( )부수 ( )획, 총 ( )획.
	暢:達　　流暢　　和暢

斥 물리칠 척	斤 부수 1획, 총 5획. ( )부수 ( )획, 총 ( )획.
	排:斥　　斥邪　　斥和碑　　斥候兵

薦 천거할 천	⺿ 艸 부수 13획, 총 17획. ( )부수 ( )획, 총 ( )획.
	薦:擧　　公薦　　推薦　　他薦

尖 뾰족할 첨	小 부수 3획, 총 6획. ( )부수 ( )획, 총 ( )획.
	尖端　　尖兵　　尖銳　　尖塔

3급-50-복습·쓰기장

♣ 아래의 빈칸을 채우시오.　　　　　　　　　　　　　　【지난학습】

조카 **질**		징계할 **징**		또 **차**		잡을 **착**		참혹할 **참**	

【금일학습】

慙						
부끄러울 **참**						
暢						
화창할 **창**						
斥						
물리칠 **척**						
薦						
천거할 **천**						
尖						
뾰족할 **첨**						

참괴
창달　유창　화창
배척　척사　척화비　척후병
천거　공천　추천　타천
첨단　첨병　첨예　첨탑

3급-51

添 더할 첨	氵 水 부수 8획, 총 11획. ( )부수 ( )획, 총 ( )획.
	添加　　添附　　別添　　錦:上添花

妾 첩 첩	女 부수 5획, 총 8획. ( )부수 ( )획, 총 ( )획.
	臣妾　　愛:妾　　小:妾

晴 갤 청	日 부수 8획, 총 12획. ( )부수 ( )획, 총 ( )획.
	快晴

替 바꿀 체	日 부수 8획, 총 12획. ( )부수 ( )획, 총 ( )획.
	交替　　代:替　　移替

逮 잡을 체	辶 辵 부수 8획, 총 12획. ( )부수 ( )획, 총 ( )획.
	逮捕　　逮繫

♣ **아래의 빈칸을 채우시오.** 【지난학습】

부끄러울 **참**	화창할 **창**	물리칠 **척**	천거할 **천**	뾰족할 **첨**	

【금일학습】

添 더할 **첨**					
妾 첩 **첩**					
晴 갤 **청**					
替 바꿀 **체**					
逮 잡을 **체**					

첨가 첨부 별첨 금상첨화
신첩 애첩 소첩
쾌청
교체 대체 이체
체포 체계

3급-52

遞
갈릴 **체**

辶辵 부수 10획, 총 14획. (　　)부수 (　　)획, 총 (　　)획.

遞減　　遞信　　交遞　　郵遞局

抄
뽑을 **초**
베낄 **초**
가로챌 **초**

扌手 부수 4획, 총 7획. (　　)부수 (　　)획, 총 (　　)획.

抄錄　　抄掠　　戶籍抄本

秒
분초 **초**

禾 부수 4획, 총 9획. (　　)부수 (　　)획, 총 (　　)획.

秒速　　秒針　　分秒

燭
촛불 **촉**

火 부수 13획, 총 17획. (　　)부수 (　　)획, 총 (　　)획.

燭光　　燈燭　　洞:燭　　華燭

聰
귀밝을 **총**

耳 부수 11획, 총 17획. (　　)부수 (　　)획, 총 (　　)획.

聰氣　　聰明　　聖:聰

3급-52-복습·쓰기장

♣ **아래의 빈칸을 채우시오.** 【지난학습】

더할 **첨**		첩 **첩**		갤 **청**		바꿀 **체**		잡을 **체**	

【금일학습】

遞							
갈릴 **체**							
抄							
뽑을 **초**							
秒							
분초 **초**							
燭							
촛불 **촉**							
聰							
귀밝을 **총**							

체감 체신 교체 우체국
초록 초략 호적초본
초속 초침 분초
촉광 등촉 통촉 화촉
총기 총명 성총

◦ 핵심정리장 27 　　　　　　　　　　　　　　　⬇ 자세히 읽어 보세요.

모양(형 形)	뜻(훈 訓) 소리(음 音)	핵 심 정 리
抽	뽑을　　추	손에 잡은 술을 거르는 기구로 말미암아 진액을 '**뽑는다**'는 뜻의 자입니다.
醜	추할　　추	술을 많이 마셔 언행과 몸가짐이 귀신같아 '**추하다**'는 뜻의 자입니다. • 美(미) ⇔ 醜(추)
丑	소　　　축	사람의 손에 코뚜레가 잡힌 '**소**'의 모양을 나타낸 자입니다. • 부수는 一(두 이)임.
逐	쫓을　　축	농작물에 피해를 입히는 멧돼지를 무기를 들고가서 내'**쫓는다**'는 뜻의 자입니다. • 遂(드디어 수), 逐(쫓을 축)
臭:	냄새　　취	개가 코를 벌름거리며 '**냄새**'을 맡는다는 뜻의 자입니다. • 부수는 自(스스로 자)임.　• 긴소리로 읽음.
枕:	베개　　침	나무로 만들어 머리를 받쳐 머무르게 하는 '**베개**'를 나타낸 자입니다. • 沈(잠길 침/성 심), 枕(베개 침)　• 긴소리로 읽음.
妥:	온당할　타	남자가 여자를 손으로 어루만져 마음을 편히 해주는 것이 '**온당하다**'는 뜻의 자입니다. • 긴소리로 읽음.
墮:	떨어질　타	어깨가 축 처지듯 언덕이 무너져 흙이 '**떨어진다**'는 뜻의 자입니다. • 긴소리로 읽음.
托	맡길　　탁	풀잎을 따서 떡에 밀어넣어 떡살에 '**맡긴다**'는 뜻의 자입니다.
濁	흐릴　　탁	중국의 촉땅으로 흘러드는 강물이 흙탕물이어서 '**흐리다**'는 뜻의 자입니다. • 淸(청) ⇔ 濁(탁)

핵심정리장 28

모양(형 形)	뜻(훈 訓)	소리(음 音)	핵 심 정 리
濯	씻을	탁	새가 날개짓하듯 물질을 하여 '**씻는다**'는 뜻의 자입니다. • 洗(세) ≒ 濯(탁)
誕	낳을 거짓	탄 탄	소문을 길게 끌고가 백성에게 왕을 '**낳은**' 날을 '**거짓**' 없이 알린다는 뜻의 자입니다.
貪	탐낼	탐	금세 돈에 마음이 이끌려 '**탐낸다**'는 뜻의 자입니다.
怠	게으를	태	아이를 가져 힘이 부치니 마음이 '**게을러**'진다는 뜻의 자입니다. • 勤(근) ⇔ 怠(태)
把	잡을	파	뱀이 막대기를 친친 감은 것같이 여러 손가락으로 물건을 '**잡는다**'는 뜻을 나타낸 자입니다.
播(:)	뿌릴	파	손으로 씨앗을 차례차례 '**뿌린다**'는 뜻의 자입니다. • 긴소리 또는 짧은소리로도 읽음.
罷:	마칠	파	죄를 지어 법망에 걸려들면 유능함도 바로 '**마친다**'는 뜻의 자입니다. • 긴소리로 읽음.
頗	자못	파	얼굴의 살갗이 한쪽으로 '**자못**' 비틀어졌다는 뜻의 자입니다. • 부수는 頁(머리 혈)임.
販	팔	판	물건을 사서 다시 되돌려 '**판다**'는 뜻의 자입니다.
貝:	조개	패	등 부분이 높이 일어나고 배 아래가 나뉘어 갈라진 '**조개**'의 모양을 본뜬 자입니다. • 見(볼 견/나타날 현), 貝(조개 패) • 긴소리로 읽음.

3급-53

抽 뽑을 추	扌 手 부수 5획, 총 8획. ( )부수 ( )획, 총 ( )획.
	抽出　　抽象畫

醜 추할 추	酉 부수 10획, 총 17획. ( )부수 ( )획, 총 ( )획.
	醜聞　　醜惡　　醜態　　醜行　　美:醜

丑 소 축	一 부수 3획, 총 4획. ( )부수 ( )획, 총 ( )획.
	丑時

逐 쫓을 축	辶 辵 부수 7획, 총 11획. ( )부수 ( )획, 총 ( )획.
	逐出　　逐客　　角逐

臭 냄새 취	自 부수 4획, 총 10획. ( )부수 ( )획, 총 ( )획.
	臭:氣　　惡臭　　體臭　　脫臭

♣ **아래의 빈칸을 채우시오.** 【지난학습】

갈릴 **체**		뽑을 **초**		분초 **초**		촛불 **촉**		귀밝을 **총**	

【금일학습】

抽									
뽑을 **추**									
醜									
추할 **추**									
丑									
소 **축**									
逐									
쫓을 **축**									
臭									
냄새 **취**									

추출 추상화
추문 추악 추태 추행 미추
축시
축출 축객 각축
취기 악취 체취 탈취

3급-54

枕 베개 침	木 부수 4획, 총 8획. ( )부수 ( )획, 총 ( )획.
	枕:木　　木枕

妥 온당할 타	女 부수 5획, 총 8획. ( )부수 ( )획, 총 ( )획.
	妥:結　　妥:當　　妥:協

墮 떨어질 타	土 부수 12획, 총 15획. ( )부수 ( )획, 총 ( )획.
	墮:落

托 맡길 탁	扌 手 부수 3획, 총 6획. ( )부수 ( )획, 총 ( )획.
	依托

濁 흐릴 탁	氵 水 부수 13획, 총 16획. ( )부수 ( )획, 총 ( )획.
	濁流　　鈍濁　　淸濁　　混:濁　　一魚濁水

♣ 아래의 빈칸을 채우시오.   【지난학습】

뽑을 **추**		추할 **추**		소 **축**		쫓을 **축**		냄새 **취**	

【금일학습】

枕 베개 **침**							
妥 온당할 **타**							
墮 떨어질 **타**							
托 맡길 **탁**							
濁 흐릴 **탁**							

침목 목침
타결 타당 타협
타락
의탁
탁류 둔탁 청탁 혼탁 일어탁수

3급-55

濯 씻을 탁	氵 水 부수 14획, 총 17획. ( )부수 ( )획, 총 ( )획.
	洗:濯　　濯足

誕 낳을 탄 거짓 탄	言 부수 7획, 총 14획. ( )부수 ( )획, 총 ( )획.
	誕降　　誕生　　誕辰　　虛誕　　聖誕節

貪 탐낼 탐	貝 부수 4획, 총 11획. ( )부수 ( )획, 총 ( )획.
	貪慾　　貪官汚吏

怠 게으를 태	心 부수 5획, 총 9획. ( )부수 ( )획, 총 ( )획.
	怠慢　　怠業　　過:怠料

把 잡을 파	扌 手 부수 4획, 총 7획. ( )부수 ( )획, 총 ( )획.
	把守　　把持　　把筆

♣ 아래의 빈칸을 채우시오.　　　　　　　　　　　　　　　　　　【지난학습】

베개 **침**		온당할 **타**		떨어질 **타**		맡길 **탁**		흐릴 **탁**	

【금일학습】

濯 씻을 **탁**					
誕 낳을 **탄**					
貪 탐낼 **탐**					
怠 게으를 **태**					
把 잡을 **파**					

세탁　탁족
탄강　탄생　탄신　허탄　성탄절
탐욕　탐관오리
태만　태업　과태료
파수　파지　파필

3급-56

播 뿌릴 파	扌 手 부수 12획, 총 15획. ( )부수 ( )획, 총 ( )획.
	播多 播:種 播:遷 傳播 直播

罷 마칠 파	皿 网 부수 10획, 총 15획. ( )부수 ( )획, 총 ( )획.
	罷:免 罷:業 罷:場 罷:職 罷:漏

頗 자못 파	頁 부수 5획, 총 14획. ( )부수 ( )획, 총 ( )획.
	頗多 偏頗的

販 팔 판	貝 부수 4획, 총 11획. ( )부수 ( )획, 총 ( )획.
	販禁 販路 販促 街:販 總:販

貝 조개 패	貝 부수 0획, 총 7획. ( )부수 ( )획, 총 ( )획.
	貝:物 魚貝類

3급-56-복습·쓰기장

♣ **아래의 빈칸을 채우시오.**　　　　　　　　　　　　　　　【지난학습】

씻을 **탁**	낳을 **탄**	탐낼 **탐**	게으를 **태**	잡을 **파**

【금일학습】

播 뿌릴 **파**				
罷 마칠 **파**				
頗 자못 **파**				
販 팔 **판**				
貝 조개 **패**				

파다　파종　파천　전파　직파
파면　파업　파장　파직　파루
파다　편파적
판금　판로　판촉　가판　총판
패물　어패류

180

◦ 핵심정리장 29   ⬇ 자세히 읽어 보세요.

모양(형 形)	뜻(훈 訓) 소리(음 音)		핵 심 정 리
遍	두루	편	돌아다니며 여러 정자의 현판을 '두루' 본다는 뜻의 자입니다.
幣:	화폐	폐	천이 잘 해지듯이 여러 사람의 손을 자주 거친 '화폐'를 나타낸 자입니다. • 긴소리로 읽음.
蔽:	덮을	폐	해진 헝겊같이 엉성히 풀을 엮어 '덮는다'는 뜻의 자입니다. • 긴소리로 읽음.
抱:	안을	포	두 팔로 에워싸 '안았다'는 뜻의 자입니다. • 긴소리로 읽음.
飽:	배부를	포	배에 음식이 가득하여 싸고있는 것처럼 보일 정도로 '배부르다'는 뜻의 자입니다. • 긴소리로 읽음.
幅	폭	폭	천의 양쪽 사이의 너비를 '폭'이라고 한다는 뜻의 자입니다.
漂	떠다닐	표	표가 나게 물위를 '떠다닌다'는 뜻의 자입니다.
匹	짝 하나	필 필	의장에 넣어두기 위해 천을 양쪽으로 갈라 말아서 같도록 '짝'을 맞춘다는 뜻의 자입니다.
旱:	가물	한	햇볕만 내리쬐어 방패 부서진 조각처럼 땅이 갈라져 '가물'이 들었다는 뜻의 자입니다. • 긴소리로 읽음.
咸	다	함	고함을 치며 몽땅 때려 부숴 '다' 없어졌다는 뜻의 자입니다.

핵심정리장 30

모양(형形)	뜻(훈訓) 소리(음音)	핵심 정리
巷:	거리 항	여럿이 같이 사용하는 마을의 '**거리**'라는 뜻의 자입니다. • 부수는 己(몸 기)임.　　• 긴소리로 읽음.
亥:	돼지 해	머리와 몸 및 다리의 뼈대로 '**돼지**'의 모양을 나타낸 자입니다. • 긴소리로 읽음.
奚	어찌 해	털이 잇달아 엉켜 붙은 새의 배 큼이 '**어찌**' 그런가라는 뜻의 자입니다.
該	갖출 해 마땅 해	돼지 뼈대의 짜임새처럼 빈틈없이 암호말을 '**갖춘다**'는 뜻의 자입니다.
享:	누릴 향	자식이 음식을 높이 쌓아올리고 제사를 정성껏 지내니 복을 대대로 '**누린다**'는 뜻의 자입니다. • 亨(형통할 형), 享(누릴 향)　　• 긴소리로 읽음.
軒	집 헌	둥그막한 방패 모양으로 수레의 바퀴살처럼 벌여진 서까래 있는 '**집**'을 나타낸 자입니다.
絃	줄 현	선을 퉁기면 가물가물하게 떠는 현악기의 '**줄**'이라는 뜻의 자입니다.
縣:	고을 현	죄인의 목을 베면 끈에 매다는데 그렇게 상부에 딸린 '**고을**'을 나타낸 자입니다. • 부수는 糸(실 사)임.　　• 긴소리로 읽음.
嫌	싫어할 혐	여자나 남자나 사람은 두 마음을 겸해 가지면 '**싫어한다**'는 뜻의 자입니다.
亨	형통할 형	음식을 높이 쌓고 제사드렸더니 일이 잘 끝나 '**형통하다**'는 뜻의 자입니다. • 亨(형통할 형), 享(누릴 향)

3급-57

遍 두루 편	辶 辵 부수 9획, 총 13획. ( )부수 ( )획, 총 ( )획.
	遍歷　　遍在　　普:遍

幣 화폐 폐	巾 부수 12획, 총 15획. ( )부수 ( )획, 총 ( )획.
	納幣　　幣:物　　造:幣　　紙幣　　貨:幣

蔽 덮을 폐	⺾ 艸 부수 12획, 총 16획. ( )부수 ( )획, 총 ( )획.
	隱蔽　　蔽:一言

抱 안을 포	扌 手 부수 5획, 총 8획. ( )부수 ( )획, 총 ( )획.
	抱:卵　　抱:負　　懷抱

飽 배부를 포	食 부수 5획, 총 14획. ( )부수 ( )획, 총 ( )획.
	飽:滿　　飽:食　　飽:和　　非肉不飽

♣ **아래의 빈칸을 채우시오.**　　　　　　　　　　　　【지난학습】

뿌릴 **파**		마칠 **파**		자못 **파**		팔 **판**		조개 **패**	

【금일학습】

遍 두루 **편**						
幣 화폐 **폐**						
蔽 덮을 **폐**						
抱 안을 **포**						
飽 배부를 **포**						

편력　편재　보편
납폐　폐물　조폐　지폐　화폐
은폐　폐일언
포란　포부　회포
포만　포식　포화　비육불포

3급-58

幅 폭 폭	巾 부수 9획, 총 12획. ( )부수 ( )획, 총 ( )획.
	大:幅　　步:幅　　增幅　　畫:幅

漂 떠다닐 표	氵水 부수 11획, 총 14획. ( )부수 ( )획, 총 ( )획.
	漂流　　漂白

匹 짝 필 하나 필	匸 부수 2획, 총 4획. ( )부수 ( )획, 총 ( )획.
	匹夫　　匹敵　　匹馬　　配:匹

旱 가물 한	日 부수 3획, 총 7획. ( )부수 ( )획, 총 ( )획.
	旱:害　　旱:災

咸 다 함	口 부수 6획, 총 9획. ( )부수 ( )획, 총 ( )획.
	咸氏　　咸池　　咸興差使

3급-58-복습·쓰기장

♣ **아래의 빈칸을 채우시오.**　　　　　　　　　　　　　　　　　　　【지난학습】

두루 **편**		화폐 **폐**		덮을 **폐**		안을 **포**		배부를 **포**	

【금일학습】

幅 폭 폭								
漂 떠다닐 표								
匹 짝 필								
旱 가물 한								
咸 다 함								

대폭　보폭　증폭　화폭
표류　표백
필부　필적　필마　배필
한해　한재
함씨　함지　함흥차사

3급-59

| | 巷 | 거리 항 | 己 부수 6획, 총 9획.　　(　　)부수 (　　)획, 총 (　　)획. |
| | | | 巷:間　　巷:說 |

| | 亥 | 돼지 해 | ㅗ 부수 4획, 총 6획.　　(　　)부수 (　　)획, 총 (　　)획. |
| | | | 亥:時 |

| | 奚 | 어찌 해 | 大 부수 7획, 총 10획.　　(　　)부수 (　　)획, 총 (　　)획. |
| | | | 奚琴 |

| | 該 | 갖출 해　마땅 해 | 言 부수 6획, 총 13획.　　(　　)부수 (　　)획, 총 (　　)획. |
| | | | 該當　　該博 |

| | 享 | 누릴 향 | ㅗ 부수 6획, 총 8획.　　(　　)부수 (　　)획, 총 (　　)획. |
| | | | 享:年　　享:樂　　享:有　　祭:享　　配:享 |

3급-59-복습·쓰기장

♣ **아래의 빈칸을 채우시오.** 【지난학습】

폭	**폭**	떠다닐	**표**	짝	**필**	가물	**한**	다	**함**

【금일학습】

巷 거리 **항**								
亥 돼지 **해**								
奚 어찌 **해**								
該 갖출 **해**								
享 누릴 **향**								

항간 항설
해시
해금
해당 해박
향년 향락 향유 제향 배향

3급-60

軒 집 헌	車 부수 3획, 총 10획. ( )부수 ( )획, 총 ( )획.
	束軒

絃 줄 현	糸 부수 5획, 총 11획. ( )부수 ( )획, 총 ( )획.
	絃樂器　　管絃樂

縣 고을 현	糸 부수 10획, 총 16획. ( )부수 ( )획, 총 ( )획.
	縣:監　　縣:令　　郡:縣

嫌 싫어할 혐	女 부수 10획, 총 13획. ( )부수 ( )획, 총 ( )획.
	嫌忌　　嫌惡　　嫌疑

亨 형통할 형	亠 부수 5획, 총 7획. ( )부수 ( )획, 총 ( )획.
	元亨利貞　　萬事亨通

♣ **아래의 빈칸을 채우시오.** 【지난학습】

| 거리 **항** | 돼지 **해** | 어찌 **해** | 갖출 **해** | 누릴 **향** |

【금일학습】

軒 집 헌					
絃 줄 현					
縣 고을 현					
嫌 싫어할 혐					
亨 형통할 형					

동헌
현악기 관현악
현감 현령 군현
혐기 혐오 혐의
원형이정 만사형통

○ 핵심정리장 31   ⬇ 자세히 읽어 보세요.

모양(형 形)	뜻(훈 訓) 소리(음 音)	핵 심 정 리
螢	반딧불 형	밤에 반짝이는 불빛을 내는 벌레인 '**반딧불**'을 나타낸 자입니다.
兮	어조사 혜	입김이 퍼져나가다가 일단 멈추는 것이 문장을 짓거나 읽을 때 쓰이는 '**어조사**'라는 뜻의 자입니다.
乎	어조사 호	말의 중간이나 끝에서 말을 길게 빼거나 마칠 때 쓰이는 '**어조사**'를 나타낸 자입니다.
互:	서로 호	새끼줄의 모양이 번갈아 '**서로**' 꼬여있다는 뜻의 자입니다. • 부수는 二(두 **이**)임. • 긴소리로 읽음.
毫	터럭 호	등줄기에 높고 길게 난 갈기의 '**터럭**'이라는 뜻의 자입니다. • 부수는 毛(털 **모**)임.
昏	어두울 혼	두 성씨의 혼인의식은 대개 해가 진 '**어두울**' 때라는 뜻의 자입니다.
弘	클 홍	팔을 굽혀 활시위를 당김이 '**크다**'는 뜻의 자입니다. • 부수는 弓(활 **궁**)임.
鴻	기러기 홍	강물에서도 사는 비교적 큰 새인 '**기러기**'를 나타낸 자입니다.
禾	벼 화	이미 열매를 맺어 고개 숙인 '**벼**'의 모양을 본뜬 자입니다. • **矢**(화살 **시**), **失**(잃을 **실**), **禾**(벼 **화**)
穫	거둘 확	벼를 허실이 나지 않게 헤아려 '**거둔다**'는 뜻의 자입니다.

○ 핵심정리장 32　　　　　　　　　　　　🔽 자세히 읽어 보세요.

모양(형 形)	뜻(훈 訓) 소리(음 音)	핵 심 정 리
擴	넓힐　확	손을 써서 널리 '넓힌다'는 뜻의 자입니다.
丸	둥글　환	사람이 몸을 굽히고 굴에 들어가는 모습이 '둥글다' 라는 뜻의 자입니다. • 九(아홉 구), 丸(둥글 환)　• 부수는 丶(점 주)임.
曉:	새벽　효	해가 높이 떠오르려는 때인 '새벽'을 나타낸 자입니다. • 긴소리로 읽음.
侯	제후　후	사람들이 차례지어 누가 화살을 과녁에 잘 쏘아 맞히는지 시합을 하였던 신분이 높은 사람인 '제후'를 나타낸 자입니다.
毀:	헐　훼	진흙이나 돌로 만든 절구통에 곡식을 자주 찧으면 절구통이 이지러져 '헐다'는 뜻의 자입니다. • 긴소리로 읽음.
輝	빛날　휘	군사들의 진지에서 불빛이 새어나가 주위가 '빛난다'는 뜻의 자입니다.
携	이끌　휴	새의 발에 끈을 묶어 늘어뜨리고 이에 손으로 가지고 다니며 '이끈다'는 뜻의 자입니다.

3급-61

螢 반딧불 형	虫 부수 10획, 총 16획. ( )부수 ( )획, 총 ( )획.			
	螢窓　　螢光燈　　螢雪之功			

兮 어조사 혜	八 부수 2획, 총 4획. ( )부수 ( )획, 총 ( )획.			
	樂兮　　沙八兮　　實兮歌			

乎 어조사 호	丿 부수 4획, 총 5획. ( )부수 ( )획, 총 ( )획.			
	斷乎　　於是乎　　不亦說乎　　不亦樂乎			

互 서로 호	二 부수 2획, 총 4획. ( )부수 ( )획, 총 ( )획.			
	互:惠　　相互　　互:角之勢			

毫 터럭 호	毛 부수 7획, 총 11획. ( )부수 ( )획, 총 ( )획.			
	毫末　　秋毫　　揮毫			

3급-61-복습·쓰기장

♣ 아래의 빈칸을 채우시오.   【지난학습】

집	헌	줄	현	고을	현	싫어할	혐	형통할	형

【금일학습】

螢						
반딧불 형						
兮						
어조사 혜						
乎						
어조사 호						
互						
서로 호						
毫						
터럭 호						

형창 형광등 형설지공
낙혜 사팔혜 실혜가
단호 어시호 불역열호 불역낙호
호혜 상호 호각지세
호말 추호 휘호

3급-62

昏 어두울 혼	日 부수 4획, 총 8획.	( )부수 ( )획, 총 ( )획.
	昏迷　　昏絶　　黃昏	

弘 클 홍	弓 부수 2획, 총 5획.	( )부수 ( )획, 총 ( )획.
	弘報　　弘文館　　弘益人間	

鴻 기러기 홍	鳥 부수 6획, 총 17획.	( )부수 ( )획, 총 ( )획.
	鴻毛　　鴻恩	

禾 벼 화	禾 부수 0획, 총 5획.	( )부수 ( )획, 총 ( )획.
	禾穀	

穫 거둘 확	禾 부수 14획, 총 19획.	( )부수 ( )획, 총 ( )획.
	收穫	

3급-62-복습·쓰기장

♣ 아래의 빈칸을 채우시오.　　　　　　　　　　　　　　　　　【지난학습】

반딧불 **형**		어조사 **혜**		어조사 **호**		서로 **호**		터럭 **호**	

【금일학습】

昏 어두울 **혼**									
弘 클 **홍**									
鴻 기러기 **홍**									
禾 벼 **화**									
穫 거둘 **확**									

혼미　혼절　황혼
홍보　홍문관　홍익인간
홍모　홍은
화곡
수확

3급-63

擴 넓힐 **확**
扌(手) 부수 15획, 총 18획. ( )부수 ( )획, 총 ( )획.
擴大　擴散　擴張　擴充　擴聲器

丸 둥글 **환**
丶 부수 2획, 총 3획. ( )부수 ( )획, 총 ( )획.
丸藥　彈:丸　砲:丸　清心丸

曉 새벽 **효**
日 부수 12획, 총 16획. ( )부수 ( )획, 총 ( )획.
曉:星

侯 제후 **후**
亻(人) 부수 7획, 총 9획. ( )부수 ( )획, 총 ( )획.
侯爵　諸侯　土侯　王侯將相

毀 헐 **훼**
殳 부수 9획, 총 13획. ( )부수 ( )획, 총 ( )획.
毀:損　毀:傷

3급-63-복습·쓰기장

♣ 아래의 빈칸을 채우시오. 　　　　　　　　　　　【지난학습】

어두울 **혼**		클 **홍**		기러기 **홍**		벼 **화**		거둘 **확**	

【금일학습】

擴 넓힐 **확**					
丸 둥글 **환**					
曉 새벽 **효**					
侯 제후 **후**					
毁 헐 **훼**					

확대　확산　확장　확충　확성기
환약　탄환　포환　청심환
효성
후작　제후　토후　왕후장상
훼손　훼상

3급-64

輝	車 부수 8획, 총 15획.		( )부수 ( )획, 총 ( )획.		
빛날 휘	光輝				
携	扌手 부수 10획, 총 13획.		( )부수 ( )획, 총 ( )획.		
이끌 휴	提携　　携帶品				

3급-64-복습·쓰기장

♣ **아래의 빈칸을 채우시오.**　　　　　　　　　　　　　　　　　【지난학습】

넓힐 **확**		둥글 **환**		새벽 **효**		제후 **후**		혈 **훼**	

【금일학습】

輝					
빛날 **휘**					
携					
이끌 **휴**					

광휘
제휴　휴대품

♣ 아래의 약자(略字)·속자(俗字)를 써 보시오.

약자·속자 3급 − 1

驅	驱							
몰 구								
龜	亀							
거북 구								
旣	既							
이미 기								
棄	弃							
버릴 기								
惱	悩							
번뇌할 뇌								
濫	滥							
넘칠 람								
獵	猎							
사냥 렵								
廟	庙							
사당 묘								
竝	並							
나란히 병								

♣ 아래의 약자(略字)·속자(俗字)를 써 보시오.

약자·속자 3급 - 2

嘗	甞						
맛볼 상							
敍	叙				敘		
펼 서							
攝	摂						
잡을 섭							
宜	宐						
마땅 의							
哉	㦲						
어조사 재							
竊	窃						
훔칠 절							
慘	惨						
참혹할 참							
遞	逓						
갈릴 체							
墮	堕						
떨어질 타							

♣ **아래의 약자(略字)·속자(俗字)를 써 보시오.**

약자·속자 3급 - 3

縣	県								
고을 현									
螢	蛍								
반딧불 형									
擴	拡								
넓힐 확									

한자어(漢字語) 학습

- 한자어 독음(讀音) 쓰기(장단음 포함)
- 한자어 쓰기
- 반의어(反義語)
- 동의어(同義語)
- 동음이의어(同音異義語)
- 한자성어(漢字成語)

♣ 다음 한자어(漢字語)의 독음(讀音)을 쓰시오.   ▶정답은 275쪽

1. 架空
2. 架橋
3. 架設
4. 書架
5. 十字架
6. 却說
7. 棄却
8. 忘却
9. 賣:却
10. 退:却
11. 姦:臣
12. 姦:淫
13. 姦:通
14. 姦:凶
15. 渴求
16. 渴望
17. 渴症
18. 解:渴
19. 鋼材
20. 鋼鐵
21. 鋼板
22. 製:鋼
23. 鐵鋼
24. 慨:歎
25. 憤:慨
26. 感:慨無量
27. 皆勤
28. 擧:皆
29. 皆骨山
30. 蓋:馬高原
31. 蓋:然性
32. 口:蓋音化
33. 乞鬼
34. 肩骨
35. 肩章
36. 比:肩
37. 絹絲
38. 絹織物
39. 人造絹
40. 派遣
41. 庚辰年
42. 公卿大夫
43. 口:徑
44. 半:徑
45. 直徑
46. 究竟
47. 畢竟
48. 硬度
49. 硬質
50. 硬化
51. 硬直
52. 強硬
53. 桂:冠
54. 桂:皮
55. 月桂冠
56. 癸:丑日記
57. 癸:卯
58. 枯渴
59. 枯死
60. 榮枯盛衰
61. 顧客
62. 回顧錄
63. 顧問
64. 四顧無親
65. 乾坤
66. 乞食
67. 乞神
68. 求乞
69. 城郭
70. 外:郭
71. 掛念
72. 掛意
73. 掛圖
74. 哀乞
75. 金塊
76. 銀塊
77. 愧:色
78. 自愧之心
79. 矯:正
80. 矯:角殺牛
81. 矯:導所
82. 郊外
83. 近:郊
84. 丘陵

♣ 다음 한자어(漢字語)의 독음(讀音)을 쓰시오.   ▶정답은 275쪽

1. 丘陵地
2. 父母俱存
3. 俱現
4. 喪家之狗
5. 海:狗
6. 羊頭狗肉
7. 走狗
8. 疑懼心
9. 苟:且
10. 驅迫
11. 驅步
12. 驅蟲
13. 驅逐
14. 先驅者
15. 隔離
16. 龜鑑
17. 龜裂
18. 厥女
19. 絶叫
20. 隔差
21. 間隔
22. 遠隔
23. 滅菌
24. 無菌
25. 病:菌
26. 殺菌
27. 細:菌
28. 僅:僅
29. 僅:少
30. 斤量
31. 斤數
32. 勤:愼
33. 謹:嚴
34. 謹:賀新年
35. 謹:弔
36. 肯:定
37. 首肯
38. 幾何級數
39. 幾十萬
40. 忌日
41. 忌中
42. 忌避
43. 禁:忌
44. 忌祭祀
45. 棄權
46. 放:棄
47. 投棄
48. 破:棄
49. 欺罔
50. 斷:念
51. 旣成
52. 旣約
53. 旣存
54. 旣婚
55. 旣得權
56. 飢渴
57. 虛飢
58. 騎手
59. 騎士
60. 騎馬
61. 騎兵
62. 單騎
63. 支那
64. 懸隔
65. 奈何
66. 奈落
67. 牽引
68. 牽牛
69. 牽制
70. 牽強附會
71. 濃縮
72. 繫累
73. 惱殺
74. 苦惱
75. 繫留
76. 泥田鬪狗
77. 田畓
78. 天水畓
79. 糖分
80. 糖度
81. 果:糖
82. 乳糖
83. 雪糖
84. 貸:金

♣ 다음 한자어(漢字語)의 독음(讀音)을 쓰시오.　▶정답은 275쪽

1. 貸:付
2. 貸:與
3. 貸:借
4. 貸:出
5. 倒:産
6. 倒:置
7. 壓倒
8. 卒倒
9. 打:倒
10. 渡江
11. 渡來
12. 賣:渡
13. 不渡
14. 引渡
15. 挑發
16. 挑戰
17. 桃園
18. 桃花
19. 胡桃
20. 武:陵桃源
21. 跳梁
22. 立稻先賣
23. 稻熱病
24. 篤實
25. 危篤
26. 篤志家
27. 敦篤
28. 敦厚
29. 敦化門
30. 豚舍
31. 豚肉
32. 家豚
33. 養:豚
34. 種豚
35. 凍:結
36. 凍:死
37. 凍:傷
38. 凍:破
39. 冷:凍
40. 繫辭
41. 鈍:感
42. 鈍:器
43. 鈍:才
44. 老:鈍
45. 愚鈍
46. 連繫
47. 狂亂
48. 狂奔
49. 狂暴
50. 狂風
51. 濫:發
52. 濫:伐
53. 濫:用
54. 濫:獲
55. 發狂
56. 熱狂
57. 掠奪
58. 侵掠
59. 橋梁
60. 梁上君子
61. 上:梁
62. 海:諒
63. 諒知
64. 諒解
65. 可:憐
66. 同病相憐
67. 蓮花
68. 蓮根
69. 木蓮
70. 劣性
71. 劣勢
72. 劣惡
73. 卑:劣
74. 優劣
75. 裂傷
76. 決裂
77. 分裂
78. 破裂
79. 滅裂
80. 廉價
81. 廉恥
82. 廉探
83. 低:廉
84. 淸廉

♣ 다음 한자어(漢字語)의 독음(讀音)을 쓰시오.   ▶정답은 275쪽

1. 零度
2. 零細
3. 零落
4. 零點
5. 零下
6. 祿邑
7. 官祿
8. 國祿
9. 福祿
10. 鹿角
11. 鹿皮
12. 指鹿爲馬
13. 雷管
14. 避雷針
15. 落雷
16. 附和雷同
17. 滿了
18. 修了
19. 完了
20. 終了
21. 了解
22. 屢代
23. 屢次
24. 落淚
25. 血淚
26. 催淚彈
27. 漏落
28. 漏水
29. 漏電
30. 漏出
31. 脫漏
32. 累計
33. 累代
34. 累積
35. 累進
36. 累卵之勢
37. 梨花
38. 烏飛梨落
39. 近隣
40. 善隣
41. 隣近
42. 隣接
43. 麻衣
44. 菜麻
45. 大麻草
46. 快刀亂麻
47. 磨滅
48. 鍊磨
49. 晚年
50. 晚唐
51. 晚秋
52. 大器晚成
53. 慢性
54. 自慢
55. 漫談
56. 漫筆
57. 漫畫
58. 浪漫
59. 散漫
60. 軌道
61. 軌跡
62. 樂學軌範
63. 同軌
64. 公私多忙
65. 忙中閑
66. 刻骨難忘
67. 勿忘草
68. 背恩忘德
69. 罔極
70. 罔測
71. 茫漠
72. 茫茫大海
73. 埋沒
74. 茫然自失
75. 埋伏
76. 埋立
77. 暗埋葬
78. 媒體
79. 觸媒
80. 媒介體
81. 麥酒
82. 小麥
83. 免稅
84. 免除

♣ 다음 한자어(漢字語)의 독음(讀音)을 쓰시오.　　　▶정답은 275쪽

1. 免:罪
2. 免:職
3. 免:禍
4. 冥福
5. 冥想
6. 冥王星
7. 募金
8. 募集
9. 公募
10. 應:募
11. 暮:春
12. 朝令暮改
13. 歲:暮
14. 朝三暮四
15. 某:國
16. 某:氏
17. 某:種
18. 某:年
19. 某:處
20. 糾明
21. 糾彈
22. 己卯士禍
23. 卯:時
24. 廟堂
25. 宗廟
26. 苗:木
27. 苗:床
28. 苗:板
29. 育苗
30. 種苗
31. 霧:散
32. 濃霧
33. 雲霧
34. 五:里霧中
35. 墨客
36. 戊:午士禍
37. 墨守
38. 墨香
39. 水墨畫
40. 尾行
41. 末尾
42. 魚頭肉尾
43. 後:尾
44. 迷宮
45. 迷兒
46. 迷惑
47. 迷:信
48. 眉間
49. 白眉
50. 憐憫
51. 憫然
52. 敏感
53. 敏活
54. 過:敏
55. 機敏
56. 不敏
57. 密語
58. 蜜月
59. 採:蜜
60. 民泊
61. 宿泊
62. 外:泊
63. 停泊
64. 淡泊
65. 叛:軍
66. 叛:亂
67. 叛:逆
68. 謀叛
69. 背:叛
70. 盤石
71. 基盤
72. 小:盤
73. 巖盤
74. 音盤
75. 返:納
76. 返:送
77. 返:品
78. 返:還
79. 拔群
80. 奇拔
81. 選:拔
82. 拔本塞源
83. 海:拔
84. 傍觀

♣ 다음 한자어(漢字語)의 독음(讀音)을 쓰시오.   ▶정답은 275쪽

1. 傍證
2. 傍若無人
3. 傍聽客
4. 模倣
5. 倣:古
6. 綠陰芳草
7. 芳名錄
8. 流芳百世
9. 芳年
10. 聯邦
11. 萬:邦
12. 盟邦
13. 友:邦
14. 異:邦人
15. 乾杯
16. 苦杯
17. 金杯
18. 祝杯
19. 糾合
20. 紛糾
21. 乃至
22. 煩惱
23. 煩雜
24. 食少事煩
25. 飜案
26. 飜譯
27. 人乃天
28. 塗料
29. 辨:明
30. 辨:償
31. 辨:證
32. 分辨
33. 辨:別力
34. 屛風
35. 竝:立
36. 竝:設
37. 竝:用
38. 竝:行
39. 竝:列
40. 系:譜
41. 年譜
42. 樂譜
43. 音譜
44. 族譜
45. 卜債
46. 蜂起
47. 分蜂
48. 養:蜂
49. 女王蜂
50. 龍味鳳湯
51. 鳳:仙花
52. 腐:敗
53. 豆腐
54. 切齒腐心
55. 腐:葉土
56. 塗裝
57. 塗炭
58. 赴任
59. 賦:課
60. 賦:與
61. 賦:役
62. 天賦的
63. 墳墓
64. 古:墳
65. 封墳
66. 雙墳
67. 屯兵
68. 道聽塗說
69. 拂下
70. 拂入
71. 完拂
72. 支拂
73. 還拂
74. 朋黨
75. 朋友
76. 朋友有信
77. 崩壞
78. 崩御
79. 賓客
80. 國賓
81. 貴:賓
82. 來:賓
83. 外:賓
84. 頻度

♣ 다음 한자어(漢字語)의 독음(讀音)을 쓰시오.   ▶정답은 276쪽

1. 頻發	2. 頻繁	43. 屯田	44. 屯土
3. 聘母	4. 聘禮	45. 屯畓	46. 騰貴
5. 聘丈	6. 招聘	47. 償還	48. 報償
7. 類:似	8. 似:而非	49. 有:償	50. 減:價償却
9. 近:似值	10. 非夢似夢	51. 未:嘗不	52. 桑田碧海
11. 巳:時	12. 乙巳條約	53. 扶桑	54. 祥雲
13. 喜捨	14. 四捨五入	55. 發祥地	56. 不祥事
15. 斜面	16. 取捨選擇	57. 要塞	58. 窮塞
17. 斜線	18. 斜視	59. 語:塞	60. 塞翁之馬
19. 斜陽	20. 傾斜	61. 庶:務	62. 庶:民
21. 斯界	22. 斯文	63. 庶:子	64. 庶:出
23. 蛇足	24. 毒蛇	65. 敍:述	66. 追敍
25. 長蛇陳	26. 龍頭蛇尾	67. 敍:事詩	68. 自敍傳
27. 賜:藥	28. 賜:姓	69. 大:暑	70. 處:暑
29. 下:賜	30. 厚:賜	71. 暴暑	72. 避暑地
31. 御:賜花	32. 詐欺	73. 昔日	74. 昔者
33. 詐稱	34. 削減	75. 分析	76. 解:析
35. 削髮	36. 削除	77. 禪房	78. 禪師
37. 添削	38. 削奪官職	79. 禪宗	80. 坐:禪
39. 朔望	40. 朔風	81. 參禪	82. 涉外
41. 滿朔	42. 屯營	83. 干涉	84. 交涉

♣ 다음 한자어(漢字語)의 독음(讀音)을 쓰시오.   ▶정답은 276쪽

1. 召命
2. 召集
3. 召還
4. 遠禍召福
5. 昭詳
6. 燒:却
7. 燒死
8. 燒酒
9. 燒失
10. 全燒
11. 疏外
12. 疏遠
13. 疏忽
14. 蔬菜
15. 菜:蔬
16. 騷動
17. 騷亂
18. 騷音
19. 騷客
20. 滄海一粟
21. 粟米
22. 訟:事
23. 訴訟
24. 爭訟
25. 誦:讀
26. 朗:誦
27. 暗:誦
28. 愛:誦
29. 鎖:國
30. 封鎖
31. 連鎖
32. 閉:鎖
33. 囚衣
34. 囚人
35. 罪:囚
36. 死:刑囚
37. 睡眠
38. 午睡
39. 昏睡
40. 遂行
41. 未:遂
42. 毛遂自薦
43. 完遂
44. 誰何
45. 雖然
46. 必須
47. 孰若
48. 循環
49. 循次
50. 矛盾
51. 殉敎
52. 殉國
53. 殉死
54. 殉葬
55. 殉職
56. 脣音
57. 脣輕音
58. 脣亡齒寒
59. 戌時
60. 濕氣
61. 濕度
62. 濕式
63. 濕地
64. 獵等
65. 弓矢
66. 伸長
67. 伸縮
68. 屈伸
69. 追伸
70. 昏定晨省
71. 晨星
72. 辛苦
73. 辛勝
74. 千辛萬苦
75. 香辛料
76. 尋訪
77. 推尋
78. 牙城
79. 齒牙
80. 象牙塔
81. 麥芽
82. 發芽
83. 餓:鬼
84. 餓:死之境

♣ 다음 한자어(漢字語)의 독음(讀音)을 쓰시오.　　▶정답은 276쪽

1. 飢餓
2. 山岳
3. 冠岳山
4. 雁書
5. 雁行
6. 謁見
7. 拜謁
8. 謁聖及第
9. 殃禍
10. 災殃
11. 生涯
12. 天涯
13. 厄運
14. 災厄
15. 橫厄
16. 獨也靑靑
17. 及其也
18. 言則是也
19. 耶蘇敎
20. 有耶無耶
21. 楊柳
22. 楊貴妃
23. 於中間
24. 於此彼
25. 甚至於
26. 終焉
27. 於焉間
28. 焉敢生心
29. 予一人
30. 余等
31. 汝矣島
32. 輿望
33. 喪輿
34. 輿論調査
35. 輿地圖
36. 檢疫
37. 免疫
38. 防疫
39. 紅疫
40. 燕尾服
41. 獵銃
42. 密獵
43. 炎症
44. 肝炎
45. 腦炎
46. 肺炎
47. 暴炎
48. 鹽分
49. 鹽酸
50. 鹽素
51. 鹽田
52. 食鹽水
53. 背泳
54. 水泳
55. 遊泳
56. 平泳
57. 混泳
58. 詠物
59. 銳角
60. 銳利
61. 銳敏
62. 新銳
63. 精銳
64. 傲氣
65. 傲慢
66. 吾鼻三尺
67. 吾等
68. 嗚呼痛哉
69. 娛樂
70. 娛樂室
71. 汚名
72. 汚物
73. 汚辱
74. 汚點
75. 汚染
76. 涉獵
77. 翁主
78. 老翁
79. 不倒翁
80. 瓦家
81. 瓦解
82. 靑瓦臺
83. 臥龍
84. 臥病

♣ 다음 한자어(漢字語)의 독음(讀音)을 쓰시오.   ▶정답은 276쪽

1. 緩:急
2. 緩:慢
3. 緩衝
4. 緩:行
5. 緩:和
6. 曰可曰否
7. 曰字
8. 畏:敬
9. 畏:友
10. 敬:畏心
11. 搖動
12. 搖之不動
13. 動:搖
14. 腰帶
15. 腰折
16. 腰痛
17. 遙遠
18. 庸劣
19. 中庸
20. 于先
21. 于今
22. 日新又日新
23. 尤甚
24. 羽:毛
25. 羽:書
26. 羽:化登仙
27. 羽:調
28. 云云
29. 云謂
30. 僞善
31. 僞造
32. 僞證
33. 眞僞
34. 虛僞
35. 胃壁
36. 胃炎
37. 胃腸
38. 緯度
39. 經緯
40. 北緯
41. 違反
42. 違背
43. 違法
44. 違約
45. 違憲
46. 唯物論
47. 唯心論
48. 唯一無二
49. 惟獨
50. 思惟
51. 快愈
52. 酉時
53. 閏:年
54. 吟遊詩人
55. 吟味
56. 吟風弄月
57. 淫亂
58. 淫談
59. 泣訴
60. 感:泣
61. 宜當
62. 時宜
63. 便宜
64. 萬事休矣
65. 東夷
66. 博而不精
67. 僚輩
68. 姻戚
69. 婚姻
70. 寅時
71. 官僚
72. 賃:金
73. 賃:貸
74. 賃:借
75. 無賃
76. 運:賃
77. 刺:客
78. 刺:傷
79. 亂:刺
80. 水刺
81. 恣:行
82. 放:恣
83. 恣:意的
84. 紫:色

♣ 다음 한자어(漢字語)의 독음(讀音)을 쓰시오. ▶정답은 276쪽

1. 紫:朱
2. 山紫水明
3. 紫外線
4. 閣僚
5. 同僚
6. 爵位
7. 爵祿
8. 高官大爵
9. 公爵
10. 對:酌
11. 添酌
12. 情狀參酌
13. 侮辱
14. 受侮
15. 侮辱感
16. 癸卯生
17. 養:蠶
18. 墻壁
19. 墻外
20. 路柳墻花
21. 墻內
22. 快哉
23. 哀哉
24. 冒險
25. 餘滴欄
26. 蝶泳
27. 胡蝶
28. 訂正
29. 校:訂
30. 修訂
31. 改:訂版
32. 堤防
33. 防潮堤
34. 防波堤
35. 弔:旗
36. 弔:問
37. 伴奏
38. 弔:花
39. 慶弔
40. 乾燥
41. 租稅
42. 租借
43. 準:租稅
44. 拙稿
45. 拙劣
46. 拙速
47. 拙戰
48. 稚拙
49. 佐:郞
50. 佐:平
51. 補:佐
52. 株價
53. 株式
54. 刻舟求劍
55. 方舟
56. 一葉片舟
57. 俊:秀
58. 俊:嚴
59. 俊:才
60. 俊:傑
61. 英俊
62. 遵:法
63. 遵:守
64. 遵:據
65. 仲:裁
66. 仲:介
67. 仲:秋節
68. 伯仲之勢
69. 寄贈
70. 贈與
71. 追贈
72. 只今
73. 但:只
74. 金枝玉葉
75. 枝葉
76. 遲刻
77. 遲延
78. 遲遲不進
79. 姪女
80. 姪婦
81. 堂姪
82. 叔姪
83. 懲戒
84. 懲罰

♣ 다음 한자어(漢字語)의 독음(讀音)을 쓰시오.   ▶정답은 276쪽

1. 懲役
2. 勸善懲惡
3. 且:置
4. 況:且
5. 重:且大
6. 借:入
7. 借:名
8. 借:用
9. 假:借
10. 捕捉
11. 錯覺
12. 錯視
13. 錯誤
14. 交錯
15. 慘劇
16. 慘變
17. 慘事
18. 慘狀
19. 慘敗
20. 慙愧
21. 同伴
22. 隨伴
23. 覆蓋
24. 暢:達
25. 流:暢
26. 和暢
27. 債:券
28. 債:權
29. 債:務
30. 負:債
31. 私債
32. 覆面
33. 反覆
34. 排:斥
35. 斥邪
36. 斥和碑
37. 斥候兵
38. 薦:擧
39. 公薦
40. 推薦
41. 他薦
42. 孟:母三遷
43. 變:遷
44. 改:過遷善
45. 遷:都
46. 尖端
47. 尖兵
48. 尖銳
49. 尖塔
50. 添加
51. 添附
52. 錦:上添花
53. 別添
54. 臣妾
55. 愛:妾
56. 小:妾
57. 快晴
58. 交替
59. 代:替
60. 移替
61. 抄錄
62. 燭光
63. 燈燭
64. 洞:燭
65. 華燭
66. 聰氣
67. 聰明
68. 聖:聰
69. 抽出
70. 抽象畫
71. 醜聞
72. 醜惡
73. 醜態
74. 醜行
75. 美:醜
76. 丑時
77. 畜舍
78. 家畜
79. 牧畜
80. 畜産業
81. 逐出
82. 逐客
83. 角逐
84. 臭:氣

217

♣ 다음 한자어(漢字語)의 독음(讀音)을 쓰시오.　　▶정답은 277쪽

1. 惡臭
2. 體臭
3. 脫臭
4. 漆器
5. 漆板
6. 漆黑
7. 枕:木
8. 木枕
9. 浸:水
10. 浸:透
11. 妥:結
12. 妥:當
13. 妥:協
14. 墮:落
15. 依託
16. 濁流
17. 鈍濁
18. 淸濁
19. 混:濁
20. 一魚濁水
21. 洗:濯
22. 濯足
23. 飜覆
24. 奪取
25. 奪還
26. 强:奪
27. 收奪
28. 生殺與奪
29. 貪慾
30. 貪官汚吏
31. 湯:藥
32. 湯:材
33. 冷湯
34. 熱湯
35. 溫湯
36. 怠慢
37. 怠業
38. 過:怠料
39. 吐露
40. 吐:絲
41. 吐:出
42. 吐:血
43. 實吐
44. 透明
45. 透視
46. 透徹
47. 透過
48. 播多
49. 播:種
50. 播:遷
51. 傳播
52. 直播
53. 罷:免
54. 罷:業
55. 罷:場
56. 罷:職
57. 罷:漏
58. 頗多
59. 偏頗的
60. 販禁
61. 販路
62. 販促
63. 街:販
64. 總:販
65. 貝:物
66. 漁貝類
67. 編曲
68. 編隊
69. 編成
70. 編制
71. 改:編
72. 遍歷
73. 遍在
74. 普:遍
75. 廢:止
76. 廢:棄
77. 廢:車
78. 廢:品
79. 存廢
80. 納幣
81. 幣:物
82. 造:幣
83. 紙幣
84. 貨:幣

♣ 다음 한자어(漢字語)의 독음(讀音)을 쓰시오. ▶정답은 277쪽

1.隱蔽	2.蔽:一言	43.享:樂	44.享:有
3.抱:卵	4.抱:負	45.祭:享	46.配:享
5.懷抱	6.捕:手	47.東軒	48.誓約
7.捕:卒	8.捕:獲	49.盟誓	50.宣誓
9.生:捕	10.捕:盜廳	51.絃樂器	52.管絃樂
11.飽:滿	12.飽:食	53.縣監	54.縣:令
13.飽:和	14.非肉不飽	55.郡:縣	56.穴居
15.大:幅	16.步:幅	57.經穴	58.萬事亨通
17.增幅	18.畫:幅	59.墓:穴	60.元亨利貞
19.漂流	20.漂白	61.虎:穴	62.螢光燈
21.匹夫	22.匹敵	63.斷乎	64.螢雪之功
23.匹馬	24.配:匹	65.於是乎	66.不亦樂乎
25.荷:物	26.荷:役	67.互:惠	68.互:角之勢
27.荷:重	28.負:荷	69.相互	70.毫末
29.旱:害	30.旱:災	71.秋毫	72.揮毫
31.汗:蒸幕	32.不汗黨	73.昏迷	74.昏絶
33.咸氏	34.咸興差使	75.黃昏	76.弘報
35.咸池	36.巷:間	77.弘文館	78.弘益人間
37.巷:說	38.亥:時	79.鴻毛	80.鴻恩
39.奚琴	40.該當	81.禾穀	82.收穫
41.該博	42.享:年	83.擴大	84.擴散

♣ 다음 한자어(漢字語)의 독음(讀音)을 쓰시오. ▶정답은 277쪽

1. 擴張
2. 擴充
3. 擴聲器
4. 丸藥
5. 彈:丸
6. 砲:丸
7. 淸心丸
8. 荒凉
9. 荒野
10. 荒廢
11. 荒唐
12. 破:天荒
13. 曉:星
14. 侯爵
15. 諸侯
16. 王侯將相
17. 土侯
18. 毁:損
19. 毁:傷
20. 光輝
21. 提携
22. 携帶品
23. 胸部
24. 胸像
25. 胸中
26. 心胸
27. 逝去
28. 急逝
29. 攝理
30. 攝生
31. 攝政
32. 攝取
33. 包攝
34. 山上垂訓
35. 垂直
36. 率先垂範
37. 搜査
38. 搜索
39. 搜所聞
40. 押留
41. 押送
42. 押收
43. 押韻
44. 押印
45. 躍動
46. 躍進
47. 跳躍
48. 飛躍
49. 暗躍
50. 活躍
51. 閱覽
52. 閱兵
53. 檢閱
54. 校閱
55. 査閱
56. 擁:立
57. 擁:衛
58. 擁:護
59. 抱擁
60. 凝結
61. 凝固
62. 凝視
63. 凝集
64. 宰相
65. 主宰
66. 殿閣
67. 殿堂
68. 殿下
69. 佛典
70. 竊盜
71. 竊取
72. 奏樂
73. 奏請
74. 演奏
75. 吹奏
76. 前奏曲
77. 珠算
78. 珠玉
79. 眞珠
80. 百八念珠
81. 鑄物
82. 鑄造
83. 鑄貨
84. 鑄錢

♣ 다음 한자어(漢字語)의 독음(讀音)을 쓰시오.   ▶정답은 277쪽

1. 鑄鐵
2. 震國
3. 震檀
4. 震度
5. 耐震
6. 地震
7. 滯納
8. 滯留
9. 滯拂
10. 滯症
11. 停滯
12. 沈滯
13. 逮捕
14. 遞減
15. 遞信
16. 交遞
17. 郵遞局
18. 秒速
19. 秒針
20. 分秒
21. 誕降
22. 誕生
23. 誕辰
24. 虛誕
25. 聖誕節
26. 把守
27. 把持
28. 把筆
29. 偏見
30. 偏食
31. 偏愛
32. 偏重
33. 偏頗
34. 嫌忌
35. 嫌惡
36. 嫌疑
37. 衡平
38. 均衡
39. 連衡
40. 度量衡

♣ 다음 낱말 풀이에 알맞은 한자(漢字)를 쓰시오. ▶ 정답은 278쪽

1. 가공 (　　　　　)
①공중에 가설하는 것. ②이유나 근거가 없는 것. 또는, 사실이 아니고 상상이나 거짓으로 꾸민 것.
¶ ~의 인물을 만들다.

2. 가교 (　　　　　)
다리를 놓는 일.
¶ 마을 사람들이 힘을 모아 ~하다.

3. 가설 (　　　　　)
전선·다리·선로 따위를 공중에 건너질러 설치하는 것.
¶ 교량을 ~하다.

4. 서가 (　　　　　)
문서나 서적을 얹어 두는 시렁. 서각(書閣).
¶ ~에 책이 꽂히다.

5. 십자가 (　　　　　　　)
①고대 서양에서 죄인을 사형하던 '十'자 모양의 형구. ②예수가 못 박혀 죽은 데서 크리스트교도가 희생과 속죄의 표상으로 예배하고 장식으로 쓰는 십자형의 표지.
¶ 모두 하지 않겠다면 내가 ~를 지지.

6. 각설 (　　　　　)
화제(話題)를 돌림. 소설 따위에서, 화제를 돌려 다른 줄거리로 접어들려고 할 때 그 첫머리에 쓰는 말.
¶ 그럼 ~하고, 8번째 강좌를 시작하도록 하겠습니다.

7. 기각 (　　　　　)
①내버리는 일. ②소송을 수리한 법원이, 이유가 없는 것으로 또는 부적법(不適法)한 것으로 판단하여 무효를 선고하는 것.
¶ 항소를 ~하다.

8. 망각 (　　　　　)
잊어버리는 것.
¶ 자기의 본분을 ~하다.

9. 매각 (　　　　　)
물건을 팔아 버리는 것.
¶ 주식을 ~하다.

10. 퇴각 (　　　　　)
뒤로 물러가는 것.
¶ ~명령을 내리다.

11. 간신 (　　　　　　)
간사한 신하.
¶ 전하 ~배(輩)를 멀리 하소서.

12. 간음 (　　　　　　)
부부가 아닌 남녀가 서로 성적(性的) 관계를 맺는 일.
¶ 부녀자를 협박하여 ~하다.

13. 간통 (　　　　　　)
배우자 있는 사람이 배우자 이외의 이성과 맺는 불의(不義)의 성적 관계.
¶ ~의 현장을 목격하다.

14. 간흉 (　　　　　　)
간사하고 흉악한 사람.
¶ 사람들은 그를 ~하다고 생각한다.

15. 갈구 (　　　　　　)
몹시 애타게 구하는 것.
¶ 자유를 ~하다.

16. 갈망 (　　　　　　)
목마른 사람이 물을 찾듯이 간절히 바라는 일.
¶ 이재민들은 따뜻한 구호의 손길을 ~하고 있다.

17. 갈증 (　　　　　　)
목이 말라 물을 마시고 싶은 느낌.
¶ ~이 심해 목이 탈 지경이다.

18. 해갈 (　　　　　　)
①목마름을 해소하는 것. ②비가 내려 가뭄을 겨우 면하는 것.
¶ 오늘 내린 비로 가뭄이 다소 ~되다.

19. 강재 (　　　　　　)
공업·건설 등의 재료로 쓰기 위하여 압연(壓延) 등의 가공을 하여 만든 강철.
¶ 철~의 수요가 늘어나자 가격이 상승하기 시작하다.

20. 강철 (　　　　　　)
①탄소를 0.04~2% 정도 함유한 철. ②단련되어 아주 단단하고 굳세게 된 것의 비유.
¶ 그 권투 선수의 주먹은 ~이다.

21. 강판 (　　　　　　)
강철로 된 철판.
¶ 고급 자동차용~ 신제품을 개발하기로 결정하다.

♣ 다음 낱말 풀이에 알맞은 한자(漢字)를 쓰시오.   ➡ 정답은 278쪽

1. 제강   (   )
   시우쇠를 불려 강철을 만드는 것.
   ¶ ~소(所)를 견학하다.

2. 철강   (   )
   선철과 강철을 아울러 이르는 말.
   ¶ A도시에서는 ~공업이 발달하다.

3. 개탄   (   )
   분하거나 못마땅하게 여겨 탄식하는 것.
   ¶ 우리 사회에 만연해 있는 황금만능주의와 도덕적 타락은 참으로 ~할 일이다.

4. 분개   (   )
   몹시 분하게 여기는 것.
   ¶ 근로자들은 동료 직원에 대한 회사측의 부당한 해고에 ~했다.

5. 감개무량   (   )
   사물에 대한 회포의 느낌이 한이 없음.
   ¶ 옛 전우를 만나게 되니 정말 ~하다.

6. 개근   (   )
   일정한 기간 동안 하루도 빠짐없이 출근하거나 출석하는 것.
   ¶ 영수는 초등학교 6년 동안 ~하였다.

7. 거개   (   )
   거의 모두. 대부분.
   ¶ 그 연극은 관람객의 ~가 대학생들이었다.

8. 개골산   (   )
   계절에 따른 아름다움이 각각 달라, 봄에는 금강산, 여름에는 봉래산(蓬萊山), 가을에는 풍악산(楓嶽山), 겨울에는 개골산(皆骨山)이라고 한다.
   ¶ 눈으로 덮인 ~의 경치는 참으로 아름답다.

9. 개연성   (   )
   어떤 일이 일어날 수 있는 확실성의 정도 또는 가능성의 정도.
   ¶ 그 일은 사실일 ~이 높다.

10. 개마고원   (   )
    우리나라에서 가장 높고 넓은 고원.
    ¶ ~은 우리나라의 지붕이라 말할수 있다.

11. 구개음화   (   )
    끝소리인 「ㄷ」·「ㅌ」이 모음 ㅣ나 반모음 ㅣ의 영향을 받아 구개음인 「ㅈ」·「ㅊ」으로 바뀌는 현상.
    ¶ 「굳이」가 「구지」로 되는 따위가 ~ 현상이다.

12. 휴게실   (   )
    잠시 머물러 쉴 수 있게 설비한 방.
    ¶ 몸이 피곤해서 잠시 ~에서 쉬었다.

13. 견골   (   )
    어깨뼈. 견갑골의 준말.
    ¶ ~이 튼튼하다.

14. 견장   (   )
    군인·경찰관 등의 제복 어깨에 붙이는, 직위나 계급을 밝히는 표장(標章).
    ¶ ~을 보고 그가 소위임을 알았다.

15. 비견   (   )
    어깨를 나란히 하는 것. 병견(竝肩).
    ¶ 그는 톨스토이에 ~할 만한 소설가이다.

16. 견사   (   )
    고치실을 원료로 하여 만든 비단실.
    ¶ 이 옷감은 인조 ~로 짠 것이다.

17. 견직물   (   )
    명주실로 짠 피륙.
    ¶ ~로 된 스카프는 꼭 드라이클리닝을 해야 한다.

18. 인조견   (   )
    인조 견사로 짠 비단.
    ¶ 이 한복은 ~으로 만들어졌다.

19. 파견   (   )
    어떤 일이나 임무를 맡겨, 어느 곳에 보냄.
    ¶ 외교 사절을 ~하다.

20. 공경대부   (   )
    ①조선 시대에 '공경'과 '대부'를 아울러 이르던 말.
    ②벼슬이 높은 사람들.
    ¶ 이 마을에는 유독 ~가 많이 배출되었다.

21. 경진년   (   )
    60갑자의 열일곱째 해.
    ¶ ~에 태어났다.

22. 구경   (   )
    총포(銃砲)나 카메라 등 원통형으로 된 것의 안 지름
    ¶ ~ 100mm의 망원경이다.

23. 반경   (   )
    행동이 미치는 범위. 반지름의 구용어.
    ¶ 행동 ~을 넓히다.

♣ 다음 낱말 풀이에 알맞은 한자(漢字)를 쓰시오.　　▶ 정답은 278쪽

1. 직경　(　　　　　)
지름.
¶ ~이 15m가 되는 웅덩이다.

2. 구경　(　　　　　)
①사물을 궁구(窮究)해 가다가 마침내 도달한 곳.
②끝에 가서는. 결국.
¶ ~ 포기할 수밖에 없었다.

3. 필경　(　　　　　)
끝장에 가서는. 마침내.
¶ 범인은 ~ 잡히고야 말 것이다.

4. 경도　(　　　　　)
①물체의 단단한 정도. ②물에 녹아 있는 칼슘염·마그네슘염의 함유량의 정도. ③엑스선이 물체를 투과하는 정도.
¶ 니켈의 ~가 어느 정도인지 궁금하군.

5. 경질　(　　　　　)
물건의 단단하고 굳은 성질.
¶ ~고무를 생산하다.

6. 경화　(　　　　　)
단단하게 굳어지는 것.
¶ 동맥 ~ 증세를 보이다.

7. 경직　(　　　　　)
굳어서 뻣뻣하게 되는 것.
¶ 사후(死後) ~되다.

8. 강경　(　　　　　)
굽힘이 없이 강하게 맞서는 상태에 있음.
¶ ~한 태도를 보이다.

9. 계관　(　　　　　)
월계관의 준말.
¶ 승리의 ~을 쓰다.

10. 계피　(　　　　　)
계수나무의 껍질을 벗겨 말린 것.
¶ 수정과를 만들 때는 ~가 필요하다.

11. 월계관　(　　　　　)
고대 그리스에서, 월계수의 가지와 잎으로 관처럼 만들어 경기의 우승자에게 승리를 기리는 뜻으로 머리에 씌워 주던 것.
¶ 고대 올림픽에서 승리자는 ~을 썼다.

12. 계묘　(　　　　　)
60갑자의 마흔째.
¶ 우리 할아버지는 ~년에 태어나셨다.

13. 계축일기　(　　　　　)
조선 광해군(光海君) 4(1613.계축)년에, 광해군이 어린 동생 영창 대군(永昌大君)을 역모로 몰아 죽일 때, 대군의 생모 인목 대비(仁穆大妃)가 겪은 정경들을, 어느 궁녀가 일기체로 기록한 글.
¶ 《한중록》, 《인현왕후전》, 《~》는 3대 궁중 문학으로 꼽힌다.

14. 고갈　(　　　　　)
①물이 말라서 없어지는 것. ②돈·물건 등이 다하여 매우 귀해지는 것. ③없어지는 것.
¶ 최근 기업들은 수출 부진에 자금 ~까지 겹쳐 큰 어려움을 겪고 있다.

15. 고사　(　　　　　)
나무나 풀 따위가 말라죽는 것.
¶ 오랜 가뭄으로 밭작물이 ~지경에 이르렀다.

16. 영고성쇠　(　　　　　)
인생이나 사물의 성함 과 쇠함이 서로 바뀜.
¶ 반세기 헌정사의 ~를 온몸으로 지켜보고 겪었다.

17. 고객　(　　　　　)
영업하는 곳에서, 물건을 사거나 서비스를 받거나 하기 위해 찾아오는 손님을 다소 격식을 갖추어 이르는 말.
¶ 그 상점은 ~을 왕으로 생각한다.

18. 고문　(　　　　　)
어떤 분야에 대하여 전문적인 지식과 풍부한 경험을 가지고 자문에 응하여 의견을 제시하는 직책.
¶ ~ 변호사에게 이번 일은 의뢰하는 것이 좋을 것 같다.

19. 회고록　(　　　　　)
지난 일을 회고하여 적은 기록.
¶ 교장선생님께서는 퇴임 후 ~ 작성에 몰두하신다.

20. 사고무친　(　　　　　)
의지할 만한 사람이 전혀 없음.
¶ 그 남자는 ~의 고아다.

21. 건곤　(　　　　　)
하늘과 땅. 천지(天地).
¶ 태극기의 ~감리 4괘(卦)를 이용해 디자인하다.

♣ 다음 낱말 풀이에 알맞은 한자(漢字)를 쓰시오. ➡ 정답은 278쪽

1. 간과 (　　　　　　　)
   전쟁에 쓰는 병기를 통틀어 이르는 말. 전쟁.
   ¶ 10년이나 계속되는 ~로 국민은 어려움을 겪고 있다.

2. 과만 (　　　　　　　)
   ①여자가 혼인할 나이가 다 된 것. ②벼슬의 임기가 다 된 것.
   ¶ ~이 차서 다른 지방으로 발령을 받다.

3. 과목 (　　　　　　　)
   과일 나무.
   ¶ 봄이 되면 시장에 복숭아나무 등, ~을 판다.

4. 성곽 (　　　　　　　)
   내성(內城)과 외성(外城)을 아울러 이르는 말. 성.
   ¶ 수원 화성은 조선시대 ~의 진수를 보여주고 있다.

5. 외곽 (　　　　　　　)
   ①성 밖으로 다시 둘러 쌓은 성. ②바깥 테두리.
   ¶ 이 곳이 도시의 ~ 지대다.

6. 괘념 (　　　　　　　)
   마음에 두고 걱정하거나 잊지 않는 것.
   ¶ 이번 일에 대해선 너무 ~치 마십시오.

7. 괘의 (　　　　　　　)
   괘념. 마음에 두고 걱정하거나 잊지 않는 것.
   ¶ 그는 워낙 변덕이 심한 사람인데 뭘 그래? ~할 것 없어.

8. 괘도 (　　　　　　　)
   벽에 걸어 놓고 보는 학습용 그림이나 지도.
   ¶ 사람의 혈관 분포를 나타낸 ~를 준비하다.

9. 괘종 (　　　　　　　)
   일정한 시각이 되면 종을 치게 되어 있는, 벽이나 기둥에 거는 시계.
   ¶ ~시계를 집들이 선물로 받았다.

10. 금괴 (　　　　　　　)
    ①금덩이. ②금화(金貨)의 바탕이 되는 황금.
    ¶ 그 집에서 ~가 발견되었다.

11. 은괴 (　　　　　　　)
    은의 덩어리.
    ¶ 침몰한 배에는 많은 양의 ~가 실려있었다.

12. 괴색 (　　　　　　　)
    부끄러워하는 얼굴빛.
    ¶ ~이 역력했다.

13. 자괴지심 (　　　　　　　)
    스스로 부끄러워하는 마음.
    ¶ 그 일이 있은 후 ~이 들었다.

14. 교정 (　　　　　　　)
    ①곧게 바로잡는 것. ②교도소나 소년원 등에서 재소자(在所者)의 잘못된 품성이나 행동을 바로잡는 것.
    ¶ 치열(齒列)을 ~하다.

15. 교도소 (　　　　　　　)
    징역형이나 금고형 또는 노역 유치나 구류 처분을 받은 수형자(受刑者)를 수용하는 행형(行刑) 기관. 감옥.
    ¶ 그 남자는 소매치기를 하다가 ~에 들어갔다.

16. 교각살우 (　　　　　　　)
    소의 뿔을 바로잡으려다가 소를 죽인다는 뜻으로 결점이나 흠을 고치려다가 수단이 지나쳐서 도리어 일을 그르침을 이르는 말.
    ¶ 최근 문제가 된 일부 몰지각한 벤처기업 때문에 정부의 벤처정책이 전면 수정된다면 ~의 과오를 범하게 될 것이다.

17. 교외 (　　　　　　　)
    들이나 논밭이 비교적 많은, 도시의 주변.
    ¶ 휴일에는 많은 사람들이 ~로 나간다.

18. 근교 (　　　　　　　)
    도시의 가까운 변두리에 있는 마을이나 들.
    ¶ 서울 ~에 별장을 짓다.

19. 구릉 (　　　　　　　)
    고도가 산보다 낮고 완만하게 경사진 땅. 언덕.
    ¶ 내가 찾는 집은 ~에 있었다.

20. 구릉지 (　　　　　　　)
    높이 300m 미만의 완만한 경사면과 골짜기가 있는 지역.
    ¶ ~에 단지형으로 조성된 단지형 전원마을이다.

21. 구현 (　　　　　　　)
    내용이 다 드러나는 것.
    ¶ 자신의 이상을 ~하다.

22. 부모구존 (　　　　　　　)
    부모가 다 살아 계심.
    ¶ ~하시니 너희 집이 참 부럽다.

♣ **다음 낱말 풀이에 알맞은 한자(漢字)를 쓰시오.** ➡ 정답은 278쪽

1. 주구 (　　　　　　　)
   ①달리기를 잘하는 개라는 뜻으로, 사냥개를 이르는 말. ②앞잡이.
   ¶ 그는 침략자의 ~였다.

2. 해구 (　　　　　　　)
   물개.
   ¶ 일본인들은 독도 근해에서 ~를 마구잡이로 포획하였다.

3. 양두구육 (　　　　　　　)
   양의 머리를 내걸어 놓고 실제로는 개고기를 판다는 뜻으로 선전은 버젓하지만 내실이 따르지 못함을 비유하여 이르는 말.
   ¶ ~의 행실을 보이는 사람을 우리의 대표로 뽑아서는 안된다.

4. 상가지구 (　　　　　　　)
   ①초상집의 개. 주인 없는 개. ②초라한 모습으로 얻어먹을 것만 찾아다니는 이를 빈정거리어 이르는 말.
   ¶ 초라한 공자 일행을 심하게 ~로 표현한 사람도 있었다.

5. 의구심 (　　　　　　　)
   의심하고 두려워하는 마음.
   ¶ ~을 가지다.

6. 구차 (　　　　　　　)
   ①살림이 매우 가난함. ②말이나 행동이 떳떳하거나 버젓하지 못함.
   ¶ 집안이 매우 ~하다.

7. 구박 (　　　　　　　)
   못 견디게 다그치고 괴롭히는 것.
   ¶ 온갖 ~을 받다.

8. 구보 (　　　　　　　)
   달리는 것. 주로, 군대나 기타의 집단 등에서 훈련으로서 하는 달리기를 가리킴.
   ¶ ~로 연병장을 돌다.

9. 구충 (　　　　　　　)
   기생충·해충 따위를 없애 버리는 일.
   ¶ ~제를 투여하다.

10. 구축 (　　　　　　　)
    몰아서 쫓아내는 것.
    ¶ 사치 풍조를 ~하다.

11. 선구자 (　　　　　　　)
    ①말을 탄 행렬에서 맨 앞장에 선 사람. ②어떤 일이나 사상에 있어 그 시대의 다른 사람보다 앞선 사람.
    ¶ 그는 그 분야에서 ~ 역할을 하고 있다.

12. 백구 (　　　　　　　)
    갈매기.
    ¶ 어느 때부터 ~가 모여들기 시작했다.

13. 귀감 (　　　　　　　)
    거북(龜)은 길흉을 점치고, 거울(鑑)은 사물의 모습을 비춘다는 데서 나온 말로 거울삼아 본받을 만한 모범.
    ¶ 그의 효행은 많은 사람들에게 ~이 되었다.

14. 균열 (　　　　　　　)
    거북의 등에 있는 무늬처럼 갈라져서 터지는 것.
    ¶ 심한 가뭄으로 논바닥에 ~이 생기다.

15. 궐녀 (　　　　　　　)
    그 여자를 홀하게 이르는 말.
    ¶ ~는 술 파는 집에 있었다.

16. 절규 (　　　　　　　)
    고통스럽거나 슬프거나 억울하거나 하여 애타게 부르짖는 것.
    ¶ 피맺힌 ~를 하다.

17. 규방 (　　　　　　　)
    부녀자가 거처하는 방. 안방.
    ¶ 남자들은 ~에 함부로 들어갈 수가 없었다.

18. 규수 (　　　　　　　)
    남의 집 처녀를 정중하게 이르는 말.
    ¶ 재색을 겸비한 ~다.

19. 규중 (　　　　　　　)
    부녀자가 거처하는 곳.
    ¶ 옛날 미인들은 ~ 깊숙이 숨어 있었다.

20. 멸균 (　　　　　　　)
    살균.
    ¶ ~처리하다.

21. 무균 (　　　　　　　)
    균이 없음.
    ¶ ~상태이다.

22. 병균 (　　　　　　　)
    병을 일으키는 세균. 병원균.
    ¶ ~이 득실거리다.

23. 살균 (　　　　　　　)
    세균 등의 미생물을 죽이는 것. 멸균(滅菌).
    ¶ ~된 식기를 사용하다.

♣ 다음 낱말 풀이에 알맞은 한자(漢字)를 쓰시오.   ➡ 정답은 278쪽

1. 세균　(　　　　　　　　)
　단세포의 미생물로 핵막(核膜)이 없는 원핵 생물(原核生物)의 한 무리.
　¶ ~을 배양하다.

2. 근근　(　　　　　　　　)
　어렵사리 겨우. 근근이.
　¶ 쥐꼬리만한 월급으로 ~이 입에 풀칠이나 하고 있습니다.

3. 근소　(　　　　　　　　)
　아주 적음.
　¶ ~한 표 차이로 낙선하다.

4. 근량　(　　　　　　　　)
　저울로 단 무게.
　¶ 보기보다는 ~이 많이 나간다.

5. 근수　(　　　　　　　　)
　저울에 달아서 나타난 무게의 수.
　¶ ~가 나가다.

6. 근신　(　　　　　　　　)
　말이나 행동을 삼가서 조심하는 것.
　¶ 당분간 ~하고 있어라.

7. 근엄　(　　　　　　　　)
　표정이나 태도가 점잖고 위엄 있음.
　¶ ~하게 꾸짖다.

8. 근조　(　　　　　　　　)
　사람의 죽음에 대하여 삼가 슬픈 마음을 나타내는 것.
　¶ ~리본을 달다.

9. 근하신년　(　　　　　　　　)
　삼가 새해를 축하합니다의 뜻으로, 연하장(年賀狀) 따위에 쓰는 말.
　¶ 연말이 되자 명동거리에는 ~ 플래카드가 걸리기 시작했다.

10. 긍정　(　　　　　　　　)
　어떤 사실이나 생각·설 따위를 그러하다고 인정함.
　¶ 그 점에 대해서는 ~하는 태도를 보이다.

11. 수긍　(　　　　　　　　)
　남의 주장이나 언행이 옳다고 인정함.
　¶ ~이 가는 듯 고개를 끄덕이다.

12. 기십만　(　　　　　　　　)
　몇 십만.
　¶ ~대의 자동차.

13. 기하급수　(　　　　　　　　)
　서로 이웃하는 항의 비가 일정한 급수.
　¶ ~로 인구가 증가하고 있다.

14. 기일　(　　　　　　　　)
　사람의 죽은 날. 제삿날.
　¶ ~을 맞아 형제가 모였다.

15. 기중　(　　　　　　　　)
　상제로 있는 동안.
　¶ ~에는 몸가짐을 바로 한다.

16. 기피　(　　　　　　　　)
　꺼리고 피함.
　¶ 그는 나와의 대화를 ~한다.

17. 금기　(　　　　　　　　)
　꺼리어 금하거나 피함.
　¶ ~를 깨지 않도록 주의하다.

18. 기제사　(　　　　　　　　)
　해마다 죽은 날에 지내는 제사.
　¶ 오늘 할아버지 ~가 있다.

19. 기권　(　　　　　　　　)
　자기가 가지고 있는 투표·의결·참가 등의 권리를 버리고 행사하지 아니함.
　¶ 선거에 ~하다.

20. 방기　(　　　　　　　　)
　버려두고 돌보지 않음. 내버림.
　¶ 유품을 ~하다.

21. 투기　(　　　　　　　　)
　불필요한 것이라 하여 내던져 버림.
　¶ 쓰레기 불법 ~를 단속하다.

22. 파기　(　　　　　　　　)
　깨뜨리거나 찢어서 없애 버림.
　¶ 문서를 ~하다.

23. 기망　(　　　　　　　　)
　우롱하고 속이는 일.
　¶ 친구에게 ~을 당하다.

24. 단념　(　　　　　　　　)
　품었던 생각을 끊어 버림.
　¶ 할머니의 노염이 대단해서 독신주의를 ~했다.

♣ 다음 낱말 풀이에 알맞은 한자(漢字)를 쓰시오.   ▶ 정답은 278쪽

1. 기성 (　　　　　)
어떤 사물이 이미 되어 있거나 만들어져 있음.
¶ ~세력이 장악을 하고 있다.

2. 기약 (　　　　　)
분수의 분모·분자가 1 이외의 공약수를 갖지 않는 것.
¶ ~수를 구하시오.

3. 기존 (　　　　　)
이전부터 있음. 이미 되어 있음.
¶ ~시설을 이용하다.

4. 기혼 (　　　　　)
이미 혼인한 상태가 되는 것.
¶ 직업을 가진 ~여성이 점차 늘어나는 추세이다.

5. 기득권 (　　　　　)
특정한 개인이나 법인 또는 국가가 정당한 절차를 밟아 이미 얻은 법률상의 권리.
¶ 서로 ~을 주장하다.

6. 기갈 (　　　　　)
배고프고 목마름.
¶ ~이 심하다.

7. 허기 (　　　　　)
배가 몹시 고픔.
¶ 죽 한 사발로 ~를 면하다.

8. 기수 (　　　　　)
말을 타는 사람, 특히 경마(競馬)에서 말을 타는 사람.
¶ 3번 라인의 ~가 선두를 달리고 있다.

9. 기사 (　　　　　)
말을 탄 무사(武士).
¶ ~ 윌리엄.

10. 기마 (　　　　　)
말을 탐, 또는 타는 말.
¶ 우리 민족은 ~민족이다.

11. 기병 (　　　　　)
말을 타고 싸우는 군사.
¶ 중세 전쟁의 승패 여부는 보병보다는 날렵한 ~에달려있다.

12. 단기 (　　　　　)
홀로 말을 타고 감, 또는 그 사람.
¶ ~로 적진에 쳐들어가다.

13. 지나 (　　　　　)
중국의 다른 이름.
¶ ~인은 중국인의 다른 이름이다.

14. 낭자 (　　　　　)
예전에, 처녀를 대접하여 이르던 말.
¶ ~, 지나가는 과객이온데 목이 몹시 마르니 물 한 바가지만 주오.

15. 내하 (　　　　　)
어찌함.
¶ ~오, ~오 하면 나보고 뭘 어찌하란 말이예요.

16. 나락 (　　　　　)
벗어나기 어려운 절망적 상황을 비유하여 이르는 말. 불교에서 지옥을 말함.
¶ 절망의 ~에 빠지다.

17. 막무가내 (　　　　　)
한번 정한대로 고집하여 도무지 융통성이 없음.
¶ 아무리 못 하게 말려도 ~예요.

18. 농담 (　　　　　)
색채·명암 기타의 정도 등의 짙음과 옅음.
¶ 그림을 그릴 때 색의 ~을 잘 조절해야 한다.

19. 농도 (　　　　　)
혼합물, 특히 액체에 혼합되어 있는 구성 성분의 양의 비율.
¶ ~가 짙다.

20. 농묵 (　　　　　)
진한 먹물.
¶ J선생은 ~을 즐겨쓰는 수묵화의 대가다.

21. 농축 (　　　　　)
어떤 성분의 농도나 비율이 높아지게 만드는 것.
¶ 새로운 고~세제가 나왔다.

22. 농후 (　　　　　)
매우 진하거나 짙음.
¶ 전쟁이 일어날 가능성이 ~하다.

23. 뇌살 (　　　　　)
애가 타도록 몹시 괴롭히는 것.
¶ 뭇 남자를 ~시키던 여배우가 교통사고로 죽었다.

24. 고뇌 (　　　　　)
삶의 문제에 대해 답이나 해결책을 쉽게 찾지 못하고 많은 생각을 하면서 괴로워하는 것.
¶ 이상과 현실 사이에서 ~하는 젊은이가 늘어나는 추세다.

♣ 다음 낱말 풀이에 알맞은 한자(漢字)를 쓰시오.   ▶ 정답은 278쪽

1. 이전   (   )
   진흙탕.
   ¶ 여야의 대립이 ~투구(鬪狗)의 양상으로 치닫고 있다.

2. 백록담   (   )
   제주 중앙부에 솟은 한라산(漢拏山 1,950 m) 산정에 있는 화구호(火口湖).
   ¶ 한라산 정상에는 ~ 있다.

3. 전답   (   )
   논과 밭.
   ¶ 김영감의 ~은 1000마지기가 된다.

4. 천수답   (   )
   오직 빗물에 의해서만 경작할 수 있는 논.
   ¶ 가뭄이 오면 ~에 물 댈일이 걱정이다.

5. 당분   (   )
   당류(糖類)의 성분.
   ¶ ~을 섭취하다.

6. 당도   (   )
   과실이나 통조림 따위에 포함된 당분의 양을 백분율로 나타낸 것
   ¶ ~가 높다.

7. 과당   (   )
   꿀이나 단 과일의 즙에 들어 있는 단당류(單糖類).
   ¶ 이 과일에는 ~이 많이 들어 있다.

8. 유당   (   )
   포유류의 젖 속에 함유되어 있는 이당류. 젖당.
   ¶ 가축의 질병치료를 위해 지금까지 사용돼온 항생제 대신 돼지의 젖에서 나오는 ~으로 만든 첨가물을 이용하는 방법이 개발됐다고 한다.

9. 설탕   (   )
   본음은 설당. 맛이 달고 물에 잘 녹는 무색의 결정.
   ¶ 많은 양의 ~ 섭취는 건강에 해롭다.

10. 대금   (   )
    돈을 꾸어 줌.
    ¶ 그 사람은 고리~업을 하면서 생활한다.

11. 대부   (   )
    빌려 주는 것.
    ¶ 돈을 ~받다.

12. 대여   (   )
    빌려 주는 것.
    ¶ 책을 ~하다.

13. 대차   (   )
    꾸어 주는 것과 꾸어 오는 것.
    ¶ ~를 결산하다.

14. 대출   (   )
    빌려 주는 것.
    ¶ 은행에서 ~을 받다.

15. 도산   (   )
    가산(재산)을 다 써 없앰.
    ¶ 과잉 투자로 ~하다.

16. 도치   (   )
    차례나 위치가 뒤바뀌는 것.
    ¶ ~된 문구를 바로 잡다.

17. 압도   (   )
    월등한 힘으로 상대편을 누름. 힘이나 세력 따위가 단연 남을 능가함.
    ¶ 그들의 기세에 ~되다.

18. 졸도   (   )
    충격·과로·일사병·뇌빈혈 등으로 갑자기 정신을 잃고 쓰러지는 일.
    ¶ 과로로 ~하다.

19. 타도   (   )
    때리거나 쳐서 쓰러뜨리는 것.
    ¶ 적군을 ~하자.

20. 도강   (   )
    강을 건너는 것.
    ¶ 전쟁이 일어나자 한 밤중에 ~을 하여 남으로 내려왔다.

21. 도래   (   )
    ①물을 건너오는 것. ②외국에서 바다를 건너오는 일.
    ¶ 철새가 낙동강 하류에 ~하다.

22. 매도   (   )
    팔아넘김.
    ¶ ~계약을 하다.

23. 부도   (   )
    수표·어음을 가진 사람이 기한이 되어도 지급인으로부터 그 수표나 어음에 대한 지급을 받을 수 없게 되는 일.
    ¶ ~로 회사가 문을 닫았다.

♣ 다음 낱말 풀이에 알맞은 한자(漢字)를 쓰시오.   ▶ 정답은 278쪽

1. 인도 (　　　　　)
사물이나 권리 따위를 넘겨주는 것.
¶ 습득물을 주인에게 ~하다.

2. 도발 (　　　　　)
상대를 자극함으로써 일으키는 것.
¶ 전쟁을 ~하다.

3. 도전 (　　　　　)
겨루어 승부나 우위를 가리고자 하는 것.
¶ ~을 받다.

4. 도원 (　　　　　)
복숭아나무가 많은 정원.
¶ 꿈에 ~을 거닐었다.

5. 도화 (　　　　　)
복숭아나무의 꽃.
¶ ~가 지천에 피다.

6. 호도 (　　　　　)
호두나무의 열매.
¶ 정월 대보름에는 ~를 먹는 풍습이 있다.

7. 무릉도원 (　　　　　)
①도연명(陶淵明)의 도화원기(桃花源記)에 기술된 선경(仙境). ②세상과 따로 떨어진 별천지를 비유하여 이르는 말.
¶ ~에는 신선이 살고 있다고 전해오고 있다.

8. 도양 (　　　　　)
거리낌 없이 함부로 날뛰어 다님.
¶ 나쁜 놈들이 함부로 날뛰는 것을 ~이라 한다.

9. 도열병 (　　　　　)
벼에 생기는 병의 하나. 보통 잎에 갈색의 방추형 병반이 생기고 중심부로부터 백화(白化)하여 점차 줄기나 이삭에 퍼짐.
¶ ~이 전국에 퍼지고 있다.

10. 입도선매 (　　　　　)
아직 논에서 자라고 있는 벼를 파는 일.
¶ ~를 하다.

11. 독실 (　　　　　)
인정이 두텁고 하는 일에 정성스러움.
¶ ~한 불교신자다.

12. 위독 (　　　　　)
매우 중하여 생명이 위태함.
¶ 생명이 ~하다.

13. 독지가 (　　　　　)
①마음이 독실한 사람. ②사회사업 등에 특히 마음을 쓰고 협력·원조하는 사람.
¶ ~의 도움으로 대학에 다니고 있다.

14. 돈독 (　　　　　)
정이 깊고 두터움.
¶ 형제간의 우애가 ~하다.

15. 돈후 (　　　　　)
인정이 두터움.
¶ 그분은 성품이 ~하고 자상한 어른이셨다.

16. 돈화문 (　　　　　)
서울 종로구 와룡동(臥龍洞)에 있는 창덕궁의 정문.
¶ ~앞에서 오후2시에 왕궁수문장 교대식을 하고 있다.

17. 돈사 (　　　　　)
돼지를 가두어 키우는 곳.
¶ ~의 위생관리를 철저히 하다.

18. 돈육 (　　　　　)
사람이 식용 대상으로 삼는 돼지의 살.
¶ ~의 맛이 부드럽다.

19. 가돈 (　　　　　)
남에게 자기의 아들을 낮추어 이르는 말.
¶ 우리 집 ~을 잘 보살펴 주심을 감사드립니다.

20. 양돈 (　　　　　)
돼지를 먹여 기르는 것
¶ 구제역으로 ~농가가 어려움을 겪고 있다.

21. 종돈 (　　　　　)
씨를 받으려고 기르는 돼지.
¶ ~이 되는 기준은 몹시 까다롭다.

22. 동결 (　　　　　)
얼어붙는 것. 자산·자금 등의 사용이나 이동을 금하는 일.
¶ 자금을 ~하다.

23. 동사 (　　　　　)
영하의 추위를 피하지 못하여 얼어 죽는 것.
¶ 눈 속에서 ~하다.

♣ 다음 낱말 풀이에 알맞은 한자(漢字)를 쓰시오.   ▶ 정답은 278쪽

1. 동상 (　　　　)
   심한 추위에 발가락·손가락·귀 등의 살이 얼어서 상하는 증상.
   ¶ ~에 걸리다.

2. 동파 (　　　　)
   얼어서 터지거나 파손되는 것.
   ¶ 수도관이 ~하다.

3. 냉동 (　　　　)
   신선한 상태에서 오래 보관하기 위하여 인공적으로 얼리는 것.
   ¶ 생선을 ~시키다.

4. 오동 (　　　　)
   현삼과의 낙엽 활엽 교목. 높이 15m 정도. 5~6월에 자주색 꽃이 피고, 열매는 달걀꼴로 10월에 익음.
   ¶ 딸아이가 태어난 기념으로 마당에 ~을 심었다.

5. 둔감 (　　　　)
   별 반응이나 감각이 없이 둔함.
   ¶ 그 여자는 유행에 ~하다.

6. 둔기 (　　　　)
   ①무딘 날붙이. ②날이 없는 도구를 흉기로 썼을 때의 바로 그것을 이르는 말.
   ¶ ~를 휘두르다.

7. 둔재 (　　　　)
   둔한 재주. 또는, 그러한 사람.
   ¶ 그 사람의 행동을 보고 모두들 ~라 불렀다.

8. 노둔 (　　　　)
   늙어서 둔함.
   ¶ 나이가 들자 몸이 ~해 지기 시작했다.

9. 우둔 (　　　　)
   어리석고 둔함.
   ¶ ~한 사람이군.

10. 낙양 (　　　　)
    중국 허난성에 있는 도시인 뤄양을 우리 한자음으로 읽은 이름.
    ¶ ~의 지가(紙價)를 올리다

11. 낙동강 (　　　　)
    우리 나라 남부를 흐르는 강.
    ¶ ~ 오리알이 되다.

12. 난숙 (　　　　)
    ①무르녹도록 익는 것. ②더할 수 없이 충분히 발달하거나 성숙하는 것.
    ¶ ~한 연기를 보이다.

13. 능수능란 (　　　　)
    일에 능란한 솜씨.
    ¶ 언어를 ~하게 구사하는 언어학자를 꿈꾸었다.

14. 천진난만 (　　　　)
    말이나 행동에 천진함이 넘쳐흐르는 상태에 있음.
    ¶ 아이들의 ~한 웃음을 보고 어찌 악한 생각이 들겠느냐.

15. 남발 (　　　　)
    마구 공포하거나 발행하는 것
    ¶ 선거공약을 ~하다.

16. 남벌 (　　　　)
    함부로 베어 내는 것.
    ¶ 수목의 ~을 금지하다.

17. 남용 (　　　　)
    아끼지 않거나 규정을 벗어나 마구 쓰는 것
    ¶ 약을 ~하다.

18. 남획 (　　　　)
    마구 잡는 것.
    ¶ 어린 물고기를 ~하다.

19. 남색 (　　　　)
    청색에 검정이 섞인 색. 청색과 보라색의 중간 색깔임.
    ¶ 그녀는 ~을 무척 좋아한다.

20. 청출어람 (　　　　)
    쪽에서 뽑아 낸 푸른 물감이 쪽보다 더 푸르다는 뜻으로 제자가 스승보다 나음을 이르는 말.
    ¶ 제자가 스승보다 나음을 일러 ~이라 한다.

21. 약탈 (　　　　)
    폭력을 써서 강제로 빼앗는 것.
    ¶ 일제의 토지 ~과 양곡 수탈로 농민의 생활은 파탄에 이르렀다.

22. 침략 (　　　　)
    쳐들어가 노략질함.
    ¶ 우리 조상들은 중국으로부터 여러 차례 ~을 받아왔다.

23. 교량 (　　　　)
    강이나 내 등을 사람이나 차량이 건널 수 있게 만든, 비교적 큰 규모의 다리.
    ¶ ~공사가 진행 중이다.

♣ 다음 낱말 풀이에 알맞은 한자(漢字)를 쓰시오.   ➡ 정답은 278쪽

1. 상량 (　　　　　　)
   기둥에 보를 얹고 그 위에 마룻대를 올림.
   ¶ ~을 할 때, 글이나 의식으로 축하한다.

2. 양상군자 (　　　　　　)
   후한(後漢)의 진식(陳寔)이 들보 위에 숨어 있는 도둑을 가리켜 한 말에서 도둑을 듣기 좋게 이르는 말. 쥐.
   ¶ 도둑 뿐 아니라, 쥐를 점잖게 이르는 말이 ~다.

3. 해량 (　　　　　　)
   바다처럼 넓은 마음이라는 뜻으로 편지 따위에서 상대방에게 용서를 구할 때 쓰는 말.
   ¶ 부족한 점을 두루 ~하시기 바랍니다.

4. 양지 (　　　　　　)
   헤아려서 아는 것.
   ¶ 열차가 다소 연착하겠으니 승객 여러분께서는 이 점 널리 ~하시기 바랍니다.

5. 양해 (　　　　　　)
   문제가 되는 사정이나 상황을 잘 살펴서 너그럽게 받아들이는 것.
   ¶ 피치 못할 사정으로 모임에 불참하오니 부디 ~하여 주시기 바랍니다.

6. 가련 (　　　　　　)
   가엾고 불쌍함.
   ¶ 집도 절도 없는 ~한 신세로다.

7. 동병상련 (　　　　　　)
   같은 병을 앓는 사람끼리 서로 가엾게 여긴다는 뜻으로 어려운 처지에 있는 사람끼리 서로 딱하게 여기며 도움.
   ¶ 그들은 어려운 가운데에서도 ~하면서 온정을 잃지 않고 살아 왔다.

8. 연화 (　　　　　　)
   수련과의 여러해살이 물풀. 뿌리줄기는 비대하고 마디가 있으며 가로 뻗음. 연꽃.
   ¶ 우리나라 기와엔 ~ 문양이 많다.

9. 연근 (　　　　　　)
   연꽃의 뿌리.
   ¶ ~은 음식의 재료로 사용된다.

10. 목련 (　　　　　　)
    목련과의 낙엽 활엽 교목. 높이 10m가량. 봄에 잎이 나기 전에 향기가 진한 흰 꽃이 핌.
    ¶ ~의 빛깔이 눈부시다.

11. 열성 (　　　　　　)
    대립 형질이 다른 두 품종을 교배할 때 잡종 제1대에는 나타나지 않는 형질.
    ¶ ~유전자를 받고 태어나다.

12. 열세 (　　　　　　)
    상대편보다 세력이 약한 상태.
    ¶ ~에 몰리다.

13. 열악 (　　　　　　)
    몹시 떨어지고 나쁨.
    ¶ 그 상품은 값이 싸기는 하나 품질이 ~하다.

14. 비열 (　　　　　　)
    목적을 이루기 위해 정당하지 못하고 치사한 방법을 이용하는 상태에 있음.
    ¶ ~하게 굴다.

15. 우열 (　　　　　　)
    낫고 못함.
    ¶ ~을 가리다.

16. 열상 (　　　　　　)
    피부가 찢어진 상처.
    ¶ ~을 입다.

17. 결렬 (　　　　　　)
    교섭이나 회의 등에서 의견이 합쳐지지 않아 갈라서게 되는 것.
    ¶ 협상이 ~되다.

18. 분열 (　　　　　　)
    찢어져 갈라지는 것. 갈라져 나뉘는 것.
    ¶ 국토가 ~되다.

19. 파열 (　　　　　　)
    깨어지거나 갈라져서 터지는 것.
    ¶ 추위에 수도관이 ~되다.

20. 멸렬 (　　　　　　)
    찢어지고 흩어져서 완전히 형태를 잃어버리는 것.
    ¶ 지리(支離)~하다.

21. 염가 (　　　　　　)
    싼값.
    ¶ ~판매를 하다.

22. 염치 (　　　　　　)
    남에게 신세를 지거나 폐를 끼치거나 할 때 부끄럽고 미안한 마음을 가지는 상태.
    ¶ 사람은 ~가 있어야 한다.

♣ 다음 낱말 풀이에 알맞은 한자(漢字)를 쓰시오.   ▶ 정답은 278쪽

1. 염탐 (　　　　　)
   비밀히 남의 사정을 살펴 조사하는 것.
   ¶ 적을 ~하다.

2. 저렴 (　　　　　)
   물건 따위의 값이 싸다.
   ¶ ~한 가격에 구입하다.

3. 청렴 (　　　　　)
   마음이 청백하고 탐욕이 없음.
   ¶ 황희 정승은 높은 관직을 두루 거치면서도 평생을 ~하게 살았다.

4. 영도 (　　　　　)
   도수를 계산하는 기점이 되는 자리.
   ¶ 기온이 ~ 이하로 내려가다.

5. 영세 (　　　　　)
   ①작고 가늘어 변변찮다. ②수입이 적고 생활이 군색하다.
   ¶ 자본이 ~한 기업이다.

6. 영락 (　　　　　)
   ①초목의 잎이 시들어 떨어지는 것. ②세력이나 살림이 보잘것없이 찌부러지는 것
   ¶ 집안이 ~하였다.

7. 영점 (　　　　　)
   득점이 없음.
   ¶ 시험에서 ~을 받다.

8. 영하 (　　　　　)
   기온이 0℃ 이하인 상태.
   ¶ ~10도의 날씨이다.

9. 녹읍 (　　　　　)
   신라 때 모든 벼슬아치에게 직무의 대가로 주던 논밭.
   ¶ ~를 받다.

10. 관록 (　　　　　)
    관원에게 주는 봉급.
    ¶ ~을 먹다.

11. 국록 (　　　　　)
    나라에서 주는 봉록(俸祿).
    ¶ ~을 받다.

12. 복록 (　　　　　)
    복과 녹. 행복.
    ¶ ~은 타고나는 것인가?.

13. 녹각 (　　　　　)
    사슴의 다 자란 뿔.
    ¶ ~은 한약 재료로 많이 사용된다.

14. 녹비 (　　　　　)
    사슴 가죽.
    ¶ 이 ~ 한 장 값은 얼마요?.

15. 지록위마 (　　　　　)
    옛날 중국 진(秦)나라 때 조고(趙高)라는 간신이 있어, 황제 호해(胡亥)에게 사슴을 바치며 말이라고 강변했다는 고사에서 유래함. 윗사람을 농락하여 권세를 마음대로 휘두르는 짓을 이르는 말.
    ¶ ~ 라는 말에 모두 조고와 황제의 눈치를 살폈다.

16. 뇌관 (　　　　　)
    포탄·탄환 등 폭발물의 화약을 점화시키기 위하여 사용하는, 금속으로 만든 관.
    ¶ 지뢰의 ~.

17. 낙뢰 (　　　　　)
    벼락이 떨어지는 것.
    ¶ ~로 전깃불이 나갔다.

18. 피뢰침 (　　　　　)
    벼락의 피해를 막기 위하여 건물의 가장 높은 곳에 세우는, 끝이 뾰족한 금속제의 막대기.
    ¶ ~를 세우다.

19. 부화뇌동 (　　　　　)
    아무런 주견이 없이 남의 의견이나 행동에 덩달아 따름.
    ¶ 무질서한 상황에서 함께 ~하는 것은 바람직하지 않다.

20. 만료 (　　　　　)
    정해진 기한이 끝남.
    ¶ 임기가 ~되다.

21. 수료 (　　　　　)
    일정한 학업이나 과정을 다 마침.
    ¶ 대학원 과정을 ~하다.

22. 완료 (　　　　　)
    완전히 끝마치는 것.
    ¶ 공사가 ~되다.

23. 종료 (　　　　　)
    끝마치는 것.
    ¶ 시합 ~를 알리다.

233

♣ 다음 낱말 풀이에 알맞은 한자(漢字)를 쓰시오.   ▶ 정답은 279쪽

1. 요해 (　　　　　)
   깨달아 알아듣는 일.
   ¶ ~하다.

2. 누대 (　　　　　)
   여러 대.
   ¶ ~에 걸쳐 전해 오는 보물이다.

3. 누차 (　　　　　)
   여러 차례
   ¶ ~ 타이르다.

4. 낙루 (　　　　　)
   눈물을 흘리는 것.
   ¶ 백성들은 ~ 보다 피눈물을 흘렸다.

5. 혈루 (　　　　　)
   피눈물.
   ¶ ~를 흘리다.

6. 최루탄 (　　　　　)
   최루 가스를 충전(充塡)한 탄.
   ¶ 데모를 저지하기 위해 ~을 발사하다.

7. 누락 (　　　　　)
   기록에서 빠지는 것.
   ¶ 글자가 ~되다.

8. 누수 (　　　　　)
   물이 물체의 틈으로 새는 것.
   ¶ ~로 말미암아 수량이 줄다.

9. 누전 (　　　　　)
   절연(絶緣)이 불완전하거나 그 시설이 손상되어 전기가 전깃줄 밖으로 새어 흐르는 것.
   ¶ 화재의 원인은 ~이다.

10. 누출 (　　　　　)
    밖으로 새어 나오는 것.
    ¶ 가스 ~에 의한 사고이다.

11. 탈루 (　　　　　)
    있어야 할 것이 빠짐. 누락됨.
    ¶ 명단에서 ~된 이름.

12. 누계 (　　　　　)
    부분 부분의 합계를 차례차례 가산(加算)하는 일, 또는 그렇게 해서 나온 합계.
    ¶ ~를 내다.

13. 누대 (　　　　　)
    여러 대.
    ¶ ~에 걸쳐 전해 오는 보물.

14. 누적 (　　　　　)
    되풀이하거나 지속하여 더 많아지거나 심해지게 하는 것.
    ¶ 피로가 ~되다.

15. 누진 (　　　　　)
    ①차차 올라가는 것. ②가격이나 수량 따위가 더하여 감에 따라 그에 대한 비율이 점점 높아지는 것.
    ¶ 가정용 전기세에도 ~율이 적용된다.

16. 누란지세 (　　　　　)
    포개 놓은 알처럼 몹시 위태로운 형세.
    ¶ 싸움에 져서 그 벌로 장군은 목숨이 ~가 되었다.

17. 이화 (　　　　　)
    배나무의 꽃.
    ¶ ~는 배꽃, 살구꽃은 행화이다..

18. 오비이락 (　　　　　)
    까마귀 날자 배 떨어진다는 뜻으로 공교롭게도 어떤 일이 같은 때에 일어나 남의 의심을 받게 됨을 이르는 말.
    ¶ ~이란 말은 '까마귀 날자 배 떨어진다'이다.

19. 근린 (　　　　　)
    가까운 이웃. 가까운 곳.
    ¶ ~의 여러 나라와 교역하다.

20. 선린 (　　　　　)
    이웃이나 이웃 나라와 사이 좋게 지내는 것.
    ¶ ~정책을 펴다.

21. 인근 (　　　　　)
    이웃 또는 근처.
    ¶ ~마을에서 구제역이 발생하다.

22. 인접 (　　　　　)
    이웃하여 있거나 옆에 닿아 있는 일.
    ¶ 우리 학교는 도로에 ~해 있다.

23. 마의 (　　　　　)
    삼베로 지은 옷.
    ¶ 통일신라의 마지막 태자는 ~태자이다.

♣ 다음 낱말 풀이에 알맞은 한자(漢字)를 쓰시오.   ▶ 정답은 279쪽

1. 채마 (   )
   뿌리나 잎·줄기, 또는 열매를 먹기 위해 밭에서 기르는 초본식물.
   ¶ ~를 캐다.

2. 대마초 (   )
   환각제로 쓰이는 대마의 이삭이나 잎.
   ¶ ~를 재배하는 것을 금하다.

3. 쾌도난마 (   )
   어지럽게 뒤얽힌 사물이나 말썽거리를 단번에 시원스럽게 처리함을 비유하여 이르는 말.
   ¶ 그의 성격은 ~와 같이 시원시원하다.

4. 마멸 (   )
   갈려 닳아서 얇아지거나 없어지는 것.
   ¶ 그 비문(碑文)은 풍우에 ~되어 알아볼 수 없다.

5. 연마 (   )
   갈고 닦는 일. 배우고 닦는 일.
   ¶ 기술~를 하다.

6. 만년 (   )
   사람의 평생에서의 끝 시기.
   ¶ ~을 외롭게 보내다.

7. 만종 (   )
   저녁때 절이나 수도원·교회 등에서 치는 종.
   ¶ 밀레의 ~은 평화로운 농촌의 모습을 잘 나타내고 있다.

8. 만추 (   )
   가을의 마지막 무렵. 늦가을.
   ¶ ~의 계절.

9. 대기만성 (   )
   크게 될 사람은 오랫동안 공적을 쌓아 늦게 이루어짐.
   ¶ 나는 ~형의 인물이다.

10. 만성 (   )
    급히 심해지지도 않으면서 쉽사리 낫지도 않는 병의 성질
    ¶ ~위장병으로 고생중이다.

11. 자만 (   )
    스스로 자랑하여 뽐내는 것.
    ¶ 한 번 우승하였다고 ~해서는 안 된다.

12. 만담 (   )
    재미있고 익살스럽게 세상이나 인정을 풍자하는 이야기.
    ¶ 그 남자는 ~를 잘한다.

13. 만필 (   )
    일정한 체계 없이 붓 가는 대로 글을 씀.
    ¶ 독서 ~.

14. 만화 (   )
    인물이나 동물, 또는 사물의 모습을 간결하고 생략된 선(線)으로 익살스럽게 그리거나 과장하여 나타낸 그림.
    ¶ ~를 보다.

15. 낭만 (   )
    현실에 만족하기보다 이상을 추구하고, 이성보다는 감정을 중시하며, 엄격함 대신에 사랑과 정겨움을 귀하게 여기는 심리 상태나 분위기.
    ¶ 꿈과 ~이 있던 학창 시절.

16. 산만 (   )
    질서나 통일성이 없이 어수선함.
    ¶ 구성이 ~한 소설이다.

17. 만용 (   )
    앞뒤 가리지 않고 무모하게 부리거나 내는 의욕이나 용기.
    ¶ ~을 부리다.

18. 만행 (   )
    야만스러운 행동.
    ¶ 북한의 ~을 규탄하다.

19. 남만 (   )
    사이(四夷)의 하나. 중국에서 자기 나라 남쪽 지방에 사는 미개한 족속들을 얕잡아 이르던 말.
    ¶ 제갈공명은 ~국의 왕을 칠종칠금했다.

20. 야만 (   )
    미개하여 문화가 뒤떨어진 상태.
    ¶ 하는 행동이 ~인이다.

21. 망중한 (   )
    바쁜 가운데의 잠깐 짜낸 한가한 틈.
    ¶ ~을 즐기다.

22. 공사다망 (   )
    공적·사적인 일로 굉장히 바쁨.
    ¶ ~한 가운데도 참석해 주셔서 감사합니다.

♣ 다음 낱말 풀이에 알맞은 한자(漢字)를 쓰시오.   ▶ 정답은 279쪽

1. 물망초 (　　　　　)
   지칫과의 다년초. 유럽 원산의 관상용 화초. 전체에 털이 많고 뿌리에서 잎이 모여남. 봄부터 여름에 걸쳐 흰색·자주색·남색의 꽃이 핌.
   ¶ '나를 잊지 마오'라는 꽃말을 지닌 ~.

2. 각골난망 (　　　　　)
   입은 은혜에 대한 고마움이 뼈에 깊이 사무치어 결코 잊히지 아니함.
   ¶ 그동안 보살펴 주신 은혜는 실로 ~입니다.

3. 배은망덕 (　　　　　)
   입은 은덕을 저버리고 배반함. 또는 그런 태도가 있음.
   ¶ 은혜를 모른다니, ~한 사람이군.

4. 망극 (　　　　　)
   임금이나 어버이의 은혜가 워낙 커서 갚을 길이 없음.
   ¶ 성은이 ~하옵니다.

5. 망측 (　　　　　)
   정상적인 상태에서 벗어나 너무나 어이가 없거나 차마 볼 수가 없음.
   ¶ 그런 ~한 차림으로 어디를 나가려고 하니?

6. 망막 (　　　　　)
   그지없이 넓음. 희미하여 또렷하지 아니함.
   ¶ 아버지의 갑작스런 죽음으로 생계가 ~하다.

7. 망망대해 (　　　　　)
   아득히 넓고 끝없이 펼쳐진 바다.
   ¶ ~에서 표류하다가 보름만에 구출되다.

8. 망연자실 (　　　　　)
   멍하니 정신을 잃음.
   ¶ 너무 큰 충격이라 한동안 ~실할 수밖에 없었다.

9. 매몰 (　　　　　)
   보이지 아니하게 파묻음.
   ¶ 건물의 붕괴로 인부들이 ~되다.

10. 매복 (　　　　　)
    몰래 숨어 있음. 적군을 기습하기 위하여 요긴한 곳에 숨어서 기다리는 일.
    ¶ ~하고 있던 경찰에 붙잡히다.

11. 매립 (　　　　　)
    흙이나 돌 등으로 메워 평평한 땅이 되게 돋우는 것.
    ¶ 하천 ~ 공사가 시작되다.

12. 암매장 (　　　　　)
    남몰래 장사 지냄.
    ¶ 범인이 사체를 ~하다.

13. 매체 (　　　　　)
    어떤 작용을 다른 곳으로 전하는 구실을 하는 물체.
    ¶ 음파의 ~가 되는 공기.

14. 촉매 (　　　　　)
    화학 반응에서, 자신은 결과적으로 아무런 반응이 일어나지 않으나 다른 물질의 반응을 촉진하거나 지연시키게 하는 물질. 또는 그렇게 하는 역할.
    ¶ ~작용을 하다.

15. 매개체 (　　　　　)
    매개의 구실을 하는 것.
    ¶ 질병 치료를 위한 새로운 ~를 개발하다.

16. 맥주 (　　　　　)
    보리의 엿기름 즙에 홉(hop)을 섞어 향기와 쓴맛이 나게 한 뒤에 효모균으로 발효시켜 만든 술.
    ¶ 독일 ~은 유명하다.

17. 소맥 (　　　　　)
    볏과의 1, 2년생 재배 식물. 높이는 1m가량이고 5월에 꽃이 핌. 페르시아 원산으로 세계 각지에서 재배하며, 열매는 빻아 밀가루를 만듦.
    ¶ 밀가루의 원료는 ~이다.

18. 면세 (　　　　　)
    세금을 면제함.
    ¶ ~품을 구입하다.

19. 면제 (　　　　　)
    책임이나 의무를 지우지 아니함.
    ¶ 병역을 ~하다.

20. 면죄 (　　　　　)
    죄를 면함.
    ¶ 중세 가톨릭은 ~부를 판매하기도 했다.

21. 면직 (　　　　　)
    일하던 자리에서 물러나게 함.
    ¶ 의원(依願)자리를 ~하다.

22. 면화 (　　　　　)
    재앙을 면함.
    ¶ ~하려면 하늘과 사람에게 부끄러움이 없어야 한다.

♣ 다음 낱말 풀이에 알맞은 한자(漢字)를 쓰시오.   ➡ 정답은 279쪽

1. 명복 (　　　　　)
   죽은 뒤 저승에서 받는 복.
   ¶ 고인(故人)의 ~을 빌다.

2. 명상 (　　　　　)
   고요히 눈을 감고 깊이 생각함. 또는 그 생각.
   ¶ ~에 잠기다.

3. 명왕성 (　　　　　)
   태양계의 가장 바깥쪽을 돌고 있는 행성. 1930년에 발견되었는데, 태양에서의 평균 거리는 약 59억 1000만km. 지름은 지구의 0.47배, 공전 주기는 248.5년이며, 평균 밝기는 15등급임.
   ¶ ~은 태양계에서 현재까지 알려진 가장 먼 별이다.

4. 모금 (　　　　　)
   기부금 따위를 모음.
   ¶ 불우 이웃 돕기 ~ 운동을 하다.

5. 모집 (　　　　　)
   조건에 맞는 사람이나 사물을 모음.
   ¶ 사원 ~ 광고를 내다.

6. 공모 (　　　　　)
   일반에게 널리 공개하여 모집함.
   ¶ 모니터를 ~하다.

7. 응모 (　　　　　)
   모집에 응함.
   ¶ 신춘문예에 ~하다.

8. 모춘 (　　　　　)
   늦봄. 만춘(晩春). 음력 삼월을 달리 이르는 말.
   ¶ ~이 되니 봄꽃이 피어선 지는구나!

9. 세모 (　　　　　)
   한 해의 마지막 때.
   ¶ 거리의 ~ 풍경.

10. 조령모개 (　　　　　)
    아침에 영을 내리고 저녁에 다시 고친다는 뜻으로 법령이나 명령이 자주 뒤바뀜을 이르는 말.
    ¶ 정치가 불안하니, ~로군!

11. 조삼모사 (　　　　　)
    송(宋)나라의 저공(狙公)이, 자신이 키우는 원숭이들에게 아침에 3개, 저녁에 4개씩 먹이를 주겠다고 하자 화를 내므로, 아침에 4개 저녁에 3개씩 주겠다고 하니 원숭이들이 기뻐하였다는 고사에서 나온말로 간사한 꾀로 남을 속여 농락함을 이르는 말.
    ¶ ~라지만 원숭이는 많은 걸 우선 받고 싶겠지.

12. 모국 (　　　　　)
    어떠한 나라.
    ¶ ~은 예전의 침략행위 정당화를 위해 독도를 자꾸 자기네 땅이라고 우긴다. 그 나라는 바로 일본이다.

13. 모씨 (　　　　　)
    아무개의 존칭.
    ¶ 김(金) ~.

14. 모종 (　　　　　)
    불확실하거나 밝히기 어려운 어떠한 종류.
    ¶ ~의 사건.

15. 모년 (　　　　　)
    어느 해. 아무 해.
    ¶ ~ 모월(某月) 모일(某日)에 태어나다.

16. 모처 (　　　　　)
    아무 곳. 어떤 곳.
    ¶ 지금 ~에서 비밀 회담이 열리고 있다.

17. 목욕 (　　　　　)
    머리를 감고 몸을 씻는다는 뜻으로 온몸을 씻음.
    ¶ ~을 하면서 한 주간의 피로를 풀다.

18. 목욕탕 (　　　　　)
    목욕할 수 있도록 설비를 갖추어 놓은 곳, 또는 그런 시설을 갖추어 놓고 영업을 하는 곳.
    ¶ 대중 ~.

19. 묘시 (　　　　　)
    십이시의 넷째 시. 상오 5시부터 7시까지의 동안.
    ¶ 나는 오시(午時)에 누나는 ~에 태어났다.

20. 기묘사화 (　　　　　)
    조선 중종 14(1519.기묘)년에 남곤(南袞)·심정(沈貞) 등의 수구파(守舊派)가 조광조(趙光祖)·김정(金淨) 등의 신진 도학자들을 죽이거나 귀양 보낸 사건.
    ¶ ~로 많은 선비들이 죽었다.

21. 묘당 (　　　　　)
    종묘(宗廟)와 명당(明堂)이라는 뜻으로 조정(朝廷).
    ¶ 조정인 ~에는 임금이 계신다.

22. 종묘 (　　　　　)
    조선 시대에, 역대 임금과 왕비의 위패를 모시던 왕실의 사당.
    ¶ ~은 유네스코 세계문화유산으로 지정되었다.

237

♣ 다음 낱말 풀이에 알맞은 한자(漢字)를 쓰시오.　　➡ 정답은 279쪽

1. 묘목　(　　　　　　　)
   옮겨 심기 위해 가꾼 어린나무. 모종을 할 어린 나무.
   ¶ 식목일 아침 ~을 심기 위해 뒷산으로 갔다.

2. 묘상　(　　　　　　　)
   모종을 키우는 자리. 모판.
   ¶ ~에 씨앗을 뿌리다.

3. 묘판　(　　　　　　　)
   못자리.
   ¶ ~에서 자란 벼를 가지고 모내기를 한다.

4. 육묘　(　　　　　　　)
   묘목이나 모를 기름, 또는 그 일.
   ¶ 시골에 계시는 큰아버지는 ~를 잘하신다.

5. 종묘　(　　　　　　　)
   식물의 씨나 싹을 심어 묘목을 가꿈, 또는 그 묘목.
   ¶ 우리 아저씨는 ~와 약재상을 함께 하셨다.

6. 무오사화　(　　　　　　　)
   조선 연산군 4(1498)년에, 유자광(柳子光) 등의 훈구파(勳舊派)가 김종직(金宗直)을 중심으로 한 사림파(士林派)에 대해 일으킨 사화.
   ¶ ~로 많은 사람이 죽어갔다.

7. 무산　(　　　　　　　)
   안개가 걷히듯 흩어져 사라짐.
   ¶ 모처럼의 계획이 ~되다.

8. 농무　(　　　　　　　)
   짙은 안개. 대무(大霧).
   ¶ ~로 시계(視界)가 가려지다.

9. 운무　(　　　　　　　)
   구름과 안개. 아주 의심스러운 일을 비유하여 이르는 말.
   ¶ ~가 걷히자 태양이 나타났다.

10. 오리무중　(　　　　　　　)
    5리에 걸친 깊은 안개 속이라는 뜻으로 어디에 있는지 찾을 길이 막연하거나, 갈피를 잡을 수 없음을 이르는 말.
    ¶ 범인의 행방이 ~이다.

11. 묵객　(　　　　　　　)
    글씨를 쓰거나 그림을 그리는 사람, 또는 시문에 능한 사람.
    ¶ 시인 ~의 발이 계속 이어다.

12. 묵수　(　　　　　　　)
    자기의 의견이나 주장을 굳게 지킴. 전통이나 관습을 굳게 지킴.
    ¶ 자기의 의견이나 주장을 굳게 지킴을 ~라 한다.

13. 묵향　(　　　　　　　)
    먹의 향기.
    ¶ 이 작품은 ~이 풍겨 나온다.

14. 수묵화　(　　　　　　　)
    화선지에 수묵으로 짙고 연한 효과를 내어 그린 그림.
    ¶ 그 분은 ~를 취미로 그리신다.

15. 미행　(　　　　　　　)
    남의 뒤를 몰래 따라감. 경찰관 등이 요시찰인이나 용의자의 뒤를 밟으며 그 행동을 감시함
    ¶ 범인을 ~ 중이다.

16. 말미　(　　　　　　　)
    끝 부분.
    ¶ 서류(書類)의 ~에 서명 날인하다.

17. 후미　(　　　　　　　)
    뒤쪽의 끝. 대열의 맨 끝.
    ¶ ~에서 자신의 차례를 기다리다.

18. 어두육미　(　　　　　　　)
    생선은 대가리 쪽이, 짐승은 꼬리 쪽이 맛이 좋다는 말.
    ¶ 생선과 육고기의 맛이 좋은 부위를 말할 때 ~라고 한다.

19. 미궁　(　　　　　　　)
    한번 들어가면 쉽게 빠져나올 길을 찾을 수 없게 된 곳.
    ¶ 수사가 ~에 빠지다.

20. 미아　(　　　　　　　)
    길을 잃고 헤매는 아이
    ¶ 행락 철에는 많은 ~가 발생한다.

21. 미혹　(　　　　　　　)
    마음이 흐려서 무엇에 홀림.
    ¶ 재물에 ~되다.

22. 미신　(　　　　　　　)
    종교적·과학적 관점에서 헛된 것으로 여기는 믿음.
    ¶ ~을 믿다.

♣ 다음 낱말 풀이에 알맞은 한자(漢字)를 쓰시오.　　　▶ 정답은 279쪽

1. 미간　(　　　　　　　)
두 눈썹 사이.
¶ ~을 찌푸리다.

2. 백미　(　　　　　　　)
여러 사람 중에서 가장 뛰어난 사람. 삼국지 촉지(蜀志) 마량전에 나오는 말로, 중국 촉한(蜀漢)의 마씨(馬氏) 집 다섯 형제가 모두 재주가 뛰어났으나, 그중에서도 눈썹에 흰 털이 섞인 마량(馬良)이 가장 뛰어났다는 고사에서 유래함.
¶ 현대시의 ~로 꼽을 만한 것들에는 어떤 것이 있을까?

3. 연민　(　　　　　　　)
불쌍하고 딱하게 여김.
¶ ~의 정을 느끼다.

4. 민연　(　　　　　　　)
딱함.
¶ 그 남매의 사정을 듣고 ~한 마음이 들었다.

5. 민감　(　　　　　　　)
감각이 예민함.
¶ 국제 정세에 ~하게 대처하다.

6. 민활　(　　　　　　　)
날쌔고 활발함.
¶ 그는 정말 ~한 사람이다.

7. 과민　(　　　　　　　)
지나치게 예민함.
¶ 신경이 ~하다.

8. 기민　(　　　　　　　)
눈치가 빠르고 동작이 날쌤.
¶ 행동이 ~한 사람이다.

9. 불민　(　　　　　　　)
기민(機敏)하지 못함. 어리석고 둔함.
¶ 제가 ~하여 큰 일을 그르치고 말았습니다.

10. 밀어　(　　　　　　　)
남녀간에 은밀히 나누는 달콤한 말.
¶ ~를 속삭이다.

11. 밀월　(　　　　　　　)
결혼 초의 즐겁고 달콤한 동안.
¶ ~여행을 떠나다.

12. 채밀　(　　　　　　　)
꿀을 뜸.
¶ 유채꽃이 질 무렵이면 유채꿀을 ~한다.

13. 민박　(　　　　　　　)
민가(民家)에 숙박함.
¶ 호텔에 방이 없어 ~을 하다.

14. 숙박　(　　　　　　　)
자기의 집을 떠난 사람이 남의 집 등에서 자고 머무름.
¶ 특급 호텔에서 ~하다.

15. 외박　(　　　　　　　)
자기 집이나 정해진 데가 아닌 곳에 나가서 잠.
¶ 하루가 멀다고 ~이니 부부 싸움이 잦은 것도 당연하지.

16. 정박　(　　　　　　　)
머무름.
¶ 잠시 바다에서 엔진을 끄고 ~하여 고장을 수리하다.

17. 담박　(　　　　　　　)
욕심이 없고 마음이 조촐함.
¶ ~한 성품이다.

18. 반군　(　　　　　　　)
반란을 일으킨 군대.
¶ ~이 소탕되다.

19. 반란　(　　　　　　　)
정부나 지배자에게 반항하여 내란을 일으킴.
¶ 무신의 ~으로 왕조가 무너지다.

20. 반역　(　　　　　　　)
배반하여 돌아섬.
¶ ~을 꾀하다.

21. 모반　(　　　　　　　)
자기 나라를 배반하고 남의 나라를 좇기를 꾀함.
¶ ~을 일으키다.

22. 배반　(　　　　　　　)
신의를 저버리고 돌아섬. 등지고 나섬.
¶ 친구를 ~하다.

23. 반석　(　　　　　　　)
넓고 편평한 바위. 너럭바위. 아주 믿음직스럽고 든든함을 비유하여 이르는 말.
¶ ~같은 국방 태세.

24. 기반　(　　　　　　　)
기초가 되는 지반. 기본이 되는 자리.
¶ ~을 다지다.

♣ 다음 낱말 풀이에 알맞은 한자(漢字)를 쓰시오.   ➡ 정답은 279쪽

1. 소반 (　　　　　)
   음식을 놓고 앉아서 먹는, 짧은 발이 달린 작은 상.
   ¶ 손님이 오시자 ~에 음식을 내어오다.

2. 암반 (　　　　　)
   땅속에 있는 큰 암석층(岩石層). 또는, 암석으로 이루어진 지반.
   ¶ 이 생수는 ~에서 나온 물이다.

3. 음반 (　　　　　)
   음성이나 음악 따위를 녹음한 소용돌이 모양의 원반.
   ¶ 제3집 ~을 내다.

4. 반납 (　　　　　)
   꾸거나 빌린 것을 도로 돌려줌.
   ¶ 대출한 책을 ~하다.

5. 반송 (　　　　　)
   도로 돌려보냄.
   ¶ 잘못 전해진 편지를 ~하다.

6. 반품 (　　　　　)
   사들인 물품 따위를 도로 돌려보냄. 또는 그러한 물품.
   ¶ 불량품을 ~하다.

7. 반환 (　　　　　)
   도로 돌려줌
   ¶ 영토를 ~하다.

8. 발군 (　　　　　)
   여럿 가운데서 특히 뛰어남.
   ¶ ~의 성적으로 합격하다.

9. 기발 (　　　　　)
   유달리 재치 있고 뛰어남.
   ¶ 착상(着想)이 ~하다.

10. 선발 (　　　　　)
    추려 뽑음.
    ¶ ~ 고사(考査)를 보다.

11. 해발 (　　　　　)
    바다의 평균 수면을 기준으로 하여 잰 어느 지점의 높이.
    ¶ ~ 35m에서 발견된 유물이다.

12. 발본색원 (　　　　　)
    폐단의 근본 원인을 아주 없앰
    ¶ 밀수(密輸)를 ~하다.

13. 방관 (　　　　　)
    나서서 돕거나 바로잡거나 상관하지 않고 그냥 내버려두는 것.
    ¶ 남의 불행을 보고도 못 본 척 ~하다.

14. 방증 (　　　　　)
    사실을 직접 증명할 수 있는 증거가 되지는 않지만, 주변의 상황 등을 밝힘으로써 간접적으로 그 증명하는 데에 구실을 해주는 증거.
    ¶ ~자료를 수집하다.

15. 방청객 (　　　　　)
    방청을 하는 사람.
    ¶ 공연을 보기 위해 많은 ~이 왔다.

16. 방약무인 (　　　　　)
    거리낌 없이 함부로 행동함.
    ¶ 남들이 뭐라건 ~으로 떠들어대다.

17. 모방 (　　　　　)
    본뜨거나 본받는 것.
    ¶ 타사(他社)의 것을 ~한 제품을 판매하다가 적발되다.

18. 방고 (　　　　　)
    옛 것을 본뜨는 것.
    ¶ 문장이나 서화 등은 ~된 작품이 많다.

19. 방년 (　　　　　)
    20세 전후의, 여자의 꽃다운 나이.
    ¶ ~ 19세이다.

20. 방명록 (　　　　　)
    행사장·식장·기념관 등에서, 방문하거나 참석한 사람의 이름을 적어 기념이 되도록 하기 위해 마련해 둔 공책.
    ¶ ~에 서명하다.

21. 유방백세 (　　　　　)
    꽃다운 이름이 후세에 길이 전함
    ¶ 열심히 공부하여 ~하고자 한다.

22. 녹음방초 (　　　　　)
    우거진 나무 그늘과 아름다운 풀. 여름철의 자연 경치를 가리키는 말.
    ¶ 음력으로 4월은 ~의 시기이다.

23. 연방 (　　　　　)
    자치권을 가진 다수의 국가가 공통의 정치 이념 아래에 결합하여 구성하는 국가.
    ¶ 미국은 ~국가이다.

♣ **다음 낱말 풀이에 알맞은 한자(漢字)를 쓰시오.**   ➡ 정답은 279쪽

1. 만방   (   )
   모든 나라.
   ¶ 국위를 세계 ~에 떨치다.

2. 맹방   (   )
   ①동맹을 맺은 나라. ②목적을 서로 같이하여 친선을 도모하는 나라.
   ¶ 중국과 북한은 한때 ~의 사이였다.

3. 우방   (   )
   서로 우호적인 관계를 맺고 있는 나라.
   ¶ 미국은 우리나라와 ~의 관계이다.

4. 이방인   (   )
   다른 나라 사람. 이국인. 외국인.
   ¶ ~ 취급은 하지마라.

5. 건배   (   )
   술잔을 여럿이 같이 들어 서로의 건강이나 발전, 행복 등을 빌면서 잔의 술을 다 마시는 것. 또는, 그 때에 다 함께 외치는 말.
   ¶ 무궁한 발전을 위해 다 같이 ~합시다.

6. 고배   (   )
   쓴 술이 든 잔이라는 뜻으로 실패나 패배의 쓰라린 경험을 비유적으로 이르는 말.
   ¶ 연습 부족으로 ~를 마시다.

7. 금배   (   )
   금으로 만든 잔.
   ¶ 임금님께서 상으로 ~를 내리셨다.

8. 축배   (   )
   모임에서, 어떤 일을 축하하는 뜻으로 마시는 술이나 그 술잔.
   ¶ 승리의 ~를 들다.

9. 동백   (   )
   동백나무의 열매.
   ¶ ~꽃이 피다.

10. 송백   (   )
    소나무와 잣나무.
    ¶ 날이 차가워진 다음에야 ~ 늦게 시듦을 안다.

11. 측백   (   )
    측백나뭇과의 상록 교목. 가지가 많으며, 잎은 작은 비늘 모양으로 다닥다닥 붙음. 4월에 꽃이 피고, 열매는 둥근 달걀꼴로 가을에 익음.
    ¶ 옛날에는 서고나 글방 앞에 ~나무를 심었다.

12. 번뇌   (   )
    마음이 시달려서 괴로운 것.
    ¶ 백팔~하다.

13. 번잡   (   )
    번거롭게 뒤섞여 어수선한 것.
    ¶ ~을 피하다.

14. 식소사번   (   )
    먹는 것(생기는 소득)은 적은데 하는 일은 많음.
    ¶ 가치가 있더라도 ~이면 대체로 인기가 없다.

15. 번안   (   )
    원작의 줄거리나 사건은 그대로 두고, 풍속·인명·지명 등을 자기 나라에 맞게 바꾸어 고치는 것.
    ¶ ~소설을 내다.

16. 번역   (   )
    어떤 글이나 문학 작품을 같은 뜻을 가지는 다른 나라의 언어로 바꾸어 옮기는 것.
    ¶ 소월(素月)의 시를 영문으로 ~하다.

17. 범람   (   )
    물이 넘쳐흐르는 것.
    ¶ 홍수로 한강물이 ~하다.

18. 범신론   (   )
    우주 만물은 신(神)의 형상이며, 신 그 자체라고 하는 이론이나 관념.
    ¶ 나는 무신론도 유일신론도 아닌 ~을 존중한다.

19. 변명   (   )
    ①사리를 분별하여 밝히는 것. ②잘못에 대해 그렇게 된 이러저러한 이유를 말하는 것.
    ¶ ~의 여지가 없다.

20. 변상   (   )
    빚을 갚는 것.
    ¶ 깨뜨린 유리값을 ~하다.

21. 변증   (   )
    변론으로써 어떤 사항을 논증하는 일.
    ¶ 이번 사건은 ~이 가능합니다.

22. 분변   (   )
    사물의 차이를 밝힘. 변별(辨別).
    ¶ 까마귀는 암수를 ~하기 힘들다.

23. 변별력   (   )
    변별하는 힘.
    ¶ 올해 입시문제는 ~을 가늠하기 어려웠다.

♣ 다음 낱말 풀이에 알맞은 한자(漢字)를 쓰시오. ▶ 정답은 279쪽

1. 병풍 (　　　　　　)
바람을 막거나 무엇을 가리기 위하여, 또는 장식용으로 방 안에 치는 물건.
¶ ~을 둘러치다.

2. 병립 (　　　　　　)
나란히 서는 것.
¶ ~하여 나가다.

3. 병설 (　　　　　　)
주된 기관이나 건물 등에 종속되는 기관이나 건물 등을 아울러 갖추거나 세우는 것.
¶ 대학에 부속 병원이 ~되다.

4. 병용 (　　　　　　)
아울러 같이 쓰는 것.
¶ 우리나라에서는 표기 수단으로 한글과 한자를 ~하고 있다.

5. 병행 (　　　　　　)
①나란히 함께 가는 것. ②두 가지 일을 한꺼번에 아울러서 행하는 것.
¶ 학업과 직장 생활을 ~하다.

6. 병렬 (　　　　　　)
나란히 늘어서는 것
¶ 다음 회로를 ~연결하시오.

7. 계보 (　　　　　　)
조상 때부터 내려오는 혈통과 집안 역사를 적은 책.
¶ 워즈워스는 낭만주의 ~에 속하는 시인이다.

8. 연보 (　　　　　　)
사람이 한평생 지낸 일을 연월순(年月順)으로 간략하게 적은 기록.
¶ 작가의 ~를 보다.

9. 악보 (　　　　　　)
음악의 곡조를 일정한 기호를 써서 기록한 것.
¶ ~를 보며 노래를 부르다.

10. 음보 (　　　　　　)
음악의 곡조를 일정한 기호를 써서 기록한 것. 악보.
¶ ~를 보다.

11. 족보 (　　　　　　)
한 족속의 계통과 혈통에 관하여 기록한 책.
¶ ~에 오르다.

12. 복채 (　　　　　　)
점을 친 대가로 점쟁이에게 주는 돈.
¶ ~를 내다.

13. 봉기 (　　　　　　)
통치 세력에 대항하여 벌떼처럼 떼지어 세차게 일어나는 것.
¶ 민중 ~를 유발하다.

14. 분봉 (　　　　　　)
벌통 속에 있는 꿀벌의 일부인 한 떼가 나뉘어 나와서 새로 벌떼를 이루는 현상.
¶ 사람에 의한 인공~이 가능하다.

15. 양봉 (　　　　　　)
꿀을 얻기 위하여 벌을 치는 것.
¶ ~업을 하다.

16. 여왕봉 (　　　　　　)
사회 생활을 하는 벌떼에서 산란 능력이 있는 암벌. 몸이 크며, 벌 사회의 우두머리임. 여왕벌.
¶ 그 여자는 모임에서 자신이 마치 ~인양 행동을 했다.

17. 봉선화 (　　　　　　)
봉선화과의 일년초. 여름에 분홍·빨강·주홍·보라·하양 등의 꽃이 핌. 봉숭아.
¶ 울밑에서 선 ~야 네 모습이...

18. 용미봉탕 (　　　　　　)
맛이 썩 좋은 음식을 비유하여 이르는 말.
¶ 아주 훌륭한 음식을 ~이라고 한다.

19. 부패 (　　　　　　)
썩음. 미생물의 작용으로 유기물, 특히 단백질이 악취를 내면서 분해되는 현상
¶ ~된 생선.

20. 두부 (　　　　　　)
콩으로 만든 음식의 한 가지. 물에 불린 콩을 매에 갈아 베자루에 넣고 짜서 익힌 다음 간수를 쳐서 엉기게 한 것.
¶ ~에는 식물성 단백질이 들어있다.

21. 부엽토 (　　　　　　)
낙엽 따위가 썩어서 된 흙.
¶ ~는 비료로 사용된다.

22. 절치부심 (　　　　　　)
몹시 분하여 이를 갈며 속을 썩임.
¶ 월왕 구천은 ~하며 복수를 위해 분발하였다.

♣ 다음 낱말 풀이에 알맞은 한자(漢字)를 쓰시오.   ➡ 정답은 279쪽

1. 피부 (　　　　　　)
   동물의 몸 표면을 싸고 있는 외피(外皮). 살가죽.
   ¶ ~가 참 곱다.

2. 피부병 (　　　　　　)
   피부에 생기는 모든 병을 통틀어 이르는 말.
   ¶ 봄철 황사로 ~이 유행이다.

3. 부임 (　　　　　　)
   임명을 받아 임지(任地)로 감.
   ¶ 새 직장으로 ~하다.

4. 부과 (　　　　　　)
   세금이나 물릴 돈을 매겨서 부담하게 함.
   ¶ 벌과금을 ~하다.

5. 부여 (　　　　　　)
   나누어 줌.
   ¶ 하늘이 ~한 재능을 함부로 사용하지 마라.

6. 부역 (　　　　　　)
   국가나 공공 단체가 국민에게 의무적으로 지우는 노역(勞役).
   ¶ 강제~에 동원되다.

7. 천부적 (　　　　　　)
   선천적으로 타고난 것.
   ¶ 그녀는 첼로에 ~인 소질이 있다.

8. 분묘 (　　　　　　)
   무덤.
   ¶ ~를 이장하다.

9. 고분 (　　　　　　)
   옛 무덤.
   ¶ ~발굴에 참여하다.

10. 봉분 (　　　　　　)
    흙을 둥글게 쌓아 무덤을 만듦. 또는 그 흙무더기.
    ¶ ~에 잡초가 무성하다.

11. 쌍분 (　　　　　　)
    합장하지 않고 나란히 쓴 부부의 두 무덤.
    ¶ 그 왕릉은 ~으로 만들어졌다.

12. 불소 (　　　　　　)
    할로겐 원소의 한 가지. 상온(常溫)에서는 특유한 냄새를 가진 황록색의 기체이며, 화합력이 강함. 충치의 예방을 위하여 수돗물이나 치약에 넣음.
    ¶ 수돗물에 ~를 넣자는 주장이 대두되고 있다.

13. 백만불 (　　　　　　)
    백만 달러.
    ¶ ~을 들여서 수입하다.

14. 불입 (　　　　　　)
    공과금이나 수업료·등록금 따위를 냄. 납부.
    ¶ 수업료를 ~하다.

15. 불하 (　　　　　　)
    국가나 공공 단체의 재산을 민간에 팔아 넘기는 일.
    ¶ 국유지를 ~하다.

16. 완불 (　　　　　　)
    남김없이 완전히 지불함.
    ¶ 공사비를 ~하다.

17. 지불 (　　　　　　)
    돈을 내어 줌. 값을 치름.
    ¶ 공사비를 ~하다.

18. 환불 (　　　　　　)
    요금 따위를 되돌려 줌.
    ¶ 물건을 반송하고 ~받다.

19. 붕당 (　　　　　　)
    뜻이 같은 사람끼리 모인 단체.
    ¶ ~ 정치가 변질되면서 ~ 간의 다툼은 권력의 장악에만 치중을 했다.

20. 붕우 (　　　　　　)
    서로 가까이 사귀는 사람. 친구.
    ¶ 벗, 친구, 친우, ~는 모두 의미가 같다.

21. 붕우유신 (　　　　　　)
    오륜(五倫)의 하나. 벗 사이의 도리는 믿음에 있음.
    ¶ 오륜 중에서 친구에 관한 말은 ~이다.

22. 붕괴 (　　　　　　)
    허물어져 무너짐.
    ¶ 건물이 ~되다.

23. 붕어 (　　　　　　)
    임금이 세상을 떠남.
    ¶ 고종 황제께서 ~하시다.

24. 빈객 (　　　　　　)
    귀한 손. 손님.
    ¶ ~으로 초대받다.

♣ 다음 낱말 풀이에 알맞은 한자(漢字)를 쓰시오.　　　▶ 정답은 279쪽

1. 국빈　(　　　　　　)
나라의 귀한 손으로 우대를 받는 외국 사람.
¶ ~ 대우를 받다.

2. 귀빈　(　　　　　　)
신분이 높은 손님.
¶ ~을 모시다.

3. 내빈　(　　　　　　)
초대를 받아 찾아온 손.
¶ ~ 접대를 소홀히 하다.

4. 외빈　(　　　　　　)
외부나 외국에서 온 귀한 손.
¶ ~을 응접실로 모시다.

5. 빈도　(　　　　　　)
어떤 일이 되풀이되어 일어나는 정도.
¶ 사고 발생의 ~가 높다.

6. 빈발　(　　　　　　)
자주 일어남.
¶ 교통사고가 ~하다.

7. 빈번　(　　　　　　)
일이 매우 잦음.
¶ 차량의 왕래가 ~하다.

8. 빙모　(　　　　　　)
아내의 친정어머니. 장모.
¶ ~께서 오셨다.

9. 빙례　(　　　　　　)
혼인의 의례.
¶ ~를 치르다.

10. 빙장　(　　　　　　)
장인(丈人)의 높임말.
¶ ~어른은 안녕하신지요?

11. 초빙　(　　　　　　)
예를 갖추어 남을 모셔 들임.
¶ 강사를 ~하다.

12. 유사　(　　　　　　)
서로가 비슷함.
¶ ~단체.

13. 사이비　(　　　　　　)
겉으로는 그것과 같아 보이나 실제로는 전혀 다르거나 아닌 것을 이르는 말.
¶ ~종교를 믿다.

14. 근사치　(　　　　　　)
그 수치에 충분히 가까운 수치.
¶ 문제를 보고 ~를 구하시오.

15. 비몽사몽　(　　　　　　)
꿈속 같기도 하고 생시(生時) 같기도 한 어렴풋한 상태.
¶ 춘향이는 옥중에서 ~에 이도령의 목소리를 들었다.

16. 사시　(　　　　　　)
십이시의 여섯째 시. 상오 9시부터 11시까지의 동안. 이십사시의 열한째 시. 상오 9시 30분부터 10시 30분까지의 동안.
¶ ~에 마을 앞 다리에서 만나자.

17. 을사조약　(　　　　　　)
1905년 11월에, 일본이 한국의 외교권을 빼앗기 위하여 강제로 맺은, 다섯 조문으로 된 조약. 을사보호조약.
¶ ~을 시작으로 일본은 조선을 간섭하기 시작했다.

18. 희사　(　　　　　　)
남을 위하여 즐거운 마음으로 재물을 내놓는 것.
¶ 장학금으로 거액을 ~하다.

19. 사사오입　(　　　　　　)
반올림의 구용어.
¶ 우리나라 비리선거로 얼룩진 것 중에 ~이 있다.

20. 취사선택　(　　　　　　)
쓸 것과 버릴 것을 가림.
¶ 모든 사람에게는 ~의 자유가 있다.

21. 사면　(　　　　　　)
비스듬한 면. 비탈진 면.
¶ 급~의 도로.

22. 사선　(　　　　　　)
비스듬하게 그은 줄.
¶ ~을 그으시오.

23. 사시　(　　　　　　)
안근(眼筋)의 이상으로, 한쪽 눈의 시선은 어떤 목표를 향하고 있는데, 다른 쪽 눈의 시선은 딴 방향을 향하는 것. 곁눈질로 흘겨봄.
¶ ~은 교정이 가능하다.

다음 낱말 풀이에 알맞은 한자(漢字)를 쓰시오.

➡ 정답은 279쪽

1. 사양 (　　　　　　　)
서쪽으로 기울어진 해. 시세의 변천으로 사라지거나 몰락해 가는 일을 비유하여 이르는 말.
¶ ~기술이다.

2. 경사 (　　　　　　　)
비스듬히 기울어짐, 또는 그 정도나 상태.
¶ ~가 지다.

3. 사계 (　　　　　　　)
이 방면의 사회. 이 분야.
¶ ~에서 이름난 사람.

4. 사문 (　　　　　　　)
① 유교에서, 유교의 도의 또는 그 문화를 이르는 말.
② 유학자(儒學者)를 높여 이르는 말.
¶ 우리 ~에서는 고문운동을 전개합니다.

5. 사족 (　　　　　　　)
화사첨족의 준말. 뱀을 그리는 데 발까지 그려 넣는다는 뜻으로 안 해도 될 쓸데없는 일을 덧붙여 하다가 도리어 일을 그르침을 이르는 말.
¶ ~을 붙이다.

6. 독사 (　　　　　　　)
이빨을 통하여 독액(毒液)을 분비하는 독샘을 가진 뱀을 통틀어 이르는 말.
¶ ~에게 물리다.

7. 장사진 (　　　　　　　)
많은 사람들이 줄을 지어 길게 늘어서 있는 모양을 이르는 말.
¶ ~을 이루다.

8. 용두사미 (　　　　　　　)
시작은 거창하나 뒤로 갈수록 흐지부지해짐을 비유하여 이르는 말.
¶ 그 계획은 ~로 끝났다.

9. 사약 (　　　　　　　)
임금이, 처형해야 할 왕족이나 중신(重臣)에게 먹고 죽을 약을 내림, 또는 그 약.
¶ ~을 내리다.

10. 사성 (　　　　　　　)
임금이 공신에게 성(姓)을 내려 주던 일, 또는 그 성.
¶ 귀화한 외국인에게 ~을 내리다.

11. 하사 (　　　　　　　)
왕이나 국가 원수 등이 아랫사람에게 금품을 줌.
¶ 단오날 왕이 중신들에게 부채를 ~하다

12. 후사 (　　　　　　　)
후하게 내려 줌.
¶ 잃어버린 강아지를 찾아주시면 ~하겠습니다.

13. 어사화 (　　　　　　　)
조선 시대에, 임금이 과거에 급제한 사람에게 내리던, 종이로 만든 꽃.
¶ 머리에는 ~요, 몸에는 앵삼(鶯衫)이라(烈女春香守節歌).

14. 사기 (　　　　　　　)
못된 목적으로 남을 속임. 남을 속여 착오에 빠지도록 하는 범죄 행위.
¶ ~죄로 구속되다.

15. 사칭 (　　　　　　　)
이름·직업·나이·주소 따위를 거짓으로 속여 말함.
¶ 그 남자는 자신을 공학 박사라고 ~하며 다녔다.

16. 삭감 (　　　　　　　)
깎아서 줄임.
¶ 예산을 ~하다.

17. 삭발 (　　　　　　　)
길렀던 머리를 박박 깎음. 출가함. 중이 됨.
¶ 그는 ~을 하고 산으로 들어갔다.

18. 삭제 (　　　　　　　)
깎아서 없앰. 지워 버림.
¶ 명단에서 이름을 ~하다.

19. 첨삭 (　　　　　　　)
보충하거나 삭제하여 고침..
¶ 한 자도 ~하지 않은 초고이다.

20. 삭탈관직 (　　　　　　　)
지난날, 죄를 지은 사람의 벼슬과 품계를 빼앗고 이름을 사판(仕版)에서 없애던 일.
¶ 그 가문은 ~으로 몰락했다.

21. 삭망 (　　　　　　　)
음력 초하루와 보름. 삭망전(朔望奠)의 준말.
¶ 태음월을 ~月이라고도 한다.

♣ 다음 낱말 풀이에 알맞은 한자(漢字)를 쓰시오.   ▶ 정답은 280쪽

1. 삭풍 (　　　　　)
   겨울철에 북쪽에서 불어오는 찬바람. 북풍(北風).
   ¶ ~은 나무 끝에 불고 명월은 눈 속에 찬데….

2. 만삭 (　　　　　)
   아이를 낳을 달이 참.
   ¶ ~의 몸으로 직장에 나가다.

3. 산성 (　　　　　)
   산의 성질, 또는 어떤 물질이 산의 성질을 띠고 있는 일. 신맛이 남.
   ¶ ~을 띤 용액.

4. 산소 (　　　　　)
   맛·냄새·빛깔이 없는 기체 원소.
   ¶ ~가 있어야 호흡할 수 있다.

5. 탄산 (　　　　　)
   이산화탄소가 물에 녹아서 생기는 약한 산.
   ¶ ~음료를 마시다.

6. 위산 (　　　　　)
   위액 속에 들어 있는 산성 물질. 염산이나 젖산임.
   ¶ ~과다.

7. 황산 (　　　　　)
   무기산의 한 가지. 무색무취의 끈끈한 액체로, 질산 다음으로 산성이 강함.
   ¶ ~을 다룰 때는 조심해야 한다.

8. 상환 (　　　　　)
   빚을 갚음.
   ¶ 사채(私債)를 ~하다.

9. 보상 (　　　　　)
   남에게 진 빚이나 받은 물건을 갚음.
   ¶ A씨는 10년 전에 진 빚의 3배를 ~해야 했다.

10. 유상 (　　　　　)
    보상이 있는 것. 값이나 삯을 받는 일.
    ¶ ~ 원조를 받다.

11. 감가상각 (　　　　　)
    토지를 제외한 고정 자산에 생기는 가치의 소모를 각 회계 연도에 할당해서 계산하여, 그 자산 가격을 감(減)해 가는 일.
    ¶ 경영에서는 ~를 항상 고려해야 한다.

12. 미상불 (　　　　　)
    아닌 게 아니라 과연.
    ¶ 경치가 ~ 절경이로다.

13. 부상 (　　　　　)
    동쪽 바다의 해가 뜨는 곳에 있다고 하는 신령스러운 나무, 또는 그것이 있다는 곳.
    ¶ ~의 반대편에는 함지(咸池)라고 한다.

14. 상전벽해 (　　　　　)
    뽕밭이 변하여 푸른 바다가 된다는 뜻으로 세상 일이 덧없이 바뀜을 이르는 말.
    ¶ ~라더니 몰라보게 달라진 고향의 모습은 낯설기만 했다.

15. 상운 (　　　　　)
    상서로운 구름.
    ¶ 그가 태어나던 날 ~이 그 집안을 드리웠다고 한다.

16. 발상지 (　　　　　)
    나라를 세운 임금이 태어난 땅. 역사적인 일 따위가 처음으로 일어난 곳.
    ¶ 이곳이 인류 문명의 ~이다.

17. 불상사 (　　　　　)
    상서롭지 못한 일. 좋지 아니한 일.
    ¶ ~가 일어나다.

18. 요새 (　　　　　)
    국방상 중요한 지점에 마련해 놓은 군사적 방어 시설. 차지하기 어렵게 되어 있는 대상이나 목표.
    ¶ ~를 점령하다.

19. 궁색 (　　　　　)
    아주 가난함.
    ¶ ~한 집안 형편으로 대학에 진학을 하지 못했다.

20. 어색 (　　　　　)
    서먹서먹함. 멋쩍고 쑥스러움.
    ¶ ~한 자리.

21. 새옹지마 (　　　　　)
    인생의 길흉화복은 항상 바뀌어 미리 헤아릴 수가 없다는 말.
    ¶ 인간만사 ~로다.

22. 서무 (　　　　　)
    어떤 특정한 이름을 붙일 수 없는 여러 가지 일반적인 사무, 또는 그런 일을 맡아보는 사람.
    ¶ ~실로 발령을 받다.

23. 서민 (　　　　　)
    일반 국민. 귀족이나 상류층이 아닌 보통 사람.
    ¶ 물가의 상승으로 ~은 살기가 어렵다.

♣ 다음 낱말 풀이에 알맞은 한자(漢字)를 쓰시오.   ➡ 정답은 280쪽

1. 서자 (　　　　　)
   첩에게서 태어난 아들.
   ¶ 홍길동은 ~로 태어났다.

2. 서출 (　　　　　)
   첩의 소생.
   ¶ ~은 관직에 나가기가 어려웠다.

3. 서술 (　　　　　)
   어떤 사실을 차례를 좇아 말하거나 적음.
   ¶ 사실을 상세히 ~하다.

4. 추서 (　　　　　)
   죽은 뒤에 관작을 내리거나 품계를 높여 줌.
   ¶ 할아버지는 사후 10년 만에 영의정으로 ~되었다.

5. 서사시 (　　　　　)
   국가나 민족의 역사적 사건에 얽힌 신화나 전설 또는 영웅의 사적 등을 서사적으로 읊은 장시(長詩).
   ¶ 이규보가 지은 동명왕편은 영웅~이다.

6. 자서전 (　　　　　)
   자기가 쓴 자기의 전기.
   ¶ 김선생님은 요즘 ~를 쓰고 계시다.

7. 대서 (　　　　　)
   이십사절기의 하나. 소서(小暑)와 입추(立秋) 사이로, 양력 7월 24일경. 이 무렵이 가장 덥다고 함.
   ¶ ~가 지나자 더위가 한풀 꺾였다.

8. 처서 (　　　　　)
   이십사절기의 하나. 입추(立秋)와 백로(白露) 사이로, 8월 23일경. 이 무렵부터 여름 더위가 가시기 시작한다고 함.
   ¶ ~에 비가 오면 흉년이 든다는 속담이 있다.

9. 폭서 (　　　　　)
   갑작스러운 된더위. 매우 심한 더위
   ¶ 인도지역에서는 ~로 많은 사람이 죽었다.

10. 피서지 (　　　　　)
    피서하기에 알맞은 지역. 또는, 피서하고 있는 곳.
    ¶ ~를 물색 중이다.

11. 석일 (　　　　　)
    오래된 지난날.
    ¶ ~에 한 약속을 잊지는 않았겠지….

12. 석자 (　　　　　)
    옛날에.
    ¶ ~에 우리 선조는 이 지방에서 큰 세력을 이루었다.

13. 분석 (　　　　　)
    복합된 사물을 그 요소나 성질에 따라서 가르는 일.
    ¶ 원인을 ~하다.

14. 해석 (　　　　　)
    사물을 자세히 풀어서 이론적으로 연구함
    ¶ ~하다.

15. 선방 (　　　　　)
    참선하는 방.
    ¶ 큰스님은 지금 ~에 계시다.

16. 선사 (　　　　　)
    중의 높임말. 선종의 법리에 통달한 중.
    ¶ ~께서는 지금 기도 중이십니다.

17. 선종 (　　　　　)
    불교의 한 종파. 참선을 통해 불도를 터득하려는 종파로서, 6세기 초에 달마 대사가 중국에 전함.
    ¶ 우리나라에는 교종과 더불어 ~이 크게 성한 나라이다.

18. 좌선 (　　　　　)
    불교에서, 가부좌(跏趺坐)를 하고 조용히 앉아서 선정(禪定)으로 들어감. 또는 그렇게 하는 수행.
    ¶ ~을 하다.

19. 참선 (　　　　　)
    좌선(坐禪)하여 불도(佛道)를 닦는 일.
    ¶ ~에 들어가다.

20. 섭외 (　　　　　)
    외부와 연락·교섭하는 일.
    ¶ ~활동을 하다.

21. 간섭 (　　　　　)
    남의 일에 참견함.
    ¶ 이번 일에 ~하지 마세요!

22. 교섭 (　　　　　)
    어떤 일을 이루기 위하여 상대편과 의논함. 관계를 가짐.
    ¶ 현재 그 일을 ~중에 있다.

23. 소명 (　　　　　)
    임금이 신하를 부르는 명령.
    ¶ ~을 받고 이 자리에 왔습니다.

24. 소집 (　　　　　)
    불러 모음.
    ¶ 간부 ~ 회의를 하다.

♣ 다음 낱말 풀이에 알맞은 한자(漢字)를 쓰시오.   ▶ 정답은 280쪽

1. 소환　(　　　　　)
불러들임.
¶ 대사(大使)를 본국으로 ~하다.

2. 원화소복　(　　　　　)
화를 물리치고 복을 불러들임.
¶ 착한 일을 하면 ~은 되지.

3. 소상　(　　　　　)
분명하고 상세함.
¶ ~하게 아뢰다.

4. 소각　(　　　　　)
태워 버림.
¶ 쓰레기를 ~하다.

5. 소사　(　　　　　)
불에 타 죽음.
¶ 그 남자는 지난밤 ~되었다.

6. 소주　(　　　　　)
곡류를 발효시켜 증류하거나, 알코올을 물로 희석하여 만든 술.
¶ ~는 서민의 사랑을 많이 받는 술이다.

7. 소실　(　　　　　)
불에 타서 없어짐, 또는 타서 잃음.
¶ 귀중한 문화재가 ~되다.

8. 전소　(　　　　　)
모조리 불탐.
¶ 건물이 ~되다.

9. 소외　(　　　　　)
주위에서 꺼리며 따돌림. 꺼리며 멀리함.
¶ 가족으로부터 ~되다.

10. 소원　(　　　　　)
친분이 가깝지 못하고 멂.
¶ 작은 오해 때문에 오랜 친구와 ~하게 지내고 있다.

11. 소홀　(　　　　　)
데면데면하고 허술함.
¶ 경비가 ~하다.

12. 소채　(　　　　　)
밭에 가꾸어 먹는 푸성귀. 남새. 야채. 채소.
¶ ~를 직접 가꾸어 먹다.

13. 채소　(　　　　　)
뿌리나 잎·줄기, 또는 열매를 먹기 위해 밭에서 기르는 초본식물.
¶ ~에는 많은 비타민이 들어 있다.

14. 소동　(　　　　　)
여럿이 떠들어 댐. 여럿이 소란을 피움.
¶ ~을 일으키다.

15. 소란　(　　　　　)
시끄럽고 어수선함.
¶ 밖이 ~하다.

16. 소음　(　　　　　)
시끄러운 소리.
¶ 거리의 ~이 심하다.

17. 소객　(　　　　　)
시인과 문사(文士).
¶ 이 곳은 ~의 발길이 잦다.

18. 속미　(　　　　　)
①조의 열매를 찧은 쌀. ②작고 좀스러운 사람이나 물건의 비유.
¶ ~같은 사람.

19. 창해일속　(　　　　　)
큰 바다에 던져진 한 알의 좁쌀이란 뜻으로 매우 작음 또는 보잘것없는 존재를 비유하여 이르는 말.
¶ 우리네 인간의 존재란 ~과 같은 게지.

20. 송사　(　　　　　)
소송(訴訟)하는 일.
¶ 집안끼리 ~가 일어나다

21. 소송　(　　　　　)
법원에 재판을 청구하는 일, 또는 그 절차.
¶ ~중이다.

22. 쟁송　(　　　　　)
송사로 서로 다툼.
¶ 이웃 간에 ~을 하다.

23. 송독　(　　　　　)
외워 읽음. 소리내어 읽음.
¶ 논어를 ~하다.

24. 낭송　(　　　　　)
소리 내어 읽음.
¶ 자작시(自作詩)를 ~하다.

♣ 다음 낱말 풀이에 알맞은 한자(漢字)를 쓰시오.   ▶ 정답은 280쪽

1. 암송 (　　　　　　)
적은 것을 보지 않고 입으로 욈.
¶ 소월(素月)의 시 여러 편을 ~하다.

2. 애송 (　　　　　　)
즐겨 읊거나 외거나 노래 부름.
¶ 김소월의 시를 ~하다.

3. 쇄국 (　　　　　　)
외국과의 교통이나 무역을 막음.
¶ 흥선 대원군은 ~정책을 폈다.

4. 봉쇄 (　　　　　　)
사람이나 물건이 드나들지 못하도록 막음.
¶ 출입구를 ~하다.

5. 연쇄 (　　　　　　)
물건과 물건을 이어 매는 사슬, 또는 사슬처럼 이어져 있는 것.
¶ ~ 강도 사건이 일어나다.

6. 폐쇄 (　　　　　　)
출입을 못하도록 입구를 막음.
¶ 출입구를 ~하다.

7. 수의 (　　　　　　)
죄수가 입는 옷.
¶ ~를 입고 법정에 서다.

8. 수인 (　　　　　　)
옥에 갇힌 사람. 죄수.
¶ 죄를 지어 ~ 되다.

9. 죄수 (　　　　　　)
죄를 저지르고 옥에 갇힌 사람.
¶ ~이 되다.

10. 사형수 (　　　　　　)
사형 선고를 받은 죄수.
¶ ~로 판결을 받다.

11. 수면 (　　　　　　)
잠을 잠, 또는 잠.
¶ 충분한 ~을 취하다.

12. 오수 (　　　　　　)
낮잠.
¶ ~를 즐기다.

13. 혼수 (　　　　　　)
정신없이 혼혼히 잠듦. 의식이 없어짐.
¶ ~상태에 빠지다.

14. 수행 (　　　　　　)
일을 계획한 대로 해냄.
¶ 직무를 ~하다.

15. 미수 (　　　　　　)
아직 이루지 못함. 범죄에 착수하여 행위를 끝내지 못했거나 결과가 발생하지 않은 일.
¶ ~에 그치다.

16. 완수 (　　　　　　)
모두 이루거나 다함.
¶ 임무를 ~하다.

17. 모수자천 (　　　　　　)
자기가 자기를 추천하는 일.
¶ 모수라는 사람이 자기를 추천한 고사에서 ~이라는 말이 생겨났다.

18. 수하 (　　　　　　)
누구.
¶ ~를 막론하고 출입을 금함.

19. 필수 (　　　　　　)
반드시 있어야 하는 것. 꼭 필요한 것.
¶ ~ 조건이다.

20. 순환 (　　　　　　)
한차례 돌아서 다시 먼저의 자리로 돌아옴, 또는 그것을 되풀이함.
¶ 동해 ~ 열차가 곧 출발한다.

21. 순차 (　　　　　　)
차례를 좇음.
¶ ~적으로 해결해야 한다.

22. 모순 (　　　　　　)
말이나 행동의 앞뒤가 서로 맞지 않음.
¶ 너의 말에는 ~이 많다.

23. 순교 (　　　　　　)
종교를 위하여 목숨을 바침.
¶ 천주교 박해로 많은 신자들이 ~했다.

24. 순국 (　　　　　　)
나라를 위해 목숨을 바침.
¶ ~선열을 위해 다함께 묵념합시다.

♣ 다음 낱말 풀이에 알맞은 한자(漢字)를 쓰시오.   ▶ 정답은 280쪽

1. 순사 (　　　　　)
나라를 위해 스스로 목숨을 버림.
¶ ~한 애국 지사.

2. 순장 (　　　　　)
고대 국가에서, 왕이나 귀족이 죽었을 때, 신하나 종 등을 함께 매장하던 일.
¶ ~으로 많은 사람들이 죽어갔다.

3. 순직 (　　　　　)
직무를 다하다가 목숨을 잃음.
¶ 화재현장에서 ~한 소방관이 무려 10명이나 된다.

4. 순음 (　　　　　)
자음의 한 갈래. 두 입술 사이에서 내는 소리. ㅂ·ㅃ·ㅍ·ㅁ 따위의 입술소리.
¶ 입시울 소리를 ~이라 한다.

5. 순경음 (　　　　　)
입술을 가볍게 스쳐 나오는 소리로, ㅁ·ㅂ·ㅍ·ㅃ에 ㅇ을 더하여 만든 글자 ㅱ·ㅸ·ㆄ·ㅹ의 소리를 이름.
¶ ㅱ·ㅸ·ㆄ·ㅹ의 소리를 ~이라고 한다.

6. 순망치한 (　　　　　)
입술이 없으면 이가 시리다는 뜻으로 이해관계가 서로 밀접하여 한쪽이 망하면 다른 한쪽도 보전하기 어려움을 비유하여 이르는 말.
¶ ~은 입술이 없으면 이가 시리다는 뜻이다.

7. 술시 (　　　　　)
십이지의 열한째 시. 하오 7시부터 9시까지의 동안.
¶ 酉時(유시) 다음이 ~다.

8. 습기 (　　　　　)
축축한 기운.
¶ 계속되는 장마로 방에 ~가 많이 차 있다.

9. 습도 (　　　　　)
공기 중에 수증기가 포함되어 있는 정도, 또는 그것을 나타내는 양.
¶ ~가 낮다.

10. 습식 (　　　　　)
무엇을 만들거나 무슨 처리를 하는 데 있어 용제(溶劑)·용매(溶媒)·물 따위의 액체를 사용하는 방식.
¶ ~ 제련법.

11. 습지 (　　　　　)
습기가 많은 땅.
¶ 이곳은 ~이다.

12. 승두지리 (　　　　　)
되나 말로 될 만한, 또는 파리 대가리만 한 이익이라는 뜻으로 대수롭지 않은 이익을 이르는 말.
¶ ~를 보려고 그런 일을 하니!

13. 궁시 (　　　　　)
활과 화살.
¶ 무기인 활과 화살을 ~라고 한다.

14. 신장 (　　　　　)
늘어나고 펼쳐짐, 또는 늘이고 펼침.
¶ 국력이 ~되다.

15. 신축 (　　　　　)
늘고 줆. 늘이고 줄임.
¶ ~성이 뛰어난 섬유이다.

16. 굴신 (　　　　　)
굽힘과 폄.
¶ 너무 얼어맞아서 몸을 ~하지 못하겠다.

17. 추신 (　　　　　)
주로 편지 글에서, 사연을 다 쓰고 덧붙이는 말을 쓸 때 추가하여 말한다는 뜻으로 덧붙이는 글의 머리에 쓰는 말.
¶ 본문을 ~하다.

18. 신성 (　　　　　)
샛별.
¶ ~이 보인다.

19. 혼정신성 (　　　　　)
저녁에 이부자리를 보고 아침에 자리를 돌아본다는 뜻으로 자식이 아침저녁으로 부모의 안부를 물어서 살핌을 이름.
¶ ~으로 부모님을 모시다.

20. 신고 (　　　　　)
어려움에 처하여 몹시 애씀, 또는 그 고통이나 고생.
¶ ~를 겪다.

21. 신승 (　　　　　)
경기 따위에서 가까스로 이김.
¶ 69대 68로 ~을 거두다.

22. 향신료 (　　　　　)
음식물에 매운맛이나 향기를 더하는 조미료.
¶ ~을 너무 많이 넣은 것 같다.

♣ 다음 낱말 풀이에 알맞은 한자(漢字)를 쓰시오.   ▶ 정답은 280쪽

1. 천신만고 (   )
   마음과 몸을 온 가지로 수고롭게 하고 애씀.
   ¶ ~ 끝에 뜻을 이루다.

2. 심방 (   )
   방문하여 찾아봄.
   ¶ ~을 가다.

3. 추심 (   )
   챙겨서 찾아 가지거나 받아 냄.
   ¶ 묵은 빚을 ~하다.

4. 아성 (   )
   성곽의 중심부. 큰 조직이나 단체 등의 중심되는 곳을 비유하여 이르는 말.
   ¶ 보수 세력의 ~을 무너뜨리다.

5. 치아 (   )
   사람의 이를 높이어 이르는 말.
   ¶ 영감님, ~가 아주 좋으십니다.

6. 상아탑 (   )
   ①속세를 떠나 조용히 예술을 사랑하는 태도나, 현실 도피적인 학구 태도를 이르는 말. ②대학 또는 대학의 연구실 따위를 달리 이르는 말.
   ¶ ~에 묻혀 공허한 관념에 매달리는 학자들.

7. 맥아 (   )
   보리에 물을 부어 싹을 내어서 말린 것으로 엿이나 식혜 등을 만드는 데 쓰임.
   ¶ ~를 넣어 엿을 만들다.

8. 발아 (   )
   풀이나 나무에서 싹이 틈. 씨앗이나 포자가 활동을 시작하여 새 식물체가 껍데기를 찢고 나오는 현상.
   ¶ 온도가 잘 맞으니 씨앗들이 ~중이다.

9. 아귀 (   )
   전생에 지은 죄로 아귀도(餓鬼道)에 태어난 귀신. 염치없이 먹을 것이나 탐내는 사람을 욕으로 이르는 말.
   ¶ 먹는 모습이 꼭 ~같다.

10. 기아 (   )
    굶주림.
    ¶ ~에 허덕이다.

11. 아사지경 (   )
    오랫동안 굶어서 죽게 된 형편.
    ¶ ~에 놓인 난민들에게 구호 물품을 보냅시다.

12. 산악 (   )
    육지 가운데 다른 곳보다 두드러지게 솟아 있는 높고 험한 부분. 산(山).
    ¶ ~훈련에 참여하다.

13. 관악산 (   )
    서울 관악구 신림동과 경기 안양·과천의 경계에 있는 산.
    ¶ 평일에도 ~에는 많은 사람들이 모여든다.

14. 안서 (   )
    한나라의 사신 소무(蘇武)가 흉노족에게 붙잡혀 있을 당시 기러기의 다리에 편지를 매어 한나라로 보냈다는 고사에서 나옴. 먼 곳에 소식을 전하는 편지.
    ¶ ~를 보내다.

15. 안항 (   )
    남의 형제를 높여 이르는 말. 안항.
    ¶ ~이 몇 분이신지요?

16. 알현 (   )
    지체 높은 사람을 찾아 뵘.
    ¶ 왕을 ~하다.

17. 배알 (   )
    지체 높은 분을 만나 뵘.
    ¶ 왕을 ~하다

18. 알성급제 (   )
    알성과(謁聖科)에 합격함, 또는 그 사람.
    ¶ 김판서는 임금을 모신 과거장에서 ~를 했었다.

19. 앙화 (   )
    지은 죄의 갚음으로 받는 온갖 재앙.
    ¶ 나쁜 짓을 하더니 ~를 받는군.

20. 재앙 (   )
    천변지이(天變地異) 따위로 말미암은 불행한 변고.
    ¶ 올해는 홍수로 인한 ~을 피해야 할텐데….

21. 생애 (   )
    이 세상에 살아 있는 동안. 한평생.
    ¶ ~에서 결코 잊을 수 없는 일.

22. 천애 (   )
    하늘의 끝. 아득히 멀리 떨어진 낯선 곳.
    ¶ ~의 고아인 네가 이렇게 성공을 하다니 꿈만 같다.

♣ 다음 낱말 풀이에 알맞은 한자(漢字)를 쓰시오.　　➡ 정답은 280쪽

1. 액운　(　　　　　)
   재난을 당할 운수.
   ¶ ~을 당하다.

2. 재액　(　　　　　)
   재앙으로 입은 화(禍).
   ¶ 하늘이 ~을 내리다.

3. 횡액　(　　　　　)
   뜻밖에 당하게 되는 재액.
   ¶ 먹고살 걱정 마시고 영문에서 ~만 아니 당할 도리를 하시오.

4. 급기야　(　　　　　)
   필경에는. 마침내.
   ¶ ~ 두 사람은 헤어지고 말았다.

5. 독야청청　(　　　　　)
   홀로 푸르다는 뜻으로 홀로 높은 절개를 지켜 늘 변함이 없음을 비유하여 이르는 말.
   ¶ 백설이 만건곤할 제 ~하리라.

6. 언즉시야　(　　　　　)
   말이 사리에 맞음.
   ¶ 그의 말을 들으니 ~라 더 이상 탓할 수도 없었다.

7. 야소교　(　　　　　)
   기독교. 하나님을 천지 만물을 창조한 유일신으로, 그리스도를 이 세상의 구세주로 믿으며, 그의 신앙과 사랑을 따르는 것을 목적으로 함.
   ¶ ~를 믿다.

8. 유야무야　(　　　　　)
   있는 듯 없는 듯 흐지부지함.
   ¶ 사건이 ~로 처리되다.

9. 양류　(　　　　　)
   버들을 통틀어 이르는 말. 버드나무.
   ¶ 봄기운이 완연하자 ~에 물이 오르다.

10. 양귀비　(　　　　　)
    열매는 둥근데 덜 익었을 때 상처를 내어 받은 즙액으로 아편을 만듦.
    ¶ ~를 가정에서 재배하는 것을 법으로 금하고 있다.

11. 어중간　(　　　　　)
    어중간은 거의 중간이 되는 데라는 뜻으로 사물의 정도가 아주 모자라는 것도 아니고 아주 넘치는 것도 아니어서 어떻게 하기가 어려움. 또는, 대상의 상태가 이것도 아니고 저것도 아니어서 어떻게 하기가 어렵다는 뜻.
    ¶ ~ 공부하려면 아예 그만두는 편이 낫다.

12. 어차피　(　　　　　)
    어차어피에의 준말.
    ¶ ~ 갈 것이라면 당장 가거라.

13. 심지어　(　　　　　)
    심하게는. 심하다 못해 나중에는.
    ¶ ~ 남을 중상모략까지 하다.

14. 종언　(　　　　　)
    일생이 끝남. 죽음.
    ¶ 파란만장한 삶도 ~을 고하였다.

15. 어언간　(　　　　　)
    어느덧. 어느 사이. 어언지간.
    ¶ ~ 10년이 지났다.

16. 언감생심　(　　　　　)
    어찌 감히 그런 마음을 먹을 수 있으랴는 뜻으로 쓰이는 말.
    ¶ 막내까지 대학 공부를 시킨다는 것은 ~이지.

17. 여의도　(　　　　　)
    서울 영등포구 여의도동에 딸린 한강의 하중도(河中島).
    ¶ ~에 공원이 조성되다.

18. 여망　(　　　　　)
    여러 사람이 기대함, 또는 그런 기대.
    ¶ 국민의 ~을 한 몸에 지다

19. 상여　(　　　　　)
    시체를 묘지까지 나르는 제구.
    ¶ ~가 나가다.

20. 여지도　(　　　　　)
    종합적인 내용을 담은 일반 지도.
    ¶ 고산자 김정호의 대동(大東)~.

21. 여론조사　(　　　　　)
    국가나 사회의 여러 가지 문제에 대한 대중(大衆)의 의견이나 경향 등에 대한 통계 조사
    ¶ ~에 참여하다.

22. 검역　(　　　　　)
    선박·항공기·차량 및 그 승객·승무원·짐 등에 대하여, 전염병의 유무를 검사하고 소독하는 일.
    ¶ ~작업 중이다.

♣ 다음 낱말 풀이에 알맞은 한자(漢字)를 쓰시오.　　▶ 정답은 280쪽

1. 면역　(　　　　　　　)
사람이나 동물의 몸 안에 병원균이나 독소가 침입해도 발병하지 않을 정도의 저항력을 가지는 일.
¶ ~이 생기다.

2. 방역　(　　　　　　　)
전염병의 발생·침입·전염 따위를 막음. 또는 그것을 위해 마련하는 조처.
¶ 여름철 ~ 대책을 세우다.

3. 홍역　(　　　　　　　)
장여과성 병원체에 의하여 발병하는 급성의 발진 전염병. 봄철에 유아에 전염되며 평생 면역이 됨.
¶ ~을 앓다.

4. 연미복　(　　　　　　　)
검은 모직물로 지은 남자용의 서양식 예복. 저고리의 뒷자락이 제비 꼬리처럼 길게 갈라져 있음.
¶ 파티에 ~을 입고 참석하다.

5. 연상　(　　　　　　　)
벼루 따위의 문방구를 놓아두는 작은 책상.
¶ ~위에 지필묵을 놓아두다.

6. 지필연묵　(　　　　　　　)
종이·붓·벼루·먹의 네 가지를 아울러 이르는 말.
¶ 그이 서재에는 ~이 늘 준비되어 있다.

7. 염증　(　　　　　　　)
세균이나 그 밖의 어떤 원인으로 인하여 몸의 어떤 부분이 붉어지면서 붓고, 열이나 통증, 기능 장애 따위를 일으키는 일.
¶ 몸에 ~이 생기다.

8. 간염　(　　　　　　　)
간장에 염증을 일으키는 병을 통틀어 이르는 말.
¶ ~에 걸리다.

9. 뇌염　(　　　　　　　)
바이러스·세균 등의 감염이나 물리적·화학적 자극에 의한 뇌의 염증을 통틀어 이르는 말.
¶ ~이 발견되다.

10. 폐렴　(　　　　　　　)
폐렴균의 침입으로 일어나는 폐장의 염증.
¶ ~에 걸리다.

11. 폭염　(　　　　　　　)
갑작스러운 된더위. 매우 심한 더위.
¶ ~으로 많은 사람들이 죽어갔다.

12. 염분　(　　　　　　　)
물질 속에 들어 있는 소금 성분. 소금기.
¶ ~의 농도가 짙다.

13. 오상고절　(　　　　　　　)
서릿발이 심한 속에서도 굴하지 아니하고 외로이 지키는 절개라는 뜻으로, 국화를 지칭함.
¶ ~은 너 뿐인가 하노라.

14. 염소　(　　　　　　　)
황록색의 자극적인 냄새를 가진 기체 원소. 원소 기호 Cl, 원자 번호 17, 원자량 35.453. 표백제·소독제 외에 의약·염료의 제조에 씀.
¶ ~계 표백제이다.

15. 염전　(　　　　　　　)
바닷물을 끌어들여 소금을 얻기 위하여 논처럼 만든 곳.
¶ 간척지 개발로 많은 ~이 사라지고 있다.

16. 식염수　(　　　　　　　)
식염을 탄 물. 소금물.
¶ ~를 사용해 세척하다.

17. 배영　(　　　　　　　)
수영법의 한 가지. 위를 향해 반듯이 누워서 치는 헤엄.
¶ 그는 ~을 잘한다.

18. 수영　(　　　　　　　)
헤엄.
¶ 국가 대표~ 선수에 뽑히다.

19. 유영　(　　　　　　　)
헤엄치며 놂.
¶ ~하다.

20. 평영　(　　　　　　　)
수영법의 한 가지. 엎드린 자세로 두 팔을 수평으로 원을 그리듯이 움직이고, 다리는 개구리처럼 오므렸다 폈다 하며 헤엄침. 개구리헤엄.
¶ ~ 실력이 대단하군.

21. 혼영　(　　　　　　　)
경영(競泳)의 한 가지. 200m 개인 혼영과 400m 개인 혼영이 있는데, 접영·배영·평영·자유형의 차례로 각각 50m 및 100m씩 헤엄침.
¶ ~에서 금메달을 따다.

♣ 다음 낱말 풀이에 알맞은 한자(漢字)를 쓰시오.   ▶ 정답은 280쪽

1. 영물 (　　　　　)
한시체(漢詩體)의 한 가지. 새·짐승·초목 또는 자연 그 자체를 주제로 하여 시를 짓는 일, 또는 그 시.
¶ 자연물을 주체로 지은 ~시가 있다.

2. 예각 (　　　　　)
직각보다 작은 각.
¶ 다음 문제를 보고 ~을 구하시오.

3. 예리 (　　　　　)
날카롭다.
¶ ~한 칼이다.

4. 예민 (　　　　　)
감각이 날카롭다.
¶ 신경이 ~하다.

5. 신예 (　　　　　)
그 분야에 새로 나타나서 만만찮은 실력이나 기세를 보이는 일, 또는 그런 존재.
¶ 탁구계의 ~이다.

6. 정예 (　　　　　)
재기가 발랄하고 뛰어남. 여러 사람 가운데서 골라 뽑은, 뛰어난 사람. 특히, 골라 뽑은 날래고 용맹스러운 군사를 이름.
¶ 소수 ~부대이다.

7. 오기 (　　　　　)
힘이 달리면서도 남에게 지기 싫어하는 마음.
¶ ~를 부리다.

8. 오만 (　　　　　)
젠체하며 남을 업신여기는 태도가 있음. 거만(倨慢).
¶ ~한 태도를 보이다.

9. 오등 (　　　　　)
우리들. 아배(我輩).
¶ ~은 자에 아(我) 조선의 독립국임과 조선인의 자주민임을 선언하노라.

10. 오비삼척 (　　　　　)
내 코가 석 자라는 뜻으로 내 사정이 급하여 남을 돌볼 겨를이 없음을 이르는 말.
¶ ~이라서 남의 사정을 돌볼 겨를이 없었다.

11. 오호통재 (　　　　　)
옛 글에서 한문 투의 감탄어로 쓰여, 아아! 슬프고 원통하다의 뜻을 나타내는 말.
¶ ~라! 국운(國運)이 바야흐로 풍전등화(風前燈火)에 처하였구나!

12. 오락 (　　　　　)
놀이·게임·노래·춤 등으로 즐겁게 노는 일.
¶ 기다리던 ~시간이다.

13. 오락실 (　　　　　)
오락에 필요한 시설이 되어 있는 방.
¶ 전자 ~에 오랫동안 있지는 마라.

14. 오명 (　　　　　)
더러워진 이름이나 명예.
¶ 매국노의 ~을 씻다

15. 오물 (　　　　　)
더럽고 지저분한 물건.
¶ ~을 치우다.

16. 오욕 (　　　　　)
명예를 더럽혀 욕되게 하는 것.
¶ ~을 씻다.

17. 오점 (　　　　　)
더러운 얼룩이라는 뜻으로 어떤 사람의 삶이나 업적 등을 명예스럽지 못하게 하는 흠.
¶ 뇌물 사건은 그 정치가에게 씻을 수 없는 ~을 남겼다.

18. 오염 (　　　　　)
좋지 않은 물질에 섞이거나 영향을 받아 더러워지거나 훼손되는 것.
¶ 대기 ~이 심하다.

19. 벽오동 (　　　　　)
벽오동과의 낙엽 활엽 교목. 높이 15m 정도, 껍질은 녹색이며, 여름에 연한 황색의 꽃이 피고, 콩 비슷한 열매가 가을에 익음
¶ 이곳에서는 ~이 잘 자라는구나.

20. 옹주 (　　　　　)
임금의 후궁(後宮)에게서 난 왕녀. 조선 중기 이전의 왕의 서녀(庶女) 및 세자빈 이외의 며느리.
¶ ~가 태어나다.

21. 노옹 (　　　　　)
늙은 남자.
¶ 백발의 ~이 돼서 만나다니….

22. 부도옹 (　　　　　)
아무렇게나 굴려도 오뚝 일어나는 어린아이들의 장난감. 오뚝이.
¶ ~을 가지고 놀다.

♣ 다음 낱말 풀이에 알맞은 한자(漢字)를 쓰시오.   ▶ 정답은 280쪽

1. 와가   (   )
   지붕을 기와로 인 집.
   ¶ ~에서 살다.

2. 와옥   (   )
   기와집.
   ¶ ~을 새로 짓다.

3. 와당   (   )
   기와의 마구리.
   ¶ 경주에서는 신라시대 만들어진 ~이 많이 발견되었다.

4. 와해   (   )
   조직이나 기능 따위가 무너져 흩어짐.
   ¶ 보수 연합 세력이 ~되다

5. 청와대   (   )
   서울 종로구에 있는 대한민국 대통령의 관저.
   ¶ ~를 일반인에게 개방하다.

6. 와룡   (   )
   누운 용. 초야(草野)에 묻혀 있는 큰 인물.
   ¶ 모두들 그를 ~이라 생각한다.

7. 와병   (   )
   병으로 자리에 누움. 병을 앓음.
   ¶ 어머니께서 ~중이시다.

8. 완급   (   )
   일의 급함과 급하지 않음.
   ¶ ~을 가려 일을 처리하다.

9. 완만   (   )
   느릿느릿함. 급하지 않음.
   ¶ 일을 ~히 처리하다.

10. 완충   (   )
    급박한 충격이나 충돌을 중간에서 완화시킴.
    ¶ ~ 작용을 하다.

11. 완행   (   )
    느리게 감. 완행열차의 준말.
    ¶ ~을 타고 고향으로 간다.

12. 완화   (   )
    긴장되거나 엄중하거나 격심한 것 따위를 풀어서 느슨하게 하거나 편하게 함.
    ¶ 각종 행정 규제를 ~하다.

13. 왈가왈부   (   )
    옳다거니 그르다거니 하고 말함.
    ¶ 공연히 남의 일에 ~하지 마라 .

14. 외경   (   )
    공경하고 두려워하는 것.
    ¶ 생명에 대한 ~심(心)을 갖다.

15. 외우   (   )
    가장 아끼고 존경하는 벗.
    ¶ 영철이는 나의 ~이다.

16. 경외심   (   )
    공경하면서 두려워하는 마음.
    ¶ 선생님께 ~을 갖다.

17. 요동   (   )
    벗어나거나 달아나거나 저항하려고 몸을 마구 틀거나 움직이는 것.
    ¶ 다리가 묶인 돼지가 ~을 치다

18. 동요   (   )
    움직이고 흔들림. 불안한 상태에 빠짐.
    ¶ 풍랑에 배가 심하게 ~되었다.

19. 요지부동   (   )
    흔들어도 조금도 움직이지 않음.
    ¶ 누가 뭐라 해도 그의 결심은 ~이다.

20. 요대   (   )
    허리에 둘러매는 띠. 허리띠.
    ¶ ~를 하다.

21. 요절   (   )
    너무 우스워 허리가 끊어질 듯한 것.
    ¶ ~복통하다.

22. 요통   (   )
    요부·둔부에 느끼는 통증.
    ¶ ~을 느끼다.

23. 요원   (   )
    공간적으로 까마득히 멀다.
    ¶ ~한 미래의 일이다.

24. 용렬   (   )
    변변하지 못하고 졸렬함.
    ¶ 사내 녀석이 하는 짓마다 어찌 그리 ~하냐?

255

♣ 다음 낱말 풀이에 알맞은 한자(漢字)를 쓰시오.   ➡ 정답은 280쪽

1. 중용 (   )
   어느 쪽으로나 치우침이 없이 온당한 일, 또는 지나치거나 모자람이 없이 알맞은 일.
   ¶ ~의 도(道)를 지키다.

2. 우선 (   )
   무엇을 하기에 앞서 먼저.
   ¶ ~ 점심부터 먹자.

3. 우금 (   )
   지금까지. 이제까지.
   ¶ 고향을 떠난 지 ~ 20년이 되었다.

4. 일신우일신 (   )
   날로 새롭고 또 새로움.
   ¶ ~하도록 하라.

5. 우심 (   )
   더욱 심함.
   ¶ ~하다.

6. 우모 (   )
   깃과 털. 새의 깃에 붙어 있는 털. 깃털.
   ¶ 가을이 되자 새의 ~이 빠지기 시작한다.

7. 우서 (   )
   중국에서 급한 소식을 전할 때 새의 깃을 꽂아 보낸 데서 군사상 급히 전하는 격문. 우격.
   ¶ ~를 보내다.

8. 우조 (   )
   국악에서, 오음의 하나인 우성(羽聲)의 곡조.
   ¶ 궁조, 상조, 각조, 치조, ~를 국악에서 오음이라 한다.

9. 우화등선 (   )
   사람이 신선이 되어 하늘로 올라감을 이르는 말.
   ¶ ~하려는 것이 도인들의 바람이다.

10. 운운 (   )
    이러쿵저러쿵하면서 말하는 것. 이러쿵저러쿵 말함.
    ¶ 과거지사는 더 이상 ~하지 맙시다.

11. 운위 (   )
    입에 올려 말하는 것.
    ¶ 발등에 불이 떨어졌는데, 한가하게 철학이나 이념을 ~ 하고 있을 때가 아니다.

12. 위선 (   )
    겉으로만 착한 체함, 또는 겉치레로 보이는 선행.
    ¶ ~적인 행동은 이제 그만 두어라.

13. 위조 (   )
    가짜를 만듦.
    ¶ 여권을 ~하다.

14. 위증 (   )
    거짓 증거, 또는 거짓으로 증명함. 법원에서, 증인이 허위 진술을 함.
    ¶ ~을 해서는 안 된다.

15. 진위 (   )
    참과 거짓.
    ¶ ~를 밝히다.

16. 허위 (   )
    거짓.
    ¶ ~ 보도를 하다.

17. 위벽 (   )
    위를 이루고 있는 벽.
    ¶ 술을 많이 드셔서 ~이 많이 헐었습니다.

18. 위염 (   )
    위 점막에 생기는 염증성 질환을 통틀어 이르는 말.
    ¶ ~으로 고생하다.

19. 위장 (   )
    위와 창자. 배.
    ¶ ~이 탈나다.

20. 위도 (   )
    지구 위의 위치를 나타내는 좌표의 한 가지.
    ¶ 양극(兩極)에 가까워질수록 고~라고 하고, 적도에 가까워질수록 저~라고 한다.

21. 경위 (   )
    피륙의 날과 씨. 일이 전개되어 온 과정.
    ¶ 사건의 ~를 알아보다.

22. 북위 (   )
    적도 이북의 위도.
    ¶ 우리 나라는 ~ 365'에 위치해 있다.

♣ 다음 낱말 풀이에 알맞은 한자(漢字)를 쓰시오.   ➡ 정답은 280쪽

1. 위반 (　　　　　)
어기거나 지키지 아니함. 위배.
¶ 전세 계약을 ~하다.

2. 위배 (　　　　　)
법령·명령·약속 등을 어기거나 지키지 않는 것.
¶ 법에 ~되다.

3. 위법 (　　　　　)
법을 위반함.
¶ ~행위를 하다.

4. 위약 (　　　　　)
약속을 어기는 것. 계약으로 정한 의무를 이행하지 않는 것.
¶ ~금을 물다.

5. 위헌 (　　　　　)
어떤 법률이나 명령 등의 내용이나 절차 따위가 헌법 규정을 어김.
¶ ~판결을 받다.

6. 유물론 (　　　　　)
정신이나 마음의 실재성(實在性)을 부인하고, 물질적 원리의 근원성·독자성만을 주장하는 철학의 이론 또는 그 입장.
¶ ~은 소크라테스, 플라톤 이후, 더욱이 중세에 이르러 쇠퇴하였으나 근세에 이르자 F.베이컨, P.가생디를 선구자로 18세기의 영국과 프랑스에서 각각 독자적으로 발전되었다..

7. 유심론 (　　　　　)
정신이 궁극적인 참 실재라고 하는 존재론·세계관의 입장.
¶ ~의 대표적인 예는 헤겔 철학이다.

8. 유일무이 (　　　　　)
둘이 아니고 오직 하나뿐이라는 뜻으로 유일(唯一)의 힘줌말.
¶ ~의 존재이다.

9. 유독 (　　　　　)
홀로. 오직 홀로.
¶ 다 찬성인데 ~ 너만 반대냐

10. 사유 (　　　　　)
논리적으로 생각함.
¶ 인간은 ~하는 동물이다.

11. 윤년 (　　　　　)
윤일이나 윤달이 든 해. 태양력에서는 4년마다 2월을 29일로, 태음력에서는 5년에 두 번의 비율로 1년을 13개월로 함.
¶ 나는 ~에 태어났다.

12. 음미 (　　　　　)
시가(詩歌)를 읊조리며 그 깊은 뜻을 맛봄.
¶ 시를 ~하다.

13. 음유시인 (　　　　　)
중세에, 프랑스를 중심으로 한 유럽 각지에서 봉건 제후의 궁정을 찾아다니면서 스스로 지은 시를 낭송하던 시인.
¶ 독일에서는 ~을 '미네젱거'라고 한다.

14. 음풍농월 (　　　　　)
시 따위로 자연을 노래하며 놂.
¶ 산수와 전원에 묻혀 ~로 세월을 보내다.

15. 음란 (　　　　　)
음탕하고 난잡함.
¶ ~한 생활을 하다.

16. 음담 (　　　　　)
음탕한 이야기.
¶ 노래 가사가 ~하다.

17. 읍소 (　　　　　)
울며 간절히 호소하는 것.
¶ ~하면서 자신의 처지를 말했다.

18. 감읍 (　　　　　)
감격(감동)하여 욺.
¶ 은혜에 ~하다.

19. 의당 (　　　　　)
마땅히. 으레.
¶ ~ 그래야 될 일이지.

20. 시의 (　　　　　)
그때의 사정에 알맞음.
¶ ~에 적합한 정책.

21. 편의 (　　　　　)
생활하거나 일하는 데 조건이 편하고 좋은 것.
¶ ~를 제공하다.

♣ 다음 낱말 풀이에 알맞은 한자(漢字)를 쓰시오.   ➡ 정답은 281쪽

1. 만사휴의 (   )
모든 일이 헛수고로 돌아감을 이르는 말.
¶ 하늘이 나를 버렸다고 했으니, 바로 ~로다.

2. 동이 (   )
사이(四夷)의 하나. 동쪽 오랑캐라는 뜻으로, 지난날 중국에서 그들의 동쪽에 사는 이민족을 얕잡아 이르던 말.
¶ 우리나라를 비롯한 일본, 만주 등을 ~이라 불렀다.

3. 박이부정 (   )
많은 것을 알고 있으나 정밀하지 못함.
¶ ~하기도 어려운 일이다.

4. 인척 (   )
혈연관계가 없으나 혼인으로 맺어진 친족.
¶ 회사의 주요 임직은 사주(社主)의 ~들이 완전히 장악하고 있다.

5. 혼인 (   )
장가들고 시집가는 일, 곧 남녀가 부부가 되는 일. 결혼.
¶ ~을 하다.

6. 임금 (   )
노동의 대가로 받는 보수.
¶ ~을 받다.

7. 임대 (   )
임금을 받고 자기 물건을 상대편에게 사용·수익하게 하는 일.
¶ 사무실을 ~하다.

8. 임차 (   )
삯을 내고 물건을 빌림.
¶ 은행돈을 빌려 사무실을 ~하였다.

9. 무임 (   )
삯돈을 내지 않음.
¶ ~ 승차하다.

10. 운임 (   )
운반이나 운송·운수한 보수로 받거나 무는 삯.
¶ 화물 ~을 지불하다.

11. 자객 (   )
사람을 몰래 찔러 죽이는 사람.
¶ ~을 보내 조상의 원수를 갚으려 하다.

12. 자상 (   )
날카로운 기물에 찔린 상처.
¶ 팔에 ~이 있다.

13. 난자 (   )
칼이나 창 따위로 부위를 가리지 않고 마구 찌름.
¶ 누군가에 의해 ~당한 사체가 발견되다.

14. 수라 (   )
임금에게 올리는 밥을 높여 이르던 말.
¶ ~상을 차리다.

15. 자행 (   )
방자하게 행동함, 또는 그 행동.
¶ 파렴치한 짓을 ~하다.

16. 방자 (   )
꺼리거나 삼가는 태도가 보이지 않고 교만스럽다. 자방하다.
¶ 어른 앞에서 ~하구나.

17. 자의적 (   )
제멋대로 하는 것.
¶ 법조문을 ~적으로 해석하다.

18. 자색 (   )
짙은 남빛에 붉은빛을 띤 빛. 자줏빛.
¶ ~의 옷을 입고 나타나다.

19. 자주 (   )
자줏빛. 짙은 남빛에 붉은빛을 띤 빛.
¶ ~색 옷이 참 잘 어울린다.

20. 자외선 (   )
파장이 가시광선보다 짧고 엑스선보다 긴, 눈에 보이지 않는 복사선(輻射線).
¶ ~을 직접 쏘이는 것은 피부에 좋지 않다.

21. 산자수명 (   )
산수의 경치가 썩 아름다움.
¶ 우리나라 자연 경치는 ~이라는 말에 걸맞다.

22. 자웅 (   )
암컷과 수컷. 이김과 짐.
¶ ~을 겨루다.

23. 작위 (   )
오등작(五等爵)에 속하는 벼슬, 또는 그 지위.
¶ ~를 받다.

♣ 다음 낱말 풀이에 알맞은 한자(漢字)를 쓰시오.　　➡ 정답은 281쪽

1. 작록　(　　　　　　　)
   벼슬과 녹봉.
   ¶ 아버지가 돌아가신지 10년 만에 ~을 회복받았다.

2. 공작　(　　　　　　　)
   오등작(五等爵)의 첫째 작위.
   ¶ 오늘의 파티에 ~의 따님이 참석했다.

3. 고관대작　(　　　　　　　)
   높고 큰 벼슬 자리, 또는 그 벼슬아치.
   ¶ ~의 모임이다.

4. 대작　(　　　　　　　)
   서로 마주하여 술을 마심.
   ¶ 아버지는 삼촌과 ~중이다.

5. 정상참작　(　　　　　　　)
   범죄의 정상에 참작할 만한 이유가 있을 때, 법관의 작량에 의하여 그 형을 감경하는 일.
   ¶ ~으로 형량이 가벼워지다.

6. 잠농　(　　　　　　　)
   누에 농사. 잠작(蠶作).
   ¶ ~을 업으로 삼다.

7. 잠식　(　　　　　　　)
   조금씩 침노하여 먹어 들어감.
   ¶ ~해 가다.

8. 잠실　(　　　　　　　)
   누에를 치는 방.
   ¶ 서울 ~에는 송파나루가 있었다.

9. 잠업　(　　　　　　　)
   양잠업의 준말.
   ¶ ~으로 생계를 유지하다.

10. 양잠　(　　　　　　　)
    누에를 치는 것.
    ¶ ~ 농가에 세제 혜택을 주다.

11. 장벽　(　　　　　　　)
    담장과 벽.
    ¶ ~이 가로놓이다.

12. 장내　(　　　　　　　)
    담장 안.
    ¶ ~로 야구공이 떨어지다.

13. 노류장화　(　　　　　　　)
    아무나 쉽게 꺾을 수 있는 길가의 버들과 울타리에 핀 꽃이라는 뜻으로 창녀(娼女)를 빗대어 이르는 말.
    ¶ ~의 삶을 살다.

14. 쾌재　(　　　　　　　)
    통쾌한 일, 또는 통쾌하다고 하는 말.
    ¶ ~를 부르다.

15. 애재　(　　　　　　　)
    슬프도다의 뜻.
    ¶ 오호(鳴呼) ~라

16. 연적　(　　　　　　　)
    벼룻물을 담는 조그만 그릇.
    ¶ 서재에는 벼루와 함께 늘 ~이 준비되어 있다.

17. 여적난　(　　　　　　　)
    신문·잡지 따위에서, 여록(餘錄)이나 가십 등을 싣기 위하여 마련한 지면.
    ¶ ~란에 글을 쓰다.

18. 접영　(　　　　　　　)
    수영 방법의 한 가지. 두 팔을 뒤에서 앞으로 크게 휘둘러 물을 끌어당기고, 두 다리로 동시에 물을 차며 나아감.
    ¶ ~선수로 뽑히다.

19. 호접　(　　　　　　　)
    나비목(目)의 곤충을 통틀어 이르는 말.
    ¶ 신사임당은 ~그리기를 즐겼다.

20. 정정　(　　　　　　　)
    잘못을 고쳐 바로잡음. 특히, 글이나 글자의 틀린 곳을 바로잡는 것.
    ¶ ~판(版)을 내다.

21. 교정　(　　　　　　　)
    출판물의 잘못된 글자 또는 글귀를 바르게 고치는 것.
    ¶ 원고 ~을 하다.

22. 수정　(　　　　　　　)
    서적 따위의 내용의 잘못을 바로잡음.
    ¶ 초판의 오류를 ~하다

23. 개정판　(　　　　　　　)
    전에 출판한 책의 내용을 개정하여 다시 낸 책.
    ¶ ~을 내다.

♣ 다음 낱말 풀이에 알맞은 한자(漢字)를 쓰시오.   ▶ 정답은 281쪽

1. 제방 (　　　　　　　)
하천·호수의 범람, 바닷물의 침입을 막기 위해 하안·호안·해안을 따라 축조하는 토석·콘크리트 등의 구축물. 둑.
¶ ~을 쌓다.

2. 방조제 (　　　　　　　)
해일 따위를 막기 위하여 해안에 쌓은 둑.
¶ ~가 무너지다.

3. 방파제 (　　　　　　　)
파도를 막아 항구 안의 수면을 잔잔하게 유지하기 위해 바다에 쌓은 둑.
¶ ~를 다시 쌓다.

4. 조기 (　　　　　　　)
조의(弔意)를 나타내기 위하여 검은 선(線)으로 일정한 표시를 한 기.
¶ 현충일에 ~를 달다.

5. 조문 (　　　　　　　)
슬퍼하는 뜻을 드러내며 상주(喪主)를 위문함.
¶ ~을 가다.

6. 조종 (　　　　　　　)
죽은 이를 애도하는 뜻으로 치는 종.
¶ 식민주의의 ~이 울리다.

7. 조화 (　　　　　　　)
조상(弔喪)하는 뜻으로 바치는 꽃.
¶ ~를 드리다.

8. 경조 (　　　　　　　)
경사스런 일과 궂은일. 경사를 축하하고 궂은일을 위문하는 일.
¶ ~사(事)가 겹치다.

9. 건조 (　　　　　　　)
습기나 물기가 없는 마른 상태.
¶ 공기가 ~하다.

10. 조세 (　　　　　　　)
국가나 지방 자치 단체가 필요한 경비를 마련하기 위하여 국민으로부터 강제로 거두어들이는 돈.
¶ ~를 거두다.

11. 조차 (　　　　　　　)
특별한 합의에 따라 어떤 나라가 다른 나라의 영토의 일부를 일정 기간 빌리어 자국의 통치 아래에 두는 일.
¶ 아편전쟁 후 세계 열강은 중국 영토의 일부에 대해 ~권을 갖게 되었다.

12. 졸고 (　　　　　　　)
남 앞에서 자기의 원고를 겸손하게 이르는 말.
¶ ~를 읽어주셔서 감사합니다.

13. 졸렬 (　　　　　　　)
서투르고 보잘것없음. 정도가 낮고 나쁨.
¶ ~한 방법을 쓰다니….

14. 졸속 (　　　　　　　)
지나치게 서둘러 함으로써 그 결과나 성과가 바람직하지 못함을 이르는 말.
¶ ~속 행정의 결과이다.

15. 졸전 (　　　　　　　)
보잘것없거나 서투른 전투 또는 시합.
¶ ~을 벌이다

16. 치졸 (　　　　　　　)
유치하고 졸렬함.
¶ ~한 방법을 쓰지 마라.

17. 좌랑 (　　　　　　　)
고려 시대, 육부(六部)의 정오품 벼슬. 조선 시대, 육조(六曹)의 정육품 벼슬.
¶ 벼슬이 ~에 오르다.

18. 좌평 (　　　　　　　)
백제 때, 십육품 관계(官階)의 첫째 등급.
¶ ~에 오르다.

19. 보좌 (　　　　　　　)
윗사람 곁에서 사무를 도움.
¶ 장관을 ~하다.

20. 주가 (　　　　　　　)
주식(株式)의 값.
¶ ~가 오르다.

21. 주식 (　　　　　　　)
주식회사의 자본을 이루는 단위.
¶ ~을 사다.

22. 방주 (　　　　　　　)
네모난 모양의 배.
¶ 노아가 ~를 만들었다는 기록이 성경에 나온다.

♣ 다음 낱말 풀이에 알맞은 한자(漢字)를 쓰시오. ➡ 정답은 281쪽

1. 각주구검 (　　　　　)
   배의 밖으로 칼을 떨어뜨린 사람이, 후에 찾기 위해 배가 움직이는 것도 생각하지 않고 뱃전에 표시를 해 두었다는 고사에서 나온 말로 시세의 변천도 모르고, 낡은 것만 고집하는 어리석음을 비유한 말.
   ¶ 수주대토(守株待兔)와 같은 뜻의 성어는 ~이다.

2. 일엽편주 (　　　　　)
   한 척의 조각배.
   ¶ 휘영청 달밝은 밤에 ~에 몸을 싣고 유람하고 싶다.

3. 준수 (　　　　　)
   재주와 슬기가 남달리 뛰어남. 풍채가 썩 빼어남.
   ¶ 용모가 ~한 청년이다.

4. 준재 (　　　　　)
   아주 뛰어난 재주, 또는 그런 재주를 가진 사람.
   ¶ 사람들은 그를 ~라 생각한다.

5. 영준 (　　　　　)
   재능이 남보다 특별히 뛰어남.
   ¶ 그의 피아노 실력은 ~하다.

6. 준법 (　　　　　)
   법령을 지킴. 법을 따름.
   ¶ ~정신이 투철하다.

7. 준수 (　　　　　)
   그대로 좇아서 지킴.
   ¶ 법을 ~하다.

8. 준거 (　　　　　)
   전례나 명령 따위에 의거(依據)함.
   ¶ ~할 만한 선례(先例)가 없다.

9. 중재 (　　　　　)
   서로 다투는 사이에 들어 화해를 붙임.
   ¶ ~를 맡다.

10. 중개 (　　　　　)
    제삼자의 처지로, 둘 이상의 당사자 사이에 들어 어떤 일을 주선함.
    ¶ 부동산 ~업을 하다.

11. 중추절 (　　　　　)
    한가위.
    ¶ ~에는 많은 사람들이 고향을 찾아간다.

12. 백중지세 (　　　　　)
    서로 우열을 가리기 힘든 형세.
    ¶ 현재 양팀의 역대 전적은 2승2패로 ~다.

13. 기증 (　　　　　)
    물품 따위를 선물로 보내 줌.
    ¶ 모교에 책을 ~하다.

14. 증여 (　　　　　)
    선사하여 주는 것. 재산을 무상(無償)으로 타인에게 양도(讓渡)하여 주는 행위.
    ¶ ~세를 내다.

15. 추증 (　　　　　)
    ①종2품 이상의 벼슬아치의 죽은 부(父)·조부·증조부에게 관위(官位)를 내리는 것. ②나라에 공로가 있는 벼슬아치가 죽은 뒤에 벼슬을 높여 주는 것.
    ¶ ~되다.

16. 지금 (　　　　　)
    바로 이 시간. 현재.
    ¶ ~은 정각 두 시다.

17. 단지 (　　　　　)
    다만. 한갓.
    ¶ ~ 그의 말을 듣고만 있을 뿐이다.

18. 지엽 (　　　　　)
    가지와 잎. 본체에서 갈라져 나간 중요하지 않은 부분.
    ¶ ~적인 문제이다.

19. 금지옥엽 (　　　　　)
    금으로 된 가지와 옥으로 된 잎이라는 뜻으로 ①임금의 가족을 높여 이르는 말. ②귀여운 자손을 이르는 말.
    ¶ 그는 손이 귀한 집안에서 태어나 ~으로 자랐다.

20. 지각 (　　　　　)
    정해진 시각보다 늦음.
    ¶ 회사에 ~하다.

21. 지연 (　　　　　)
    오래 걸려 늦추어짐.
    ¶ 열차가 ~되다

22. 지지부진 (　　　　　)
    몹시 더디어서 잘 나아가지 않음.
    ¶ 일이 ~하다.

♣ 다음 낱말 풀이에 알맞은 한자(漢字)를 쓰시오.　　　▶ 정답은 281쪽

1. 질녀　(　　　　　　　)
   형제자매의 딸. 조카딸.
   ¶ 그 아이는 나의 ~이다.

2. 질부　(　　　　　　　)
   조카의 아내. 조카며느리.
   ¶ ~를 맞이하다.

3. 숙질　(　　　　　　　)
   아저씨와 조카.
   ¶ ~이 함께 오시니 보기 좋습니다.

4. 징계　(　　　　　　　)
   허물을 뉘우치도록 주의를 주고 나무람. 또는 부정이나 부당한 행위를 되풀이하지 못하도록 제재를 가함.
   ¶ ~를 받다.

5. 징벌　(　　　　　　　)
   앞날을 경계하는 뜻으로 벌을 줌. 또는 부정이나 부당한 행위에 대하여 응징하는 뜻으로 주는 벌.
   ¶ ~에 처하다.

6. 징역　(　　　　　　　)
   자유형(自由刑)의 한 가지. 기결수(既決囚)를 교도소 안에 구치하여 일정 기간 노역을 치르게 하는 일.
   ¶ ~으로 1년을 살다.

7. 권선징악　(　　　　　　　)
   선행(善行)을 장려하고 악행(惡行)을 징계하는 일.
   ¶ ~ 조선조 소설에서 공통적으로 찾아지는 두드러진 특성 중의 하나이다.

8. 차치　(　　　　　　　)
   내버려두고 문제삼지 않음.
   ¶ 그 문제는 ~하고라도 이 일은 어떻게 할 것인가.

9. 황차　(　　　　　　　)
   하물며의 뜻으로 쓰이는 접속의 말.
   ¶ 하찮은 미물도 그럴 수가 없거늘 ~ 사람이 어찌 그런 행동을 하랴.

10. 증차대　(　　　　　　　)
    무겁고도 큼.
    ¶ ~한 때에 그런 실수를 하다니

11. 차입　(　　　　　　　)
    돈이나 물건을 빌림.
    ¶ ~이 많아 회사 경영이 악화되다.

12. 차명　(　　　　　　　)
    남의 이름을 빌려 씀.
    ¶ ~계좌를 만들다.

13. 차용　(　　　　　　　)
    돈이나 물건을 빌려서 씀.
    ¶ 친구에게서 돈을 ~하다.

14. 가차　(　　　　　　　)
    임시로 빌리거나 꿈. 사정을 보아줌.
    ¶ 법을 어긴 사람을 ~ 없이 처단하다.

15. 포착　(　　　　　　　)
    꼭 붙잡음. 일의 요점이나 요령을 깨침. 어떤 기회나 정세를 알아차림.
    ¶ 좋은 기회를 ~하다.

16. 착각　(　　　　　　　)
    외계의 사물을 실제와는 다르게 보거나 느낌. 실제와는 다른데도 실제처럼 깨닫거나 생각함.
    ¶ ~을 일으키다.

17. 착시　(　　　　　　　)
    착각으로 잘못 봄.
    ¶ ~현상이다.

18. 착오　(　　　　　　　)
    착각으로 말미암은 잘못.
    ¶ ~가 생기다.

19. 교착　(　　　　　　　)
    복잡(複雜)하게 엇걸려서 뒤섞임.
    ¶ 감정이 ~되다.

20. 참극　(　　　　　　　)
    비참한 내용을 줄거리로 한 연극. 참혹하고 끔찍하게 벌어진 일이나 사건.
    ¶ 동족상잔의 ~이다.

21. 참변　(　　　　　　　)
    끔찍한 변고.
    ¶ ~을 당하다.

22. 참사　(　　　　　　　)
    끔찍한 사건.
    ¶ ~의 현장을 가다.

♣ 다음 낱말 풀이에 알맞은 한자(漢字)를 쓰시오.   ▶ 정답은 281쪽

1. 참상 (   )
   참혹한 상태나 양상.
   ¶ 추위와 기아에 시달리는 난민들의 ~을 보라.

2. 참패 (   )
   참혹한 패배.
   ¶ ~를 당하다.

3. 참괴 (   )
   부끄럽게 여김.
   ¶ 순이는 마음에 ~해서 얼굴이 화끈 달아올랐다.

4. 창랑 (   )
   창파. 푸른 물결.
   ¶ ~이 일다.

5. 창파 (   )
   큰 바다의 물결.
   ¶ ~가 일다.

6. 창해 (   )
   넓고 푸른 바다.
   ¶ ~에 몸을 던진들 누가 알아주리.

7. 창달 (   )
   구김살 없이 펴거나 자람.
   ¶ 민족 문화의 ~.

8. 유창 (   )
   글을 읽거나, 하는 말이 거침이 없음.
   ¶ 영어를 모국어처럼 ~하게 구사하다.

9. 화창 (   )
   온화하고 맑음.
   ¶ ~한 봄날이다.

10. 채권 (   )
    국가나 지방 자치 단체, 또는 은행·회사 등이 필요한 자금을 빌릴 경우에 발행하는 공채나 사채 따위의 유가 증권.
    ¶ ~을 발행하다.

11. 채권 (   )
    재산권의 한 가지. 일정한 당사자 사이에서, 한 쪽이 다른 한쪽에게 재산상의 급부(給付)를 요구할 수 있는 권리.
    ¶ ~을 청구하다.

12. 채무 (   )
    재산상의 처리에 관련하여 일정한 당사자의 요구에 응하여 급부(給付)를 해야 하는 의무.
    ¶ ~를 이행하다.

13. 부채 (   )
    남에게 빚을 짐. 또는 그 빚.
    ¶ ~을 갚기 위해 집을 팔았다.

14. 사채 (   )
    공인된 금융 기관이 아닌, 개인이 채주(債主)가 되는 빚.
    ¶ ~를 쓰다.

15. 처참 (   )
    슬프고 참혹함.
    ¶ 대형 교통사고가 빚은 ~한 광경.

16. 처절 (   )
    더할 나위 없이 애처로움.
    ¶ ~하게 울부짖다.

17. 배척 (   )
    반대하여 물리침.
    ¶ 외제 상품을 ~하다

18. 척사 (   )
    요사스러운 것을 물리침.
    ¶ 위정(衛正)~운동을 하다.

19. 척화비 (   )
    조선 말기에 흥선 대원군(興宣大院君)이 양인(洋人)을 배척하기 위하여 경향 각지에 세운 비.
    ¶ 강화도에는 조선말기에 세워진 ~가 여러 곳에 남아 있다.

20. 척후병 (   )
    척후 임무를 맡은 병사.
    ¶ ~으로 활동하다.

21. 천거 (   )
    인재를 어떤 자리에 쓰도록 추천함. 거천. 천.
    ¶ 적임자를 ~하다.

22. 공천 (   )
    여러 사람의 합의에 따라서 천거함. 정당에서 공식적으로 후보자를 내세움.
    ¶ 당의 ~을 받다.

263

♣ 다음 낱말 풀이에 알맞은 한자(漢字)를 쓰시오.   ➡ 정답은 281쪽

1. 추천 (   )
좋거나 알맞다고 생각되는 물건을 남에게 권함.
¶ 선생님이 ~하신 책이다.

2. 타천 (   )
남이 천거(薦擧)함.
¶ ~을 받다.

3. 천도 (   )
도읍을 옮김.
¶ 한양 ~를 하다.

4. 변천 (   )
세월이 흐르는 동안에 변하여 달라짐.
¶ 우리말의 ~과정을 연구하다.

5. 개과천선 (   )
잘못을 고치어 착하게 됨.
¶ 그가 ~하기를 바랄뿐이다.

6. 맹모삼천 (   )
맹자(孟子)의 어머니가 아들의 교육을 위하여 집을 세 번이나 옮긴 일. 어린아이의 교육에는 환경이 매우 중요하다는 뜻으로 쓰임.
¶ ~지교(之敎).

7. 첨단 (   )
물건의 뾰족한 끝. 시대의 흐름·유행 따위의 맨 앞장.
¶ 유행의 ~을 걷다.

8. 첨병 (   )
행군 본대의 앞에서 적의 움직임을 살피고 경계하는 소부대, 또는 그 부대의 군사.
¶ ~으로 뽑히다.

9. 첨예 (   )
끝이 뾰족하고 서슬이 날카로움.
¶ 이해관계가 ~하게 대립되다.

10. 첨탑 (   )
지붕 꼭대기가 뾰족한 탑, 또는 그런 탑이 있는 높은 건물.
¶ 성당의 ~을 보라.

11. 첨가 (   )
덧붙이거나 보탬. 가첨.
¶ 음식물에 각종 조미료를 ~해서 맛을 내다.

12. 첨부 (   )
주로 문서나 안건 따위에 더 보태거나 덧붙임.
¶ 제출 서류에 주민 등록 등본 한 통을 ~하다.

13. 별첨 (   )
서류 따위를 따로 덧붙임.
¶ ~을 참고하시오.

14. 금상첨화 (   )
비단 위에 꽃을 보탠다는 뜻으로 좋은 일에 또 좋은 일이 더함.
¶ 내용만큼 형식도 잘 짜여졌다면 정말 ~일텐데.

15. 신첩 (   )
임금에게 대하여 여자가 스스로를 일컫던 말.
¶ ~이 생각하기에는 전하께서 용서를 해주시는 게 좋을 듯 하옵니다.

16. 애첩 (   )
사랑하여 아끼는 첩.
¶ ~의 소원을 들어주다.

17. 소첩 (   )
시집간 여자가 남편에게, 또는 첩실이 남편이나 정실(正室)에게 자기를 낮추어 이르는 말.
¶ ~을 보아서 이번 일은 용서하소서.

18. 쾌청 (   )
하늘이 활짝 개어 맑음.
¶ ~한 날씨이다.

19. 교체 (   )
다른 사람 또는 다른 것과 바꿈, 또는 바뀜.
¶ 선수를 ~하다.

20. 대체 (   )
다른 것으로 바꿈. 체환(替換).
¶ 화물 수송을 트럭으로 ~하다.

21. 이체 (   )
서로 갈리고 바뀜. 바꾸거나 돌려씀.
¶ ~하다.

22. 초록 (   )
필요한 대목만을 가려 뽑아 적음, 또는 그 기록
¶ ~을 작성하다.

♣ 다음 낱말 풀이에 알맞은 한자(漢字)를 쓰시오.　　▶ 정답은 281쪽

1. 촉광　（　　　　　　　　）
   촛불의 빛. 촉력. 빛의 세기를 나타내는 단위.
   ¶ ~은 빛의 세기를 나타내는 단어다.

2. 등촉　（　　　　　　　　）
   등불과 촛불.
   ¶ ~을 준비하다.

3. 화촉　（　　　　　　　　）
   물을 들인 밀초. 혼례 의식 때 촛불을 밝히는 데서 혼례(婚禮)를 달리 이르는 말.
   ¶ ~를 밝히다.

4. 총기　（　　　　　　　　）
   총명한 기운.
   ¶ 눈에 ~가 있다.

5. 총명　（　　　　　　　　）
   영리하고 기억력이 좋은 것.
   ¶ ~한 아이다.

6. 성총　（　　　　　　　　）
   임금의 총명.
   ¶ 신들은 ~을 믿사옵니다.

7. 추출　（　　　　　　　　）
   빼내거나 뽑아냄. 통계학에서, 모집단으로부터 표본을 뽑아내는 일.
   ¶ 표본을 무작위로 ~하다.

8. 추상화　（　　　　　　　　）
   사물을 사실대로 재현하지 않고, 순수한 점이나 선·면·빛깔 따위에 의한 표현을 지향한 회화.
   ¶ 피카소는 ~를 잘 그렸다.

9. 추문　（　　　　　　　　）
   좋지 못한 소문. 지저분하고 잡스러운 소문.
   ¶ ~이 퍼지다.

10. 추악　（　　　　　　　　）
    보기 흉하고 추함.
    ¶ ~한 행동을 하다.

11. 추태　（　　　　　　　　）
    추저분하고 창피스러운 태도나 짓거리.
    ¶ ~를 부리다.

12. 추행　（　　　　　　　　）
    도의에 벗어나 추잡하게 행동함.
    ¶ 불량배에게 ~을 당하다.

13. 미추　（　　　　　　　　）
    아름다움과 추함.
    ¶ ~는 정반대의 미학이다.

14. 축사　（　　　　　　　　）
    가축을 기르는 건물.
    ¶ ~를 짓다.

15. 가축　（　　　　　　　　）
    집에서 기르는 짐승.
    ¶ ~을 기르다.

16. 목축　（　　　　　　　　）
    소·말·양 따위의 가축을 길러 번식시키는 일.
    ¶ ~업을 하다.

17. 축산업　（　　　　　　　　）
    가축을 기르고, 그 생산물을 가공하는 산업.
    ¶ ~에 종사하다.

18. 축출　（　　　　　　　　）
    쫓아냄. 몰아냄.
    ¶ 반란군을 ~하다.

19. 축객　（　　　　　　　　）
    손을 쫓음.
    ¶ 문전(門前) ~하다.

20. 각축　（　　　　　　　　）
    맞서 다툼.
    ¶ 선수들이 우승을 놓고 ~을 벌이다.

21. 취기　（　　　　　　　　）
    좋지 않은 냄새.
    ¶ ~로 머리가 아프다.

22. 악취　（　　　　　　　　）
    불쾌한 냄새. 고약한 냄새.
    ¶ ~가 코를 찌르다.

23. 체취　（　　　　　　　　）
    몸에서 나는 냄새. 그 사람의 독특한 기분이나 버릇. 곧, 가장 개성적인 것을 비유하여 이르는 말.
    ¶ 작가의 ~가 물씬 풍기는 소설이다.

♣ 다음 낱말 풀이에 알맞은 한자(漢字)를 쓰시오.　　▶ 정답은 281쪽

1. 탈취　(　　　　)
   냄새를 빼어 없애는 것.
   ¶ ~제를 사용하다.

2. 칠기　(　　　　)
   칠목기의 준말. 옻칠과 같이 검은 잿물을 입힌 도자기. 칠그릇.
   ¶ ~에 음식을 정성껏 담아내다.

3. 칠판　(　　　　)
   흑색이나 녹색의 판. 흑판.
   ¶ ~에 글씨를 쓰다.

4. 칠흑　(　　　　)
   칠처럼 검고 광택이 있음. 또는 그런 빛깔.
   ¶ ~같은 어둠이다.

5. 침목　(　　　　)
   ①길고 큰 물건 밑을 괴어 놓는 나무토막. ②기차 선로 아래에 까는 목재나 콘크리트재.
   ¶ ~을 깔다.

6. 목침　(　　　　)
   나무토막으로 만든 베개.
   ¶ ~을 배고 잠자다.

7. 침수　(　　　　)
   물에 젖거나 잠김.
   ¶ 홍수로 논밭이 ~되다.

8. 침투　(　　　　)
   ①스며드는 일. ②어떠한 현상·사상·정책 등이 깊이 스며들어 퍼지는 것.
   ¶ 불교가 현실에 깊이 ~하다.

9. 타결　(　　　　)
   대립하던 여러 편이 타협하여 좋도록 일을 마무름, 또는 그 일.
   ¶ 오랜 협상 끝에 마침내 ~을 보다.

10. 타당　(　　　　)
    사리에 마땅하고 온당함.
    ¶ ~한 처사이다.

11. 타협　(　　　　)
    두 편이 서로 좋도록 절충하여 협의함, 또는 그 협의.
    ¶ ~을 보다.

12. 타락　(　　　　)
    올바른 길에서 벗어나 나쁜 행실에 빠지는 것.
    ¶ ~한 생활을 하다.

13. 의탁　(　　　　)
    남에게 맡기어 부탁함.
    ¶ 모든 일을 그에게 ~하다.

14. 탁류　(　　　　)
    흘러가는 흐린 물. 또는, 그 흐름.
    ¶ 채만식 선생의 소설책 제목에 ~라는 이름이 있다.

15. 둔탁　(　　　　)
    ①성질이 굼뜨고 흐리터분하다. ②소리 따위가 둔중하고 탁하다.
    ¶ 건축 공사장은 철야 작업을 하는지 ~한 망치 소리가 들려 오고 있다.

16. 청탁　(　　　　)
    ①맑음과 흐림. ②옳음과 그름. ③청음과 탁음. ④청주와 탁주.
    ¶ 그 행위에 대한 ~을 가리다.

17. 혼탁　(　　　　)
    불순한 것들이 섞여 흐림. 정치나 사회 현상 따위가 어지럽고 흐림.
    ¶ ~한 정치 풍토가 빨리 개선되어야 할텐데….

18. 일어탁수　(　　　　)
    한 마리의 고기가 물을 흐리게 한다는 뜻으로 한 사람의 잘못으로 여러 사람이 피해를 입게 됨을 비유하여 이르는 말.
    ¶ 미꾸라지 한 마리가 온 시내를 탁하게 한다는 뜻에 ~가 있다.

19. 세탁　(　　　　)
    빨래.
    ¶ ~하다.

20. 탁족　(　　　　)
    ①발을 씻는 것. ②여름철에 계곡 물이나 냇물에 발을 담그고 더위를 쫓는 일.
    ¶ ~은 선인들의 피서법이자, 건강법이었다.

21. 탁마　(　　　　)
    옥석(玉石)을 쪼고 갊. 학문이나 덕행을 갈고 닦음.
    ¶ 그의 성공은 부단한 ~의 결과이다.

22. 탈취　(　　　　)
    억지로 빼앗아 가짐.
    ¶ 지나가는 행인의 돈을 ~하다.

♣ 다음 낱말 풀이에 알맞은 한자(漢字)를 쓰시오.   ▶ 정답은 281쪽

1. 탈환 (　　　　　)
   도로 빼앗아 찾음.
   ¶ 고지를 ~하다.

2. 강탈 (　　　　　)
   강제로 빼앗는 것.
   ¶ 우리나라는 한때 일본에게 주권을 ~당했다.

3. 수탈 (　　　　　)
   재물 따위를 빼앗음.
   ¶ 일제(日帝)는 토지 조사 사업이라는 이름을 내걸고 농민의 토지를 ~하였다.

4. 생살여탈 (　　　　　)
   살리기도 하고 죽이기도 하고, 주기도 하고 빼앗기도 한다는 뜻으로 남의 목숨이나 재물을 마음대로 함.
   ¶ 왕은 전쟁을 지휘하는 장군에게 ~을 부여하였다.

5. 탐욕 (　　　　　)
   지나치게 탐하는 욕심.
   ¶ 재물에 ~을 부리다.

6. 탐관오리 (　　　　　)
   탐관과 오리. 탐욕이 많고 행실이 깨끗하지 못한 벼슬아치.
   ¶ ~를 파직하다.

7. 탕약 (　　　　　)
   달여서 먹는 한약.
   ¶ ~을 마시다.

8. 냉탕 (　　　　　)
   찬물이 들어 있는 탕.
   ¶ ~욕을 하다.

9. 열탕 (　　　　　)
   끓는 물, 또는 끓는 국.
   ¶ ~으로 조리하다.

10. 온탕 (　　　　　)
    온천의 물. 더운물의 목욕탕.
    ¶ ~에 들어가다.

11. 태만 (　　　　　)
    게으르고 느림. 과태(過怠).
    ¶ 업무 자세가 ~하다.

12. 태업 (　　　　　)
    일을 게을리 하는 것. 노동 쟁의 수단의 한 가지.
    ¶ 근로자의 절반이 ~에 참여하다.

13. 과태료 (　　　　　)
    공법상의 의무 이행, 질서의 유지 등을 위하여 위반자에게 과하는 금전상의 벌
    ¶ ~를 내다.

14. 토로 (　　　　　)
    속마음을 다 드러내어 말함.
    ¶ 감정을 ~하다.

15. 토혈 (　　　　　)
    위(胃)·식도(食道) 등의 질환으로 피를 토하는 일.
    ¶ ~을 하다.

16. 실토 (　　　　　)
    사실대로 내용을 모두 밝히어 말함.
    ¶ 빨리 ~하기 바란다.

17. 투명 (　　　　　)
    조금도 흐린 데가 없이 속까지 환히 트여 맑음.
    ¶ ~한 가을 하늘이다.

18. 투시 (　　　　　)
    속의 것을 환히 꿰뚫어 봄.
    ¶ ~촬영을 하다.

19. 투철 (　　　　　)
    속까지 환히 비춰 볼 수 있게 투명함. 사리가 분명하고 뚜렷하거나 사리에 어긋남이 없이 철저함.
    ¶ ~한 군인 정신이다.

20. 투과 (　　　　　)
    물체를 꿰뚫고 지나감. 투명하게 비쳐 보임.
    ¶ 빛이 유리를 ~하다.

21. 파다 (　　　　　)
    널리 알려진 상태에 있음.
    ¶ 곧 인사이동이 있으리라는 소문이 회사 안에 ~하다.

22. 파종 (　　　　　)
    논밭에 곡식의 씨앗을 뿌림.
    ¶ ~할 시기이다.

♣ 다음 낱말 풀이에 알맞은 한자(漢字)를 쓰시오.   ➡ 정답은 281쪽

1. 파천 (　　　　　　)
   임금이 도성을 떠나 난을 피함.
   ¶ 임진왜란이 일어나자 선조는 한양에서 강화도로 ~하였다.

2. 전파 (　　　　　　)
   전하여 널리 퍼뜨림.
   ¶ 복음을 ~하다.

3. 직파 (　　　　　　)
   모내기를 하지 않고 논밭에 직접 씨를 뿌리는 것. 곧뿌림.
   ¶ 보리씨를 파종할 때는 ~법을 사용한다.

4. 파면 (　　　　　　)
   공무원의 징계 처분의 한 가지. 공무원의 신분을 박탈하는 일.
   ¶ 그는 뇌물 수뢰 건으로 ~되었다.

5. 파업 (　　　　　　)
   동맹 파업의 준말. 하던 일을 중지함.
   ¶ 임금협상을 위해 임시 ~을 하다.

6. 파장 (　　　　　　)
   섰던 장이 파함, 또는 그런 때.
   ¶ ~ 무렵에는 물건값이 싸다.

7. 파직 (　　　　　　)
   관직에서 물러나게 함.
   ¶ 탐관오리를 ~하다.

8. 파루 (　　　　　　)
   오경 삼점(五更三點)에 쇠북을 33번 치는 일. 서울에서 인정(人定) 이후 야간 통행을 금하였다가, 파루를 치면 풀렸음.
   ¶ 자네들은 ~時까지 여기에서 꼼짝 말게.

9. 파다 (　　　　　　)
   자못 많음. 매우 많음.
   ¶ 그런 정도의 물품은 남쪽으로 내려가면 ~하다네.

10. 편파적 (　　　　　　)
    공평하지 못하고 편파성을 띤 것.
    ¶ ~ 수사를 하다.

11. 판금 (　　　　　　)
    판매하지 못하도록 하는 것.
    ¶ ~ 서적으로 분류되다.

12. 판로 (　　　　　　)
    상품이 팔리는 방면이나 길.
    ¶ ~가 막히다.

13. 판촉 (　　　　　　)
    여러 가지 방법으로 소비자에게 자극을 주어, 흥미와 관심을 불러일으킴으로써 효과적으로 수요를 늘려 가는 판매 활동.
    ¶ ~ 활동을 벌이다.

14. 가판 (　　　　　　)
    거리에서 벌여 놓고 판매하는 일.
    ¶ 신문을 ~에서 구입하다.

15. 총판 (　　　　　　)
    어떤 상품을 도거리로 도맡아 팖.
    ¶ 정수기를 ~하다.

16. 패물 (　　　　　　)
    산호나 호박(琥珀)·수정·대모(玳瑁) 따위로 만든 물건.
    ¶ ~을 받다.

17. 어패류 (　　　　　　)
    어류와 조개류의 총칭.
    ¶ 하절기에 는 ~를 끓여 먹어야 한다.

18. 편곡 (　　　　　　)
    어떤 악곡을 다른 악기로 또는 달리 연주할 수 있도록 써 고침, 또는 그 곡.
    ¶ 피아노곡으로 ~하다.

19. 편대 (　　　　　　)
    대오(隊伍)를 갖추는 일. 비행기 따위가 대형을 갖추는 일.
    ¶ ~를 갖추다.

20. 편성 (　　　　　　)
    흩어져 있는 것을 모아서 하나의 체계를 갖춘 것으로 만듦.
    ¶ 학급을 ~하다.

21. 편제 (　　　　　　)
    낱낱의 구성원을 일정한 체계에 맞게 짜서 조직을 이룸, 또는 그러한 체재나 기구.
    ¶ ~를 정비하다.

22. 개편 (　　　　　　)
    책 따위를 다시 엮어서 냄. 인적 기구나 조직 따위를 고치어 다시 짬.
    ¶ 기구를 ~하다.

♣ 다음 낱말 풀이에 알맞은 한자(漢字)를 쓰시오.   ▶ 정답은 281쪽

1. 편력 (   )
  ①널리 여기저기를 돌아다니는 것. ②여러 가지 일이나 대상을 삶 속에서 경험을 하는 것.
  ¶ 종군 기자로 전선을 ~하다.

2. 편재 (   )
  어떤 대상이 두루 퍼져 있는 것.
  ¶ ~하다.

3. 보편 (   )
  모든 것에 두루 미침. 모든 사물에 공통되는 성질.
  ¶ ~의 원리.

4. 폐지 (   )
  집이 헐린 채 버려 둔 빈 터.
  ¶ 오랫동안 그 땅은 ~로 남아있다.

5. 폐기 (   )
  못 쓰는 것을 내버림.
  ¶ 오래된 서류를 ~ 처분하다.

6. 폐차 (   )
  낡아서 못 쓰게 된 차. 또는 차량 등록이 취소된 차.
  ¶ 그 차는 ~ 직전이다.

7. 폐품 (   )
  쓸 수 없게 된 물품.
  ¶ ~을 재활용하다.

8. 존폐 (   )
  남겨 두는 일과 없애는 일.
  ¶ 입시 제도의 ~를 논하다.

9. 납폐 (   )
  혼인 때, 신랑집에서 신부집으로 보내는 예물. 흔히 푸른 비단과 붉은 비단으로 함.
  ¶ ~를 보내다.

10. 폐물 (   )
  선사하는 물건. 선물.
  ¶ ~을 받다.

11. 조폐 (   )
  화폐를 만듦.
  ¶ ~공사에 근무하다.

12. 지폐 (   )
  종이에 돈의 값과 내용을 박아 만든 화폐.
  ¶ ~를 내다.

13. 화폐 (   )
  상품 교환의 매개체로서, 지불의 수단이나 가치의 척도 또는 축적의 목적물로서 사회에 유통되는 금화·은화·동화·지폐 따위. 돈.
  ¶ ~를 새로 만들다.

14. 은폐 (   )
  덮어 감추거나 가리어 숨김.
  ¶ 비위 사실을 ~하다.

15. 폐일언 (   )
  이러니저러니 할 것 없이 한마디로 말하다.
  ¶ ~하고 당장 실행하기로 하자.

16. 포란 (   )
  알을 품음.
  ¶ 이곳 지형은 ~형을 하고 있다.

17. 포부 (   )
  마음속에 지닌, 앞날에 대한 생각이나 계획 또는 희망.
  ¶ 원대한 ~를 지니다.

18. 회포 (   )
  마음속에 품은 생각.
  ¶ ~를 풀다.

19. 포수 (   )
  야구에서, 본루를 지키며 투수가 던진 공을 받는 선수.
  ¶ ~로 선발되다.

20. 포졸 (   )
  조선 시대, 포도청의 군사. 포도군사.
  ¶ ~이 출두하다.

21. 포획 (   )
  ①적병을 사로잡음. ②짐승이나 물고기를 잡음. ③국제법상, 전시에 적의 선박이나 범법한 중립국의 선박을 정지·임검·수색하고 나포하는 일.
  ¶ 어업 전관 수역을 침범한 일본 어선을 ~하다.

22. 생포 (   )
  사로잡음.
  ¶ 적장(敵將)을 ~하다.

♣ 다음 낱말 풀이에 알맞은 한자(漢字)를 쓰시오.　　▶ 정답은 282쪽

1. 포도청　(　　　　　)
조선 시대에, 도둑이나 그 밖의 범죄자를 잡기 위하여 설치한 관청
¶ 목구멍이 ~이라.

2. 포만　(　　　　　)
양이 꽉 차서 가득함.
¶ ~감을 느끼다.

3. 포식　(　　　　　)
배부르게 먹음.
¶ ~을 하여 배탈이 나다.

4. 포화　(　　　　　)
함유할 수 있는 최대한도까지 채우고 있는 일.
¶ ~상태이다.

5. 비육불포　(　　　　　)
고기가 아니고서는 배가 부르지 않다는 뜻으로 노인의 쇠약해진 상태를 이르는 말.
¶ 늙은이가 되면 ~니라.

6. 대폭　(　　　　　)
큰 규모나 폭.
¶ 대학 정원을 ~으로 늘리다.

7. 보폭　(　　　　　)
한 걸음의 너비.
¶ ~이 좁다.

8. 증폭　(　　　　　)
사물의 범위가 넓어짐, 또는 그렇게 함.
¶ 갈등이 ~되다.

9. 화폭　(　　　　　)
그림을 그리는 천이나 종이 따위를 두루 이르는 말.
¶ 가을 산을 ~에 담다.

10. 표류　(　　　　　)
배가 고장을 일으키거나 조난을 당하거나 하여 바다 위에서 방향을 잃고 떠다니는 것.
¶ 배가 기관 고장을 일으켜 바다 한복판에서 ~하다.

11. 표백　(　　　　　)
바래지게 하거나 표백제를 쓰거나 하여 희게 하는 일.
¶ ~제를 사용하여 걸레를 빨다.

12. 필부　(　　　　　)
한 사람의 남자. 대수롭지 않은, 그저 평범한 남자.
¶ ~의 굳은 뜻은 빼앗을 수 없다.

13. 필적　(　　　　　)
재주나 힘 따위가 엇비슷하여 서로 견줄 만함.
¶ 그에 ~할 만한 사람이 없다.

14. 필마　(　　　　　)
한 필의 말.
¶ 오백년 도읍지를 ~로 도라드니…(길재시조)

15. 배필　(　　　　　)
부부로서의 짝.
¶ 천생(天生)~를 만나다.

16. 하물　(　　　　　)
기차·여객 자동차·비행기·객선 등에 실어 나르는 그리 크지 않은 짐.
¶ ~을 운반하다.

17. 하역　(　　　　　)
배의 짐을 싣고 부리는 일.
¶ ~작업을 하다.

18. 하중　(　　　　　)
짐의 무게. 구조물 따위에 작용하는 외력(外力), 또는 구조물 따위가 받고 견딜 수 있는 무게.
¶ ~을 견디다.

19. 부하　(　　　　　)
①짐을 지는 것. 또는, 그 짐. ②일을 맡기는 것.
¶ 사명을 ~하다.

20. 한해　(　　　　　)
가물로 말미암아 입은 재해.
¶ ~로 흉년이 들다.

21. 한재　(　　　　　)
가물 때문에 생기는 재앙.
¶ ~로 농사를 망치다.

22. 한증막　(　　　　　)
한증하기 위하여 만든 시설.
¶ ~에 가서 피로를 풀다.

♣ 다음 낱말 풀이에 알맞은 한자(漢字)를 쓰시오.   ➡ 정답은 282쪽

1. 불한당 (   )
   떼를 지어 다니는 강도.
   ¶ ~ 같은 놈이군.

2. 함지 (   )
   옛날, 해가 지는 곳이라고 믿었던 서쪽의 큰 못.
   ¶ 부상(扶桑)의 반대말은 ~다.

3. 함흥차사 (   )
   한번 가기만 하면 깜깜소식이라는 뜻으로 심부름을 가서 아주 소식이 없거나 더디 올 때에 쓰는 말.
   ¶ 심부름꾼이 돌아오지 못해 소식이 없음을 ~라 한다.

4. 항간 (   )
   일반 민중들 사이.
   ¶ ~에 구구한 억측이 나돌고 있다.

5. 항설 (   )
   항간에서 뭇사람 사이에 떠도는 말.
   ¶ ~일 뿐이다.

6. 해금 (   )
   민속 악기의 한 가지. 둥근 나무통에 긴 나무를 박고 두 가닥의 명주실을 매어 활로 비벼서 켬.
   ¶ ~을 연주하다.

7. 해당 (   )
   어떤 범위나 조건 따위에 바로 들어맞음.
   ¶ ~ 사항 없음.

8. 해박 (   )
   학식이 넓음. 사물에 대하여 아는 것이 많음.
   ¶ 저 사람은 법률 상식에 ~하다.

9. 향년 (   )
   죽은 이의 한평생 살아서 누린 나이를 이르는 말.
   ¶ ~ 90세로 돌아가시다.

10. 향락 (   )
    즐거움을 누림.
    ¶ ~에 빠지다.

11. 향유 (   )
    누려서 가짐.
    ¶ 만인이 자유와 풍요를 ~하는 사회.

12. 제향 (   )
    나라에서 올리는 제사. 제사(祭祀)의 높임말.
    ¶ 사직단에서 ~를 올리다.

13. 배향 (   )
    공신의 신주를 종묘에 모시던 일. 학덕이 있는 사람의 신주를 문묘나 서원 따위에 모시던 일.
    ¶ 공자를 문묘에 ~하다.

14. 동헌 (   )
    왕조 때, 지방 관아에서 감사(監司)·병사(兵使)·수사(水使)·수령(守令) 등이 공사(公事)를 처리하던 집.
    ¶ ~에 6방이 모이다.

15. 상현 (   )
    음력 7, 8일경에 나타나는 달의 상태. 초승달과 보름달의 중간쯤 되는 반달이며, 활시위 모양이 위를 향하고 있음.
    ¶ ~달이 뜨다.

16. 하현 (   )
    음력 22,23일경에 나타나는 달의 상태. 보름달과 그믐달의 중간쯤 되며 활시위 모양이 아래로 향하고 있음.
    ¶ ~달이 뜨다.

17. 현악기 (   )
    현을 타거나 켜서 소리를 내는 악기.
    ¶ 가야금, 거문고, 바이올린 등은 ~이다.

18. 관현악 (   )
    관악기·현악기·타악기에 의한 합주, 또는 그 악곡.
    ¶ ~단의 연주를 시작으로 오페라의 막이 올랐다.

19. 현감 (   )
    고려·조선 시대의 작은 현의 원. 종6품의 지방 문관임.
    ¶ ~으로 발령하다.

20. 현령 (   )
    신라·고려 시대의 현의 으뜸 벼슬. 조선 시대, 큰 현의 원. 종5품 지방 문관임.
    ¶ ~이 되다.

21. 군현 (   )
    ①옛 지방 제도인 주(州)·부(府)·군(郡)·현(縣)의 총칭. ②군과 읍.
    ¶ ~을 통치하다.

♣ 다음 낱말 풀이에 알맞은 한자(漢字)를 쓰시오.   ➡ 정답은 282쪽

1. 혈거 (   )
   굴에서 삶.
   ¶ ~생활을 하다.

2. 묘혈 (   )
   무덤 구멍, 곧 시체를 묻는 구덩이.
   ¶ ~을 파다.

3. 호혈 (   )
   호랑이의 굴. 매우 위험한 곳을 비유하여 이르는 말.
   ¶ ~에 들어가지 않고서 호자(虎子)를 얻지 못한다

4. 원형이정 (   )
   주역(周易)의 건괘(乾卦)의 네 가지 덕, 곧 천도(天道)의 네 가지 원리를 이르는 말. 원(元)은 만물의 시작인 봄·인(仁), 형(亨)은 여름·예(禮), 이(利)는 가을·의(義), 정(貞)은 겨울·지(智)를 뜻함. 사물의 근본 원리나 도리.
   ¶ 하나의 문집이 4권일 때는 순서대로 ~을 붙이기도 한다.

5. 만사형통 (   )
   모든 일이 뜻한 바대로 잘 이루어짐.
   ¶ ~하기를 빌다.

6. 형광등 (   )
   진공 유리관 안쪽에 형광 물질을 칠하여 수은의 방전으로 생긴 자외선을 눈으로 볼 수 있는 광선으로 바꾼 조명 장치.
   ¶ ~을 설치하다.

7. 형설지공 (   )
   고생하면서도 꾸준히 학문을 닦은 보람.
   ¶ ~의 보람이 있으셨군요!

8. 단호 (   )
   딱 끊은 듯이 매우 엄격함.
   ¶ ~한 조처를 취하다.

9. 불역낙호 (   )
   또한 기쁘지 아니한가.
   ¶ 유붕(有朋)이 자원방래(自遠方來)면 ~아?

10. 호혜 (   )
    서로 특별한 편익을 주고받는 일.
    ¶ ~ 평등의 원칙.

11. 상호 (   )
    상대가 되는 이쪽과 저쪽 모두.
    ¶ ~ 신뢰하다.

12. 호각지세 (   )
    서로 엇비슷한 세력.
    ¶ ~를 이루다.

13. 호말 (   )
    털끝, 또는 털끝만큼 작은 것이나 극히 적은 것을 비유하여 이르는 말.
    ¶ ~의 거짓도 없이 말하겠습니다.

14. 추호 (   )
    가을에 짐승의 털이 매우 가늘다는 뜻으로 털끝만큼 아주 조금임을 비유적으로 이르는 말.
    ¶ 네 말에 ~의 거짓도 없으렷다!

15. 휘호 (   )
    붓을 휘둘러 글씨를 쓰거나 그림을 그림.
    ¶ 신춘(新春) ~대회에 참가하다.

16. 혼미 (   )
    정신이 헷갈리고 흐리멍덩함.
    ¶ ~한 상태에 빠지다.

17. 혼절 (   )
    정신이 아찔하여 까무러침.
    ¶ 갑자기 친구가 ~하는 바람에 몹시 놀랐다.

18. 황혼 (   )
    ①해가 막 져서 어둑어둑한 상태. ②인생이 한창 때를 지나 말년이 된 상태.
    ¶ 인생의 ~을 맞다.

19. 홍보 (   )
    널리 알림, 또는 그 보도나 소식.
    ¶ ~ 활동을 하다.

20. 홍문관 (   )
    조선 시대의 삼사(三司)의 하나. 경서(經書)와 사적(史籍)의 관리, 문한(文翰)의 처리 및 왕의 자문에 응하는 일을 맡아보던 관아.
    ¶ ~에서 일하다.

21. 홍익인간 (   )
    널리 인간 세계를 이롭게 함.
    ¶ 국조 단군의 건국이념은 ~이다.

♣ **다음 낱말 풀이에 알맞은 한자(漢字)를 쓰시오.**   ▶ 정답은 282쪽

1. 홍모 ( )
   큰 기러기의 털이라는 뜻으로 매우 가벼운 사물을 비유하여 이르는 말.
   ¶ 마치 ~와도 같았다.

2. 홍은 ( )
   넓고 큰 은덕.
   ¶ ~을 입다.

3. 수확 ( )
   농작물을 거두어들임. 또는 그 소출.
   ¶ 밀을 ~하다.

4. 확대 ( )
   늘여서 크게 함.
   ¶ 사진을 ~하다.

5. 확산 ( )
   흩어져 번짐.
   ¶ 환경 보호 운동이 전국적으로 ~되고 있다.

6. 확장 ( )
   늘려서 넓힘.
   ¶ 사업을 ~하다.

7. 확충 ( )
   넓혀서 충실하게 함.
   ¶ 인력을 ~하다.

8. 확성기 ( )
   소리를 크게 하여 멀리 들리도록 한 전자 장치.
   ¶ ~를 틀다.

9. 환약 ( )
   약재를 빻아 반죽하여 작고 둥글게 만든 약.
   ¶ ~을 먹다.

10. 탄환 ( )
    총포에 재어서 쏘면 폭발하여 그 힘으로 탄알이 튀어 나가게 된 물건.
    ¶ 싸움이 무르익어 독전을 하던 중 장군은 그만 흐르는 ~에 가슴이 명중되고 말았다.

11. 포환 ( )
    대포의 탄알. 포환던지기에 쓰이는 쇠로 만든 공.
    ¶ ~을 던지다.

12. 청심환 ( )
    심경(心經)의 열을 푸는 데 쓰는 환약(丸藥).
    ¶ ~을 먹다.

13. 황량 ( )
    황폐하여 쓸쓸함.
    ¶ ~한 풍경.

14. 황야 ( )
    풀이 멋대로 자란 거친 들판. 황원(荒原).
    ¶ ~의 무법자.

15. 황폐 ( )
    거두지 않아 못 쓰게 되는 것.
    ¶ ~한 도시로 변하다.

16. 황당 ( )
    터무니없고 허황함.
    ¶ 그는 ~한 말을 잘한다.

17. 파천황 ( )
    천지개벽 이전의 혼돈한 상태를 깨뜨린다는 뜻으로 지금껏 아무도 생각하지 못했던 놀랄 만한 일을 하는 경우를 이르는 말.
    ¶ 외세의 침략에 우리나라의 국민은 ~을 당하고 말았다.

18. 효성 ( )
    샛별. 새벽 하늘의 별.
    ¶ 샛별인 금성을 다른 말로 ~이라 한다.

19. 후작 ( )
    오등작(五等爵)의 둘째 작위. 공작의 아래, 백작의 위.
    ¶ ~의 별장에서 파티가 있다.

20. 제후 ( )
    봉건 시대에, 군주로부터 받은 영토와 그 영내에 사는 백성을 다스리던 사람.
    ¶ ~의 지위에 오르다.

21. 왕후장상 ( )
    제왕·제후·장수·재상의 통칭. 곧, 백성의 지배층을 이르는 말.
    ¶ ~이 씨가 있나!

22. 토후 ( )
    영국의 보호 아래 토후국을 지배하던 세습제의 전제 군주.
    ¶ 중근동(中近東) 등지의 작은 왕국인 ~국.

♣ 다음 낱말 풀이에 알맞은 한자(漢字)를 쓰시오.　　　▶ 정답은 282쪽

1. 훼손 (　　　　　)
　　체면이나 명예를 손상함. 헐거나 깨뜨려 못 쓰게 함.
　　¶ 명예를 ~하다.

2. 훼상 (　　　　　)
　　몸에 상처를 냄.
　　¶ 부모께서 주신 몸을 온전히 하여 ~하지 않는 것이 효도의 시작이다.

3. 광휘 (　　　　　)
　　환하게 빛남. 또는 그 빛.
　　¶ 큰스님의 몸에서 ~가 나기 시작했다.

4. 제휴 (　　　　　)
　　서로 도움. 또는 공동으로 일을 함.
　　¶ 기술 ~를 맺다.

5. 휴대품 (　　　　　)
　　손에 들거나 몸에 지니고 다니는 물건.
　　¶ ~을 분실하다.

6. 흉부 (　　　　　)
　　가슴 부분.
　　¶ ~ 엑스선 검사를 받다.

7. 흉상 (　　　　　)
　　가슴 위 부분의 사람 형상을 나타낸 조각상이나 초상화.
　　¶ ~을 제작하다.

8. 흉중 (　　　　　)
　　마음에 두고 있는 생각.
　　¶ ~을 살피다.

9. 심흉 (　　　　　)
　　가슴속. 마음. 심중.
　　¶ ~을 터놓고 이야기를 나누다.

【정답】-한자어 독음 쓰기

▶ 206쪽
1.가공 2.가교 3.가설 4.서가 5.십자가
6.각설 7.기각 8.망각 9.매각 10.퇴각
11.간신 12.간음 13.간통 14.간흉 15.갈구
16.갈망 17.갈증 18.해갈 19.강재 20.강철
21.강판 22.제강 23.철강 24.개탄 25.분개
26.감개무량 27.개근 28.거개 29.개골산 30.개마고원
31.개연성 32.구개음화 33.걸귀 34.견골 35.견장
36.비견 37.견사 38.견직물 39.인조견 40.파견
41.경진년 42.공경대부 43.구경 44.반경 45.직경
46.구경 47.필경 48.경도 49.경질 50.경화
51.경직 52.강경 53.계관 54.계피 55.월계관
56.계축일기 57.계묘 58.고갈 59.고사 60.영고성쇠
61.고객 62.회고록 63.고문 64.사고무친 65.건곤
66.걸식 67.걸신 68.구걸 69.성곽 70.외곽
71.괘념 72.괘의 73.괘도 74.애걸 75.금괴
76.은괴 77.괴색 78.자괴지심 79.교정 80.교각살우
81.교도소 82.교외 83.근교 84.구릉

▶ 207쪽
1.구릉지 2.부모구존 3.구현 4.상가지구 5.해구
6.양두구육 7.주구 8.의구심 9.구차 10.구박
11.구보 12.구충 13.구축 14.선구자 15.격리
16.귀감 17.균열 18.궐녀 19.절규 20.격차
21.간격 22.원격 23.멸균 24.무균 25.병균
26.살균 27.세균 28.근근 29.근소 30.근량
31.근수 32.근신 33.근엄 34.근하신년 35.근조
36.긍정 37.수긍 38.기하급수 39.기십만 40.기일
41.기중 42.기피 43.금기 44.기제사 45.기권
46.방기 47.투기 48.파기 49.기망 50.단념
51.기성 52.기약 53.기존 54.기혼 55.기득권
56.기갈 57.허기 58.기수 59.기사 60.기마
61.기병 62.단기 63.지나 64.현격 65.내하
66.나락 67.견인 68.견우 69.견제 70.견강부회
71.농축 72.계루 73.뇌쇄 74.고뇌 75.계류
76.이전투구 77.전답 78.천수답 79.당분 80.당도
81.과당 82.유당 83.설탕 84.대금

▶ 208쪽
1.대부 2.대여 3.대차 4.대출 5.도산
6.도치 7.압도 8.졸도 9.타도 10.도강
11.도래 12.매도 13.부도 14.인도 15.도발
16.도전 17.도원 18.도화 19.호도 20.무릉도원
21.도량 22.입도선매 23.도열병 24.독실 25.위독
26.독지가 27.돈독 28.돈후 29.돈화문 30.돈사
31.돈육 32.가돈 33.양돈 34.종돈 35.동결
36.동사 37.동상 38.동파 39.냉동 40.계사
41.둔감 42.둔기 43.둔재 44.노둔 45.우둔
46.연계 47.광란 48.광분 49.광포 50.광풍
51.남발 52.남벌 53.남용 54.남획 55.발광
56.열광 57.약탈 58.침략 59.교량 60.양상군자
61.상량 62.해량 63.양지 64.양해 65.가련
66.동병상련 67.연화 68.연근 69.목련 70.열성
71.열세 72.열악 73.비열 74.우열 75.열상
76.결렬 77.분열 78.파열 79.멸렬 80.염가
81.염치 82.염탐 83.저렴 84.청렴

▶ 209쪽
1.영도 2.영세 3.영락 4.영점 5.영하
6.녹읍 7.관록 8.국록 9.복록 10.녹각
11.녹비 12.지록위마 13.뇌관 14.피뢰침 15.낙뢰
16.부화뇌동 17.만료 18.수료 19.완료 20.종료
21.요해 22.누대 23.누차 24.낙루 25.혈루
26.최루탄 27.누락 28.누수 29.누전 30.누출
31.탈루 32.누계 33.누대 34.누적 35.누진
36.누란지세 37.이화 38.오비이락 39.근린 40.선린
41.인근 42.인접 43.마의 44.채마 45.대마초
46.쾌도난마 47.마멸 48.연마 49.만년 50.만당
51.만추 52.대기만성 53.만성 54.자만 55.만담
56.만필 57.만화 58.낭만 59.산만 60.궤도
61.궤적 62.악학궤범 63.동궤 64.공사다망 65.망중한
66.각골난망 67.물망초 68.배은망덕 69.망극 70.망측
71.망막 72.망망대해 73.매몰 74.망연자실 75.매복
76.매립 77.암매장 78.매체 79.촉매 80.매개체
81.맥주 82.소맥 83.면세 84.면제

▶ 210쪽
1.면죄 2.면직 3.면화 4.명복 5.명상
6.명왕성 7.모금 8.모집 9.공모 10.응모
11.모춘 12.조령모개 13.세모 14.조삼모사 15.모국
16.모씨 17.모종 18.모년 19.모처 20.규명
21.규탄 22.기묘사화 23.묘시 24.묘당 25.종묘
26.묘목 27.묘상 28.묘판 29.육묘 30.종묘
31.무산 32.농무 33.운무 34.오리무중 35.묵객
36.무오사화 37.묵수 38.묵향 39.수묵화 40.미행
41.말미 42.어두육미 43.후미 44.미궁 45.미아
46.미혹 47.미신 48.미간 49.백미 50.연민
51.민연 52.민감 53.민활 54.과민 55.기민
56.불민 57.밀어 58.밀월 59.채밀 60.민박
61.숙박 62.외박 63.정박 64.담박 65.반군
66.반란 67.반역 68.모반 69.배반 70.반석
71.기반 72.소반 73.암반 74.음반 75.반납
76.반송 77.반품 78.반환 79.발군 80.기발
81.선발 82.발본색원 83.해발 84.방관

▶ 211쪽
1.방증 2.방약무인 3.방청객 4.모방 5.방고
6.녹음방초 7.방명록 8.유방백세 9.방년 10.연방
11.만방 12.맹방 13.우방 14.이방인 15.건배
16.고배 17.금배 18.축배 19.규합 20.분규
21.내지 22.번뇌 23.번잡 24.식소사번 25.번안
26.번역 27.인내천 28.도료 29.변명 30.변상
31.변증 32.분변 33.변별력 34.병풍 35.병립
36.병설 37.병용 38.병행 39.병렬 40.계보
41.연보 42.악보 43.음보 44.족보 45.복채
46.봉기 47.분봉 48.양봉 49.여왕봉 50.용미봉탕
51.봉선화 52.부패 53.두부 54.절치부심 55.부엽토
56.도장 57.도탄 58.부임 59.부과 60.부여
61.부역 62.천부적 63.분묘 64.고분 65.봉분
66.쌍분 67.둔병 68.도청도설 69.불하 70.불입
71.완불 72.지불 73.환불 74.붕당 75.붕우
76.붕우유신 77.붕괴 78.붕어 79.빈객 80.국빈
81.귀빈 82.내빈 83.외빈 84.빈도

▶ 212쪽
1.빈발 2.빈번 3.빙모 4.빙례 5.빙장
6.초빙 7.유사 8.사이비 9.근사치 10.비몽사몽
11.사시 12.을사조약 13.희사 14.사사오입 15.사면
16.취사선택 17.사선 18.사시 19.사양 20.경사
21.사계 22.사문 23.사족 24.독사 25.장사진
26.용두사미 27.사약 28.사성 29.하사 30.후사
31.어사화 32.사기 33.사칭 34.삭감 35.삭발
36.삭제 37.첨삭 38.삭탈관직 39.삭망 40.삭풍
41.만삭 42.둔영 43.둔전 44.둔토 45.둔답
46.등귀 47.상환 48.보상 49.유상 50.감가상각
51.미상불 52.상전벽해 53.부상 54.상운 55.발상지
56.불상사 57.요새 58.궁색 59.어색 60.새옹지마
61.서무 62.서민 63.서자 64.서출 65.서술
66.추서 67.서사시 68.자서전 69.대서 70.처서
71.폭서 72.피서지 73.석일 74.석자 75.분석
76.해석 77.선방 78.선사 79.선종 80.좌선
81.참선 82.섭외 83.간섭 84.교섭

▶ 213쪽
1.소명 2.소집 3.소환 4.원화소복 5.소상
6.소각 7.소사 8.소주 9.소실 10.전소
11.소외 12.소원 13.소홀 14.소채 15.채소
16.소동 17.소란 18.소음 19.소객 20.창해일속
21.속미 22.송사 23.소송 24.쟁송 25.송독
26.낭송 27.암송 28.애송 29.쇄국 30.봉쇄
31.연쇄 32.폐쇄 33.수의 34.수인 35.죄수
36.사형수 37.수면 38.오수 39.혼수 40.수행
41.미수 42.모수자천 43.완수 44.수하 45.수연
46.필수 47.숙약 48.순환 49.순차 50.모순
51.순교 52.순국 53.순사 54.순장 55.순직
56.순음 57.순경음 58.순망치한 59.술시 60.습기
61.습도 62.습식 63.습지 64.엽등 65.궁시
66.신장 67.신축 68.굴신 69.추신 70.혼정신성
71.신성 72.신고 73.신승 74.천신만고 75.향신료
76.심방 77.추심 78.아성 79.치아 80.상아탑
81.맥아 82.발아 83.아귀 84.아사지경

▶ 214쪽
1.기아 2.산악 3.관악산 4.안서 5.안항
6.알현 7.배알 8.알성급제 9.앙화 10.재앙
11.생애 12.천애 13.액운 14.재액 15.횡액
16.독야청청 17.급기야 18.언즉시야 19.야소교 20.유아무야
21.양류 22.양귀비 23.어중간 24.어차피 25.심지어
26.종언 27.어언간 28.언감생심 29.여일인 30.여등
31.여의도 32.여망 33.상여 34.여론조사 35.여지도
36.검역 37.면역 38.방역 39.홍역 40.연미복
41.엽총 42.밀렵 43.염증 44.간염 45.뇌염
46.폐렴 47.폭염 48.염분 49.염산 50.염소
51.염전 52.식염수 53.배영 54.수영 55.유영
56.평영 57.혼영 58.영각 59.예각 60.예리
61.예민 62.신예 63.정예 64.오기 65.오만
66.오비삼척 67.오등 68.오호통재 69.오락 70.오락실
71.오명 72.오물 73.오욕 74.오점 75.오염
76.섭렵 77.옹주 78.노옹 79.부도옹 80.와가
81.와해 82.청와대 83.와룡 84.와병

▶ 215쪽
1.완급 2.완만 3.완충 4.완행 5.완화
6.왈가왈부 7.왈자 8.외경 9.외우 10.경외심
11.요동 12.요지부동 13.동요 14.요대 15.요절
16.요통 17.요원 18.용렬 19.중용 20.우선
21.우금 22.일신우일신 23.우심 24.우모 25.우서
26.우화등선 27.우조 28.운운 29.운위 30.위선
31.위조 32.위증 33.진위 34.허위 35.위벽
36.위염 37.위장 38.위도 39.경위 40.북위
41.위반 42.위배 43.위법 44.위약 45.위헌
46.유물론 47.유심론 48.유일무이 49.유독 50.사유
51.쾌유 52.유시 53.윤년 54.음유시인 55.음미
56.음풍농월 57.음란 58.음담 59.읍소 60.감읍
61.의당 62.시의 63.편의 64.만사휴의 65.동이
66.박이부정 67.요배 68.인척 69.혼인 70.인시
71.관료 72.임금 73.임대 74.임차 75.무임
76.운임 77.자객 78.자상 79.난자 80.수라
81.자행 82.방자 83.자의적 84.자색

▶ 216쪽
1.자주 2.산자수명 3.자외선 4.각료 5.동료
6.작위 7.작록 8.고관대작 9.공작 10.대작
11.첨작 12.정상참작 13.모욕 14.수모 15.모욕감
16.계묘생 17.양잠 18.장벽 19.장외 20.노류장화
21.장내 22.쾌재 23.애재 24.모험 25.여적난
26.접영 27.호접 28.정정 29.교정 30.수정
31.개정판 32.제방 33.방조제 34.방파제 35.조기
36.조문 37.반주 38.조화 39.경조 40.건조
41.조세 42.조차 43.준조세 44.졸고 45.졸렬
46.졸속 47.졸전 48.치졸 49.좌랑 50.좌평
51.보좌 52.주가 53.주식 54.각주구검 55.방주
56.일엽편주 57.준수 58.준엄 59.준재 60.준걸
61.영준 62.준법 63.준수 64.준거 65.중재
66.중개 67.중추절 68.백중지세 69.기증 70.증여
71.추증 72.지금 73.단지 74.금지옥엽 75.지엽
76.지각 77.지연 78.지지부진 79.질녀 80.질부
81.당질 82.숙질 83.징계 84.징벌

▶ 217쪽
1.징역 2.권선징악 3.차치 4.황차 5.중차대
6.차입 7.차명 8.차용 9.가차 10.포착
11.착각 12.착시 13.착오 14.교착 15.참극
16.참변 17.참사 18.참상 19.참패 20.참괴
21.동반 22.수반 23.복개 24.창달 25.유창
26.화창 27.채권 28.채권 29.채무 30.부채
31.사채 32.복면 33.반복 34.배척 35.척사
36.척화비 37.척후병 38.천거 39.공천 40.추천
41.타천 42.맹모삼천 43.변천 44.개과천선 45.천도
46.첨단 47.첨병 48.첨예 49.첨탑 50.첨가
51.첨부 52.금상첨화 53.별첨 54.신첩 55.애첩
56.소첩 57.쾌청 58.교체 59.대체 60.이체
61.초록 62.촉광 63.등촉 64.동촉 65.화촉
66.총기 67.총명 68.성총 69.추출 70.추상화
71.추문 72.추악 73.추태 74.추행 75.미추
76.축시 77.축사 78.가축 79.목축 80.축산업
81.축출 82.축객 83.각축 84.취기

▶ 218쪽

1.악취 2.체취 3.탈취 4.칠기 5.칠판
6.칠흑 7.침목 8.목침 9.침수 10.침투
11.타결 12.타당 13.타협 14.타락 15.의탁
16.탁류 17.둔탁 18.청탁 19.혼탁 20.일어탁수
21.세탁 22.탁족 23.번복 24.탈취 25.탈환
26.강탈 27.수탈 28.생살여탈 29.탐욕 30.탐관오리
31.탕약 32.탕재 33.냉탕 34.열탕 35.온탕
36.태만 37.태업 38.과태료 39.토로 40.토사
41.토출 42.토혈 43.실토 44.투명 45.투시
46.투철 47.투과 48.파다 49.파종 50.파천
51.전파 52.직파 53.파면 54.파업 55.파장
56.파직 57.파루 58.파다 59.편파적 60.판금
61.판로 62.판촉 63.가판 64.총판 65.패물
66.어패류 67.편곡 68.편대 69.편성 70.편제
71.개편 72.편력 73.편재 74.보편 75.폐지
76.폐기 77.폐차 78.폐품 79.존폐 80.납폐
81.폐물 82.조폐 83.지폐 84.화폐

▶ 219쪽

1.은폐 2.폐일언 3.포란 4.포부 5.회포
6.포수 7.포졸 8.포획 9.생포 10.포도청
11.포만 12.포식 13.포화 14.비육불포 15.대폭
16.보폭 17.증폭 18.화폭 19.표류 20.표백
21.필부 22.필적 23.필마 24.배필 25.하물
26.하역 27.하중 28.부하 29.한해 30.한재
31.한증막 32.불한당 33.함씨 34.함흥차사 35.함지
36.항간 37.항설 38.해시 39.해금 40.해당
41.해박 42.향년 43.향락 44.향유 45.제향
46.배향 47.동헌 48.서약 49.맹서 50.선서
51.현악기 52.관현악 53.현감 54.현령 55.군현
56.혈거 57.경혈 58.만사형통 59.묘혈 60.원형이정
61.호혈 62.형광등 63.단호 64.형설지공 65.어시호
66.불역낙호 67.호혜 68.호각지세 69.상호 70.호말
71.추호 72.휘호 73.혼미 74.혼절 75.황혼
76.홍보 77.홍문관 78.홍익인간 79.홍모 80.홍은
81.화곡 82.수확 83.확대 84.확산

▶ 220쪽

1.확장 2.확충 3.확성기 4.환약 5.탄환
6.포환 7.청심환 8.황량 9.황야 10.황폐
11.황당 12.파천황 13.효성 14.후작 15.제후
16.왕후장상 17.토후 18.훼손 19.훼상 20.광휘
21.제휴 22.휴대품 23.흉부 24.흉상 25.흉중
26.심흉 27.서거 28.급서 29.섭리 30.섭생
31.섭정 32.섭취 33.포섭 34.산상수훈 35.수직
36.솔선수범 37.수사 38.수색 39.수소문 40.압류
41.압송 42.압수 43.압운 44.압인 45.약동
46.약진 47.도약 48.비약 49.암약 50.활약
51.열람 52.열병 53.검열 54.교열 55.사열
56.옹립 57.옹위 58.옹호 59.포옹 60.응결
61.응고 62.응시 63.응집 64.재상 65.주재
66.전각 67.전당 68.전하 69.불전 70.절도
71.절취 72.주악 73.주청 74.연주 75.취주
76.전주곡 77.주산 78.주옥 79.진주 80.백팔염주
81.주물 82.주조 83.주화 84.주전

▶ 221쪽

1.주철 2.진국 3.진단 4.진도 5.내진
6.지진 7.체납 8.체류 9.체불 10.체증
11.정체 12.침체 13.체포 14.체감 15.체신
16.교체 17.우체국 18.초속 19.초침 20.분초
21.탄강 22.탄생 23.탄신 24.허탄 25.성탄절
26.파수 27.파지 28.파필 29.편견 30.편식
31.편애 32.편중 33.편파 34.혐기 35.혐오
36.혐의 37.형평 38.균형 39.연횡 40.도량형

【정답】- 한자어 쓰기

▶ 222쪽
1. 架空 2. 架橋 3. 架設 4. 書架 5. 十字架
6. 却說 7. 棄却 8. 忘却 9. 賣却 10. 退却
11. 姦臣 12. 姦淫 13. 姦通 14. 姦凶 15. 渴求
16. 渴望 17. 渴症 18. 解渴 19. 鋼材 20. 鋼鐵
21. 鋼板

▶ 223쪽
1. 製鋼 2. 鐵鋼 3. 慨歎 4. 憤慨 5. 感慨無量
6. 皆勤 7. 擧皆 8. 皆骨山 9. 蓋然性 10. 蓋馬高原
11. 口蓋音化 12. 休憩室 13. 肩骨 14. 肩章 15. 比肩
16. 絹絲 17. 絹織物 18. 人造絹 19. 派遣 20. 公卿大夫
21. 庚辰年 22. 口徑 23. 半徑

▶ 224쪽
1. 直徑 2. 究竟 3. 畢竟 4. 硬度 5. 硬質
6. 硬化 7. 硬直 8. 强硬 9. 桂冠 10. 桂皮
11. 月桂冠 12. 癸卯 13. 癸丑日記 14. 枯渴 15. 枯死
16. 榮枯盛衰 17. 顧客 18. 顧問 19. 回顧錄 20. 四顧無親
21. 乾坤

▶ 225쪽
1. 干戈 2. 瓜滿 3. 果木 4. 城郭 5. 外郭
6. 掛念 7. 掛意 8. 掛圖 9. 卦鐘 10. 金塊
11. 銀塊 12. 愧色 13. 自愧之心 14. 矯正 15. 矯導所
16. 矯角殺牛 17. 郊外 18. 近郊 19. 丘陵 20. 丘陵地
21. 俱現 22. 父母俱存

▶ 226쪽
1. 走狗 2. 海狗 3. 羊頭狗肉 4. 喪家之狗 5. 疑懼心
6. 苟且 7. 驅迫 8. 驅步 9. 驅蟲 10. 驅逐
11. 先驅者 12. 白鷗 13. 龜鑑 14. 龜裂 15. 厥女
16. 絶叫 17. 閨房 18. 閨秀 19. 閨中 20. 滅菌
21. 無菌 22. 病菌 23. 殺菌

▶ 227쪽
1. 細菌 2. 僅僅 3. 僅少 4. 斤量 5. 斤數
6. 勤愼 7. 謹嚴 8. 謹弔 9. 謹賀新年 10. 肯定
11. 首肯 12. 幾十萬 13. 幾何級數 14. 忌日 15. 忌中
16. 忌避 17. 禁忌 18. 忌祭祀 19. 棄權 20. 放棄
21. 投棄 22. 破棄 23. 欺罔 24. 斷念

▶ 228쪽
1. 旣成 2. 旣約 3. 旣存 4. 旣婚 5. 旣得權
6. 飢渴 7. 虛飢 8. 騎手 9. 騎士 10. 騎馬
11. 騎兵 12. 單騎 13. 支那 14. 娘子 15. 奈何
16. 奈落 17. 莫無可奈 18. 農談 19. 濃度 20. 濃墨
21. 濃縮 22. 濃厚 23. 惱殺 24. 苦惱

▶ 229쪽
1. 泥田鬪狗 2. 白鹿潭 3. 田畓 4. 天水畓 5. 糖分
6. 糖度 7. 果糖 8. 乳糖 9. 雪糖 10. 貸金
11. 貸付 12. 貸與 13. 貸借 14. 貸出 15. 倒産
16. 倒置 17. 壓倒 18. 卒倒 19. 打倒 20. 渡江
21. 渡來 22. 賣渡 23. 不渡

▶ 230쪽
1. 引渡 2. 挑發 3. 挑戰 4. 桃園 5. 桃花
6. 胡桃 7. 武陵桃源 8. 跳梁 9. 稻熱病 10. 立稻先賣
11. 篤實 12. 危篤 13. 篤志家 14. 敦篤 15. 敦厚
16. 敦化門 17. 豚舍 18. 豚肉 19. 家豚 20. 養豚
21. 種豚 22. 凍結 23. 凍死

▶ 231쪽
1. 凍傷 2. 凍破 3. 冷凍 4. 梧桐 5. 鈍感
6. 鈍器 7. 鈍才 8. 老鈍 9. 愚鈍 10. 洛陽
11. 洛東江 12. 爛熟 13. 能手能爛 14. 天眞爛漫 15. 濫發
16. 濫伐 17. 濫用 18. 濫獲 19. 藍色 20. 靑出於藍
21. 掠奪 22. 侵掠 23. 橋梁

▶ 232쪽
1. 上梁 2. 梁上君子 3. 海諒 4. 諒知 5. 諒解
6. 可憐 7. 同病相憐 8. 蓮花 9. 蓮根 10. 木蓮
11. 劣性 12. 劣勢 13. 劣惡 14. 卑劣 15. 優劣
16. 裂傷 17. 決裂 18. 分裂 19. 破裂 20. 滅裂
21. 廉價 22. 廉恥

▶ 233쪽
1. 廉探 2. 低廉 3. 淸廉 4. 零度 5. 零細
6. 零落 7. 零點 8. 零下 9. 祿邑 10. 官祿
11. 國祿 12. 福祿 13. 鹿角 14. 鹿皮 15. 指鹿爲馬
16. 雷管 17. 落雷 18. 避雷針 19. 附和雷同 20. 滿了
21. 修了 22. 完了 23. 終了

234쪽

1.了解 2.屢代 3.屢次 4.落淚 5.血淚
6.催淚彈 7.漏落 8.漏水 9.漏電 10.漏出
11.脫漏 12.累計 13.累代 14.累積 15.累進
16.累卵之勢 17.梨花 18.烏飛梨落 19.近隣 20.善隣
21.隣近 22.隣接 23.麻衣

235쪽

1.菜麻 2.大麻草 3.快刀亂麻 4.磨滅 5.鍊磨
6.晩年 7.晩鐘 8.晩秋 9.大器晩成 10.慢性
11.自慢 12.漫談 13.漫筆 14.漫畫 15.浪漫
16.散漫 17.蠻勇 18.蠻行 19.南蠻 20.野蠻
21.忙中閑 22.公私多忙

236쪽

1.勿忘草 2.刻骨難忘 3.背恩忘德 4.罔極 5.罔測
6.茫漠 7.茫茫大海 8.茫然自失 9.埋沒 10.埋伏
11.埋立 12.暗埋葬 13.媒體 14.觸媒 15.媒介體
16.麥酒 17.小麥 18.免稅 19.免除 20.免罪
21.免職 22.免禍

237쪽

1.冥福 2.冥想 3.冥王星 4.募金 5.募集
6.公募 7.應募 8.暮春 9.歲暮 10.朝令暮改
11.朝三暮四 12.某國 13.某氏 14.某種 15.某年
16.某處 17.沐浴 18.沐浴湯 19.卯時 20.己卯士禍
21.廟堂 22.宗廟

238쪽

1.苗木 2.苗床 3.苗板 4.育苗 5.種苗
6.戊午士禍 7.霧散 8.濃霧 9.雲霧 10.五里霧中
11.墨客 12.墨守 13.墨香 14.水墨畫 15.尾行
16.末尾 17.後尾 18.魚頭肉尾 19.迷宮 20.迷兒
21.迷惑 22.迷信

239쪽

1.眉間 2.白眉 3.憐憫 4.憫然 5.敏感
6.敏活 7.過敏 8.機敏 9.不敏 10.密語
11.蜜月 12.探蜜 13.民泊 14.宿泊 15.外泊
16.停泊 17.淡泊 18.叛軍 19.叛亂 20.叛逆
21.謀叛 22.背叛 23.盤石 24.基盤

240쪽

1.小盤 2.巖盤 3.音盤 4.返納 5.返送
6.返品 7.返還 8.拔群 9.奇拔 10.選拔
11.海拔 12.拔本塞源 13.傍觀 14.傍證 15.傍聽客
16.傍若無人 17.模倣 18.倣古 19.芳年 20.芳名錄
21.流芳百世 22.綠陰芳草 23.聯邦

241쪽

1.萬邦 2.盟邦 3.友邦 4.異邦人 5.乾杯
6.苦杯 7.金杯 8.祝杯 9.冬柏 10.松柏
11.側柏 12.煩惱 13.煩雜 14.食少事煩 15.飜案
16.飜譯 17.氾濫 18.汎神論 19.辨明 20.辨償
21.辨證 22.分辨 23.辨別力

242쪽

1.屛風 2.竝立 3.竝設 4.竝用 5.竝行
6.竝列 7.系譜 8.年譜 9.樂譜 10.音譜
11.族譜 12.卜債 13.蜂起 14.分蜂 15.養蜂
16.女王蜂 17.鳳仙花 18.龍味鳳湯 19.腐敗 20.豆腐
21.腐葉土 22.切齒腐心

243쪽

1.皮膚 2.皮膚病 3.赴任 4.賦課 5.賦與
6.賦役 7.天賦的 8.墳墓 9.古墳 10.封墳
11.雙墳 12.弗素 13.百萬弗 14.拂入 15.拂下
16.完拂 17.支拂 18.還拂 19.朋黨 20.朋友
21.朋友有信 22.崩壞 23.崩御 24.賓客

244쪽

1.國賓 2.貴賓 3.來賓 4.外賓 5.頻度
6.頻發 7.頻繁 8.聘母 9.聘禮 10.聘丈
11.招聘 12.類似 13.似而非 14.近似値 15.非夢似夢
16.巳時 17.乙巳條約 18.喜捨 19.四捨五入 20.取捨選擇
21.斜面 22.斜線 23.斜視

245쪽

1.斜陽 2.傾斜 3.斯界 4.斯文 5.蛇足
6.毒蛇 7.長蛇陣 8.龍頭蛇尾 9.賜藥 10.賜姓
11.下賜 12.厚賜 13.御史花 14.詐欺 15.詐稱
16.削減 17.削髮 18.削除 19.添削 20.削奪官職
21.朔望

246쪽

1.朔風 2.滿朔 3.酸性 4.酸素 5.炭酸
6.胃酸 7.黃酸 8.償還 9.報償 10.有償
11.減價償却 12.未嘗不 13.扶桑 14.桑田碧海 15.祥雲
16.發祥地 17.不祥事 18.要塞 19.窮塞 20.語塞
21.塞翁之馬 22.庶務 23.庶民

247쪽

1.庶子 2.庶出 3.敍述 4.追敍 5.敍事詩
6.自敍傳 7.大暑 8.處暑 9.暴暑 10.避暑地
11.昔日 12.昔者 13.分析 14.解析 15.禪房
16.禪師 17.禪宗 18.坐禪 19.參禪 20.涉外
21.干涉 22.交涉 23.召命 24.召集

248쪽

1.召還 2.遠禍召福 3.昭詳 4.燒却 5.燒死
6.燒酒 7.燒失 8.全燒 9.疏外 10.疏遠
11.疏忽 12.蔬菜 13.菜蔬 14.騷動 15.騷亂
16.騷音 17.騷客 18.粟米 19.滄海一粟 20.訟事
21.訴訟 22.爭訟 23.誦讀 24.朗誦

249쪽

1.暗誦 2.愛誦 3.鎖國 4.封鎖 5.連鎖
6.閉鎖 7.囚衣 8.囚人 9.罪囚 10.死刑囚
11.睡眠 12.午睡 13.昏睡 14.遂行 15.未遂
16.完遂 17.毛遂自薦 18.誰何 19.必須 20.循環
21.循次 22.矛盾 23.殉敎 24.殉國

250쪽

1.殉死 2.殉葬 3.殉職 4.脣音 5.脣輕音
6.脣亡齒寒 7.戌時 8.濕氣 9.濕度 10.濕式
11.濕地 12.升斗之利 13.弓矢 14.伸長 15.伸縮
16.屈伸 17.追伸 18.晨星 19.昏定晨星 20.辛苦
21.辛勝 22.香辛料

251쪽

1.千辛萬苦 2.尋訪 3.推尋 4.牙城 5.齒牙
6.象牙塔 7.麥芽 8.發芽 9.餓鬼 10.飢餓
11.餓死之境 12.山岳 13.冠岳山 14.雁書 15.雁行
16.謁見 17.拜謁 18.謁聖及第 19.殃禍 20.災殃
21.生涯 22.天涯

252쪽

1.厄運 2.災厄 3.橫厄 4.及其也 5.獨也靑靑
6.言則是也 7.耶蘇敎 8.有耶無耶 9.楊柳 10.楊貴妃
11.於中間 12.於此彼 13.甚至於 14.終焉 15.於焉間
16.焉敢生心 17.汝矣島 18.輿望 19.喪輿 20.輿地圖
21.輿論調査 22.檢疫

253쪽

1.免疫 2.防疫 3.紅疫 4.燕尾服 5.硯床
6.紙筆硯墨 7.炎症 8.肝炎 9.腦炎 10.肺炎
11.暴炎 12.鹽分 13.傲霜孤節 14.鹽素 15.鹽田
16.食鹽水 17.背泳 18.水泳 19.遊泳 20.平泳
21.混泳

254쪽

1.詠物 2.銳角 3.銳利 4.銳敏 5.新銳
6.精銳 7.傲氣 8.傲慢 9.吾等 10.吾鼻三尺
11.嗚呼痛哉 12.娛樂 13.娛樂室 14.汚名 15.汚物
16.汚辱 17.汚點 18.汚染 19.碧梧桐 20.翁主
21.老翁 22.不倒翁

255쪽

1.瓦家 2.瓦屋 3.瓦當 4.瓦解 5.靑瓦臺
6.臥龍 7.臥病 8.緩急 9.緩慢 10.緩衝
11.緩行 12.緩和 13.曰可曰否 14.畏敬 15.畏友
16.敬畏心 17.搖動 18.動搖 19.搖之不動 20.腰帶
21.腰折 22.腰痛 23.遙遠 24.庸劣

256쪽

1.中庸 2.于先 3.于今 4.日新又日新 5.尤甚
6.羽毛 7.羽書 8.羽調 9.羽化登仙 10.云云
11.云謂 12.僞善 13.僞造 14.僞證 15.眞僞
16.虛僞 17.胃壁 18.胃炎 19.胃腸 20.緯度
21.經緯 22.北緯

257쪽

1.違反 2.違背 3.違法 4.違約 5.違憲
6.唯物論 7.唯心論 8.唯一無二 9.惟獨 10.思惟
11.閏年 12.吟味 13.吟遊詩人 14.吟風弄月 15.淫亂
16.淫談 17.泣訴 18.感泣 19.宜當 20.時宜
21.便宜

258쪽

1.萬事休矣 2.東夷 3.博而不精 4.姻戚 5.婚姻
6.賃金 7.賃貸 8.賃借 9.無賃 10.運賃
11.刺客 12.刺傷 13.亂刺 14.水刺 15.恣行
16.放恣 17.恣意的 18.紫色 19.紫朱 20.紫外線
21.山紫水明 22.雌雄 23.爵位

259쪽

1.爵祿 2.公爵 3.高官大爵 4.對酌 5.情狀參酌
6.蠶農 7.蠶食 8.蠶室 9.蠶業 10.養蠶
11.墻壁 12.墻內 13.路柳墻花 14.快哉 15.哀哉
16.硯滴 17.餘滴欄 18.蝶泳 19.胡蝶 20.訂正
21.校訂 22.修訂 23.改訂版

260쪽

1.堤防 2.防潮堤 3.防波堤 4.弔旗 5.弔問
6.弔鐘 7.弔花 8.慶弔 9.乾燥 10.租稅
11.租借 12.拙稿 13.拙劣 14.拙速 15.拙戰
16.稚拙 17.佐郞 18.佐平 19.補佐 20.株價
21.株式 22.方舟

261쪽

1.刻舟求劍 2.一葉片舟 3.俊秀 4.俊才 5.英俊
6.遵法 7.遵守 8.遵據 9.仲裁 10.仲介
11.仲秋節 12.伯仲之勢 13.寄贈 14.贈與 15.追贈
16.只今 17.但只 18.枝葉 19.金枝玉葉 20.遲刻
21.遲延 22.遲遲不進

262쪽

1.姪女 2.姪婦 3.叔姪 4.懲戒 5.懲罰
6.懲役 7.勸善懲惡 8.且置 9.況且 10.重且大
11.借入 12.借名 13.借用 14.假借 15.捕捉
16.錯覺 17.錯視 18.錯誤 19.交錯 20.慘劇
21.慘變 22.慘事

263쪽

1.慘狀 2.慘敗 3.慙愧 4.滄浪 5.滄波
6.滄海 7.暢達 8.流暢 9.和暢 10.債券
11.債權 12.債務 13.負債 14.私債 15.悽慘
16.悽絶 17.排斥 18.斥邪 19.斥和碑 20.斥候兵
21.薦擧 22.公薦

264쪽

1.推薦 2.他薦 3.遷都 4.變遷 5.改過遷善
6.孟母三遷 7.尖端 8.尖兵 9.尖銳 10.尖塔
11.添加 12.添附 13.別添 14.錦上添花 15.臣妾
16.愛妾 17.小妾 18.快晴 19.交替 20.代替
21.移替 22.抄錄

265쪽

1.燭光 2.燈燭 3.華燭 4.聰氣 5.聰明
6.聖聰 7.抽出 8.抽象畫 9.醜聞 10.醜惡
11.醜態 12.醜行 13.美醜 14.畜舍 15.家畜
16.牧畜 17.畜産業 18.逐出 19.逐客 20.角逐
21.臭氣 22.惡臭 23.體臭

266쪽

1.脫臭 2.漆器 3.漆板 4.漆黑 5.枕木
6.木枕 7.浸水 8.浸透 9.妥結 10.妥當
11.妥協 12.墮落 13.依託 14.濁流 15.鈍濁
16.淸濁 17.混濁 18.一魚濁水 19.洗濯 20.濯足
21.琢磨 22.奪取

267쪽

1.奪還 2.强奪 3.收奪 4.生殺與奪 5.貪慾
6.貪官汚吏 7.湯藥 8.冷湯 9.熱湯 10.溫湯
11.怠慢 12.怠業 13.過怠料 14.吐露 15.吐血
16.實吐 17.透明 18.透視 19.透徹 20.透過
21.播多 22.播種

268쪽

1.播遷 2.傳播 3.直播 4.罷免 5.罷業
6.罷場 7.罷職 8.罷漏 9.頗多 10.偏頗的
11.販禁 12.販路 13.販促 14.街販 15.總販
16.貝物 17.漁貝類 18.編曲 19.編隊 20.編成
21.編制 22.改編

269쪽

1.遍歷 2.遍在 3.普遍 4.廢止 5.廢棄
6.廢車 7.廢品 8.存廢 9.納幣 10.幣物
11.造幣 12.紙幣 13.貨幣 14.隱蔽 15.蔽一言
16.抱卵 17.抱負 18.懷抱 19.捕手 20.捕卒
21.捕獲 22.生捕

➡ 270쪽

1.捕盜廳 2.飽滿 3.飽食 4.飽和 5.非肉不飽
6.大幅 7.步幅 8.增幅 9.畫幅 10.漂流
11.漂白 12.匹夫 13.匹敵 14.匹馬 15.配匹
16.荷物 17.荷役 18.荷重 19.負荷 20.旱害
21.旱災 22.汗蒸幕

➡ 271쪽

1.不汗黨 2.咸池 3.咸興差使 4.巷間 5.巷說
6.奚琴 7.該當 8.該博 9.享年 10.享樂
11.享有 12.祭享 13.配享 14.東軒 15.上弦
16.下弦 17.絃樂器 18.管絃樂 19.縣監 20.縣令
21.郡縣

➡ 272쪽

1.穴居 2.墓穴 3.虎穴 4.元亨利貞 5.萬事亨通
6.螢光燈 7.螢雪之功 8.斷乎 9.不亦樂乎 10.互惠
11.相互 12.互角之勢 13.毫末 14.秋毫 15.揮毫
16.昏迷 17.昏絶 18.黃昏 19.弘報 20.弘文館
21.弘益人間

➡ 273쪽

1.鴻毛 2.鴻恩 3.收穫 4.擴大 5.擴散
6.擴張 7.擴充 8.擴聲器 9.丸藥 10.彈丸
11.砲丸 12.淸心丸 13.荒涼 14.荒野 15.荒廢
16.荒唐 17.破天荒 18.曉星 19.侯爵 20.諸侯
21.王侯將相 22.土侯

➡ 274쪽

1.毁損 2.毁傷 3.光輝 4.提携 5.携帶品
6.胸部 7.胸像 8.胸中 9.心胸

♣ 다음 반의어(反義語 = 뜻이 서로 반대되거나 상대인 한자)를 써 보시오.

•건곤(乾坤) : 하늘과 땅.	乾 坤 하늘 건 따 곤		
•건습(乾濕) : 마름과 젖음.	乾 濕 마를 건 젖을 습		
•경조(慶:弔) : 경사스런 일과 궂은일.	慶 弔 경사 경 조상할 조		
•경위(經緯) : 경도와 위도.	經 緯 지날 경 씨 위		
•근태(勤怠) : 부지런함과 게으름.	勤 怠 부지런할 근 게으를 태		
•대차(貸:借) : 꾸어 줌과 꾸어 옴.	貸 借 빌릴 대 빌릴 차		
•미추(美:醜) : 아름다움과 추함.	美 醜 아름다울 미 추할 추		
•수미(首尾) : 사물의 머리와 꼬리.	首 尾 머리 수 꼬리 미		

♣ **다음 반의어**(反義語 = 뜻이 서로 반대되거나 상대인 한자)**를 써 보시오.**

• 신축(伸縮) : 늘고 줆.	伸 縮			
	펼 **신** / 줄일 **축**			
• 완급(緩:急) : 느림과 빠름.	緩 急			
	느릴 **완** / 급할 **급**			
• 우열(優劣) : 낫고 못함.	優 劣			
	넉넉할 **우** / 못할 **렬**			
• 임면(任:免) : 임명과 해임.	任 免			
	맡길 **임** / 면할 **면**			
• 전답(田畓) : 논밭.	田 畓			
	밭 **전** / 논 **답**			
• 조만(早:晚) : 이름과 늦음.	早 晚			
	이를 **조** / 늦을 **만**			
• 존폐(存廢) : 보존과 폐지.	存 廢			
	있을 **존** / 폐할 **폐**			
• 진위(眞僞) : 참과 거짓.	眞 僞			
	참 **진** / 거짓 **위**			

♣ **다음 반의어**(反義語 = 뜻이 서로 반대되거나 상대인 한자)**를 써 보시오.**

• 첨삭(添削) : 시문·답안 등에 말을 보태거나 깎아내 고침.	添 削 더할 첨 / 깎을 삭		
• 청우(晴雨) : 날이 갬과 비가 옴.	晴 雨 갤 청 / 비 우		

♣ 다음 반의한자어(反義漢字語)를 써 보시오.

• 가공(架空) : 근거 없음.	架	空					
	시렁 가	빌 공					
• 실재(實在) : 현실에 존재함.	實	在					
	참될 실	있을 재					
• 가열(加熱) : 열을 가함.	加	熱					
	더할 가	더울 열					
• 냉각(冷:却) : 식히어 차게함.	冷	却					
	찰 랭	물리칠 각					
• 각하(却下) : 원서나 소송 따위를 받지 아니하고 물리침.	却	下					
	물리칠 각	아래 하					
• 수리(受理) : 서류를 받아서 처리함.	受	理					
	받을 수	다스릴 리					
• 강경(強硬) : 굳세게 버티어 굽히지 아니함.	強	硬					
	강할 강	굳을 경					
• 유화(柔和) : 부드럽고 온화함.	柔	和					
	부드러울 유	화할 화					

♣ 다음 반의한자어(反義漢字語)를 써 보시오.

• 개방(開放) : 열어 놓음.	開 放 열 개 / 놓을 방		
• 폐쇄(閉:鎖) : 외부와 문화적·정신적 교류를 끊음.	閉 鎖 닫을 폐 / 쇠사슬 쇄		
• 건조(乾燥) : 습기나 물기가 없어짐.	乾 燥 마를 건 / 마를 조		
• 습윤(濕潤) : 젖어서 질척질척함.	濕 潤 젖을 습 / 젖을 윤		
• 교묘(巧:妙) : 솜씨나 꾀가 재치있고 묘함.	巧 妙 공교할 교 / 묘할 묘		
• 졸렬(拙劣) : 옹졸하게 비열함.	拙 劣 졸할 졸 / 못할 렬		
• 구속(拘束) : 행동이나 의사의 자유를 제한함.	拘 束 잡을 구 / 묶을 속		
• 방면(放:免) : 용서하여 놓아줌.	放 免 놓을 방 / 면할 면		

♣ 다음 반의한자어(反義漢字語)를 써 보시오.

• 근소(僅:少) : 아주 적음.	僅 少 겨우 근 / 적을 소		
• 과다(過:多) : 너무 많음.	過 多 지나칠 과 / 많을 다		
• 기발(奇拔) : 유달리 재치 있게 뛰어남.	奇 拔 기특할 기 / 뽑을 발		
• 평범(平凡) : 뛰어나거나 색다른 점이 없어 보통임.	平 凡 보통 평 / 평범할 범		
• 기아(飢餓) : 굶주림.	飢 餓 주릴 기 / 주릴 아		
• 포식(飽:食) : 배부르게 먹음.	飽 食 배부를 포 / 먹을 식		
• 남용(濫:用) : 일정한 기준이나 한도를 넘어서 마구 씀.	濫 用 넘칠 람 / 쓸 용		
• 절약(節約) : 아껴 씀.	節 約 마디 절 / 맺을 약		

♣ 다음 반의한자어(反義漢字語)를 써 보시오.

• 도심(都心) : 도시의 중심부.	都 心 도읍 도 / 중심 심		
• 교외(郊外) : 들이나 논밭이 비교적 많은, 도시의 주변.	郊 外 들 교 / 바깥 외		
• 독창(獨創) : 혼자의 힘으로 새롭고 독특한 것을 처음으로 만들어 내거나 고안해 냄.	獨 創 홀로 독 / 비롯할 창		
• 모방(模倣) : 다른 것을 본뜨거나 본받음.	模 倣 본뜰 모 / 본뜰 방		
• 망각(忘却) : 잊어버림.	忘 却 잊을 망 / 물리칠 각		
• 기억(記憶) : 의식 속에 간직된 인상이나 경험의 축적.	記 憶 기록할 기 / 생각할 억		
• 삭감(削減) : 깎아서 줄임.	削 減 깎을 삭 / 덜 감		
• 첨가(添加) : 이미 있는 것에 덧붙이거나 보탬.	添 加 더할 첨 / 더할 가		

♣ 다음 반의한자어(反義漢字語)를 써 보시오.

•정숙(靜:肅) : 고요하고 엄숙함.	靜 肅 고요할 정 / 엄숙할 숙		
•소란(騷亂) : 어수선하고 시끄러움.	騷 亂 떠들 소 / 어지러울 란		
•정착(定:着) : 일정한 곳에 자리잡아 떠나지 아니함.	定 着 정할 정 / 붙을 착		
•표류(漂流) : 정처 없이 돌아다님.	漂 流 떠다닐 표 / 흐를 류		
•진실(眞實) : 거짓이 없이 바르고 참됨.	眞 實 참 진 / 열매 실		
•허위(虛僞) : 거짓.	虛 僞 빌 허 / 거짓 위		
•축소(縮小) : 줄여서 작아짐.	縮 小 줄일 축 / 작을 소		
•확대(擴大) : 늘이어서 크게 함.	擴 大 넓힐 확 / 큰 대		

♣ **다음 반의한자어(反義漢字語)를 써 보시오.**

• 쾌승(快勝) : 시원스럽게 이김.	快 勝 쾌할 쾌 / 이길 승		
• 참패(慘敗) : 참혹하게 패배하거나 실패함.	慘 敗 참혹할 참 / 패할 패		
• 긍정(肯定) : 그러하다고 인정함.	肯 定 즐길 긍 / 정할 정		
• 부정(否定) : 그러하지 아니하다고 단정함.	否 定 아닐 부 / 정할 정		
• 급행(急行) : 급히 감.	急 行 급할 급 / 다닐 행		
• 완행(緩行) : 느리게 감.	緩 行 느릴 완 / 다닐 행		
• 냉동(冷凍) : 냉각시켜서 얼림.	冷 凍 찰 랭 / 얼 동		
• 해동(解凍) : 얼었던 것이 녹아서 풀림.	解 凍 풀 해 / 얼 동		

♣ 다음 반의한자어(反義漢字語)를 써 보시오.

• 구체적(具體的) : 사물이 실제적이고 개별적인 형태를 갖추고 있는 것.	具 갖출 구	體 몸 체	的 어조사 적
• 추상적(抽象的) : 말이나 생각 따위가 현실과 동떨어져 막연한 것.	抽 뽑을 추	象 형상 상	的 어조사 적
• 대장부(大丈夫) : 장하고 씩씩한 사나이.	大 큰 대	丈 어른 장	夫 사내 부
• 졸장부(拙丈夫) : 도량이 좁고 졸렬한 남자.	拙 졸할 졸	丈 어른 장	夫 사내 부
• 유물론(唯物論) : 영혼이나 정신 따위의 실재를 부정하고, 우주 만물의 궁극적 실재는 물질뿐이라고 보는 이론.	唯 오직 유	物 물건 물	論 논할 론
• 유심론(唯心論) : 우주 만물의 참된 실재는 정신적인 것이며, 물질적인 것은 그 현상에 지나지 않는다고 주장하는 이론.	唯 오직 유	心 마음 심	論 논할 론
• 채권자(債權者) : 채무자에게 어떤 급부를 청구할 권리가 있는 사람.	債 빚 채	權 권세 권	者 사람 자
• 채무자(債務者) : 채권자에게 급부의 의무가 있는 사람.	債 빚 채	務 힘쓸 무	者 사람 자

♣ 다음 동의어(同義語 = 뜻이 같거나 비슷한 한자)를 써 보시오.

• 기아(飢餓) : 굶주림.	飢 餓 주릴 기 / 주릴 아			
• 돈독(敦篤) : 인정이 두터움.	敦 篤 도타울 돈 / 도타울 독			
• 반환(返:還) : 꾸거나 빌렸던 것을 도로 돌려 줌.	返 還 돌이킬 반 / 돌아올 환			
• 분묘(墳墓) : 무덤.	墳 墓 무덤 분 / 무덤 묘			
• 말미(末尾) : 어떤 것의 끝 부분.	末 尾 끝 말 / 꼬리 미			
• 세탁(洗濯) : 빨래.	洗 濯 씻을 세 / 씻을 탁			
• 심방(尋訪) : 방문해 찾아봄.	尋 訪 찾을 심 / 찾을 방			
• 종료(終了) : 일을 끝마침.	終 了 마칠 종 / 마칠 료			

♣ 다음 동의어(同義語 = 뜻이 같거나 비슷한 한자)를 써 보시오.

• 준걸(俊:傑) : 재주와 슬기가 몹시 뛰어남.	俊傑 준걸 준 / 뛰어날 걸			
• 준수(俊:秀) : 풍채가 썩 빼어남.	俊秀 준걸 준 / 빼어날 수			
• 채소(菜:蔬) : 온갖 푸성귀.	菜蔬 나물 채 / 나물 소			
• 포획(捕:獲) : 짐승이나 물고기를 잡음.	捕獲 잡을 포 / 얻을 획			
• 필경(畢竟) : 마침내.	畢竟 마칠 필 / 마침내 경			
• 견인(牽引) : 끌어당김.	牽引 이끌 견 / 끌 인			

♣ 다음 동의한자어(同義漢字語)를 써 보시오.

• 공명(共鳴) : 남의 생각·주장·감정 등에 찬성함.	共 鳴 함께 공 / 울 명			
• 수긍(首肯) : 옳다고 인정함.	首 肯 머리 수 / 즐길 긍			
• 배은(背:恩) : 은혜를 저버림.	背 恩 등 배 / 은혜 은			
• 망덕(忘德) : 은덕을 잊어버림.	忘 德 잊을 망 / 큰 덕			
• 천지(天地) : 하늘과 땅. 세상.	天 地 하늘 천 / 따 지			
• 건곤(乾坤) : 하늘과 땅. 세상.	乾 坤 하늘 건 / 따 곤			
• 표박(漂泊) : 정처 없이 떠돌아다님.	漂 泊 떠다닐 표 / 머무를 박			
• 유리(流離) : 정처 없이 떠돌아다님.	流 離 흐를 류 / 떠날 리			

♣ 다음 동음이의어(同音異義語 = 소리는 같으나 뜻이 다른 한자어)를 써 보시오.

• 가산(加算) : 더하여 셈함.	加 算 더할 가 셈 산		
• 가산(家産) : 한 집안의 재산.	家 産 집 가 낳을 산		
• 고문(古:文) : 옛 글.	古 文 예 고 글월 문		
• 고문(顧問) : 물음을 받고 의견을 제공하는 직책.	顧 問 돌아볼 고 물을 문		
• 공중(空中) : 하늘과 땅 사이의 빈 곳.	空 中 빌 공 가운데 중		
• 공중(公衆) : 사회의 일반 사람들.	公 衆 공평할 공 무리 중		
• 과장(課長) : 회사나 관청의 한 과의 책임자.	課 長 과정 과 어른 장		
• 과장(誇:張) : 실지보다 크게 나타냄.	誇 張 자랑할 과 베풀 장		

♣ 다음 동음이의어(同音異義語 = 소리는 같으나 뜻이 다른 한자어)를 써 보시오.

• 관리(官吏) : 관직에 있는 사람.	官 吏 벼슬 관 관리 리			
• 관리(管理) : 일을 맡아 처리함.	管 理 주관할 관 다스릴 리			
• 동요(童:謠) : 아이들이 부르는 노래.	童 謠 아이 동 노래 요			
• 동요(動:搖) : 흔들리고 움직임.	動 搖 움직일 동 흔들 요			
• 방위(方位) : 어떠한 쪽의 위치.	方 位 모 방 자리 위			
• 방위(防圍) : 공격하는 적을 막아 에워쌈.	防 圍 막을 방 에워쌀 위			
• 보석(寶:石) : 장식품이 될 만한 가치가 있는 비금속 광물.	寶 石 보배 보 돌 석			
• 보석(保釋) : 일정한 보석금을 내게 하고 구류 중인 미결수를 석방하는 일.	保 釋 지킬 보 풀 석			

297

♣ 다음 동음이의어(同音異義語 = 소리는 같으나 뜻이 다른 한자어)를 써 보시오.

• 분실(分室) : 본부 외에 따로 나누어 설치한 작은 기관.	分室 나눌 분 / 집 실			
• 분실(紛失) : 모르는 사이에 잃어버림.	紛失 어지러울 분 / 잃을 실			
• 사용(使:用) : 물건을 씀.	使用 부릴 사 / 쓸 용			
• 사용(私用) : 공용물을 사사로이 씀.	私用 사사 사 / 쓸 용			
• 시각(時刻) : 시간의 어떤 순간에서의 시점.	時刻 때 시 / 새길 각			
• 시각(視:覺) : 빛이 눈의 망막을 자극해서 일어나는 감각.	視覺 볼 시 / 깨달을 각			
• 신고(申告) : 해당 기관에 일정한 사실을 알리는 일.	申告 알릴 신 / 고할 고			
• 신고(辛苦) : 어려운 일을 당하여 몹시 애씀.	辛苦 매울 신 / 쓸 고			

♣ **다음 동음이의어**(同音異義語 = 소리는 같으나 뜻이 다른 한자어)**를 써 보시오.**

• 연소(年少) : 나이가 어림.	年 少 나이 **년** 젊을 **소**		
• 연소(燃燒) : 불이 붙어 탐.	燃 燒 불탈 **연** 불탈 **소**		
• 영세(永:世) : 영원한 세대나 세월.	永 世 길 **영** 세대 **세**		
• 영세(零細) : 수입이 적고 생활이 군색함.	零 細 떨어질 **령** 가늘 **세**		
• 영화(映:畫) : 어떠한 주제를 움직이는 영상으로 표현하는 예술의 한 장르.	映 畫 비칠 **영** 그림 **화**		
• 영화(榮華) : 권력과 부귀를 마음껏 누리는 일.	榮 華 영화 **영** 빛날 **화**		
• 주식(主食) : 평소의 끼니에서의 주되는 음식.	主 食 주될 **주** 먹을 **식**		
• 주식(株式) : 주식 회사의 자본을 이루는 단위.	株 式 그루 **주** 법 **식**		

♣ 다음 한자성어(漢字成語)의 독음(讀音)을 쓰시오.   ▶정답은 308쪽

1. 街談巷說   (   )
거리나 항간에 떠도는 소문.

2. 減價償却   (   )
토지를 제외한 고정 자산에 생기는 가치의 소모를 각 회계 연도에 할당해서 계산하여, 그 자산 가격을 감(減)해 가는 일.

3. 感慨無量   (   )
마음속에서 느끼는 감동이나 느낌이 끝이 없음.

4. 改過遷善   (   )
지난 날의 잘못이나 허물을 고쳐 올바르고 착하게 됨.

5. 蓋馬高原   (   )
우리나라의 지붕이라고 불리는데, 북쪽의 양강도·함경도·자강도에 위치한 평균 높이 1340m인 고원으로 언덕이 융기 작용과 주변의 강물의 영향을 받아 침식 작용을 일으켜 산맥·골짜기·평야를 이룸.

6. 擧案齊眉   (   )
밥상을 눈썹과 가지런하도록 공손히 들어 남편 앞에 가지고 간다는 말로, 남편을 깍듯이 공경함을 이름.

7. 乾坤一色   (   )
눈이 내린 뒤에 온 세상이 한 가지 빛깔로 뒤덮인 듯함.

8. 癸丑日記   (   )
조선 광해군 때, 광해군이 어린 동생 영창대군을 역모로 몰아 죽일 때, 대군의 생모 인목대비가 겪은 정경들을 어느 궁녀가 일기체로 기록한 글.

9. 高架道路   (   )
기둥 따위를 세워 땅 위로 높이 설치한 도로.

10. 高官大爵   (   )
지위가 높고 훌륭한 벼슬.

11. 枯木生花   (   )
말라죽은 나무에서 꽃이 핀다는 말로, 곤궁한 사람이 행운을 만남을 비유.

12. 高溫多濕   (   )
기온이 높고 습기가 많음.

13. 高枕短命   (   )
베개를 높이 베면 오래 살지 못한다는 말.

14. 公卿大夫   (   )
삼공과 구경, 대부를 아울러 이르는 말.

15. 公私多忙   (   )
공적·사적인 일 따위로 매우 바쁨.

16. 瓜田不納履   (   )
'남의 외밭에서는 신을 고쳐 신지 말라'는 말로, 남의 의심을 받기 쉬운 일은 하지 말라는 말.

17. 矯角殺牛   (   )
소의 뿔을 바로잡으려다 소를 죽인다는 말로, 지나쳐서 일을 그르침을 나타냄.

18. 口蓋音化   (   )
끝소리가 'ㄷ·ㅌ'인 형태소가 'ㅣ' 또는 반모음 'ㅣ'로 시작되는 형태소를 만나면 구개음인 'ㅈ·ㅊ'으로 발음되는 현상.

19. 苟命徒生   (   )
구차스럽게 목숨을 부지하여 살아감.

20. 口蜜腹劍   (   )
입에는 꿀이 있고 배속에는 칼이 있다는 말로, 말로는 친한 듯하나 속으로는 해칠 생각이 있음.

21. 口尙乳臭   (   )
입에서 아직 젖내가 난다는 말로, 말이나 행동이 유치함.

22. 救荒作物   (   )
흉년때, 빈민들을 배고픔에서 구제해 주던 감자나 고구마 등을 이름.

23. 勸善懲惡   (   )
착한 일을 권하고 악을 징계함.

♣ 다음 한자성어(漢字成語)의 독음(讀音)을 쓰시오.　　　▶정답은 308쪽

1. 龜毛兎角　（　　　　　　　）
   거북의 털과 토끼의 뿔이라는 말로, 있을 수 없는 일을 이름.

2. 刻骨難忘　（　　　　　　　）
   뼈에 깊이 사무쳐 결코 잊혀지지 않음.

3. 謹賀新年　（　　　　　　　）
   삼가 새해를 축하함.

4. 今昔之感　（　　　　　　　）
   지금과 옛날의 차이가 너무 심하여 생기는 느낌.

5. 金枝玉葉　（　　　　　　　）
   금으로 된 가지와 옥으로 된 잎이라는 말로, 귀한 자손을 이름.

6. 己卯士禍　（　　　　　　　）
   조선 중종 때, 남곤·심정 등의 수구파가 조광조·김정 등의 신진 도학자들을 귀양보내거나 죽인 사건.

7. 旣張之舞　（　　　　　　　）
   이미 시작하여 중간에 그만둘 수 없는 것을 이르는 말.

8. 旣定事實　（　　　　　　　）
   이미 결정되어 있는 사실.

9. 幾何級數　（　　　　　　　）
   서로 이웃하는 항의 비가 일정한 급수.

10. 騎虎之勢　（　　　　　　　）
    범을 타고 달리는 형세로, 중도에 그만둘 수 없음.

11. 大器晩成　（　　　　　　　）
    큰 그릇을 만드는 데는 시간이 오래 걸림.

12. 路柳墻花　（　　　　　　　）
    아무나 쉽게 꺾을 수 있는 버들이나 울타리에 핀 꽃.

13. 綠陰芳草　（　　　　　　　）
    푸르게 우거진 나무와 향기로운 풀이라는 말로, 여름날의 자연경관을 뜻함.

14. 弄瓦之慶　（　　　　　　　）
    딸을 낳은 즐거움.

15. 累卵之勢　（　　　　　　　）
    층층이 쌓아 놓은 알의 위태로움을 말함. 누란지위(累卵之危).

16. 大義滅親　（　　　　　　　）
    국가의 대의를 위해서는 부모 형제도 돌보지 아니함.

17. 獨也靑靑　（　　　　　　　）
    남들이 모두 절개를 꺾는 상황에서도 홀로 굳세게 지킴.

18. 同病相憐　（　　　　　　　）
    같은 병을 앓는 사람끼리는 서로 가엾게 여긴다는 뜻.

19. 燈下不明　（　　　　　　　）
    '등잔 밑이 어둡다'는 말로, 가까이 있는 것을 오히려 모름.

20. 麻衣太子　（　　　　　　　）
    신라가 고려에 항복하는 것을 반대하고 금강산에 들어가 마의를 입고 여생을 보낸 경순왕의 태자.

21. 莫無可奈　（　　　　　　　）
    어찌할 수 없음. 도무지.

22. 萬事亨通　（　　　　　　　）
    모든 것이 뜻대로 잘됨.

23. 萬事休矣　（　　　　　　　）
    이제 더 손 쓸 방도가 없이 모두 끝장남.

24. 晩時之歎　（　　　　　　　）
    시기가 늦어 기회 놓침을 탄식함.

25. 晩食當肉　（　　　　　　　）
    시장할 때 먹으면 맛없는 음식도 고기 맛과 같다는 말.

♣ 다음 한자성어(漢字成語)의 독음(讀音)을 쓰시오.　　　▶정답은 308쪽

1. 茫茫大海　　(　　　　　)
   한없이 크고 넓은 바다.

2. 茫然自失　　(　　　　　)
   멍하니 정신을 잃음.

3. 麥秀之嘆　　(　　　　　)
   고국의 멸망을 한탄함.

4. 孟母三遷　　(　　　　　)
   맹자의 어머니가 아들을 가르치기 위하여 세 번이나 이사를 하였음을 이름.

5. 毛遂自薦　　(　　　　　)
   모수가 자기 자신을 추천함.

6. 刻舟求劍　　(　　　　　)
   어리석고 미련하여 융통성이 없음을 가리킴.

7. 戊午士禍　　(　　　　　)
   조선 연산군 때, 유자광 등의 훈구파가 김종직을 중심으로 한 사림파에 대해 일으킨 사화.

8. 博而不精　　(　　　　　)
   많은 것을 알고 있으나 정밀하지 못함.

9. 盤根錯節　　(　　　　　)
   서린 뿌리와 얼크러진 마디라는 말로, 처리하기가 매우 어려운 사건을 말함.

10. 拔本塞源　　(　　　　　)
    좋지 않은 일의 근본이 되는 요소를 완전히 없애버려서 다시는 그런 일이 없도록 함.

11. 發憤忘食　　(　　　　　)
    무슨 일을 이루려고, 발분하여 끼니도 잊고 노력함.

12. 拔山蓋世　　(　　　　　)
    힘은 산을 뽑을 만하고, 기운은 온 세상을 덮을 만함.

13. 傍若無人　　(　　　　　)
    곁에 사람이 없는 것처럼 아무 거리낌 없이 함부로 말하고 행동하는 태도.

14. 背恩忘德　　(　　　　　)
    남에게 입은 은덕를 저버리고 배신함.

15. 白骨難忘　　(　　　　　)
    죽어서 백골이 되어도 잊을 수 없음.

16. 伯牙絶絃　　(　　　　　)
    자기를 알아주는 참다운 벗의 죽음을 슬퍼함.

17. 百折不屈　　(　　　　　)
    백 번 꺾여도 굴하지 않음.

18. 父母俱存　　(　　　　　)
    부모가 함께 살아 계심.

19. 賦:存資源　　(　　　　　)
    경제적 목적에 이용할 수 있는 지각 안의 지질학적 자원.

20. 附:和雷同　　(　　　　　)
    줏대 없이 남의 의견에 따라 움직임.

21. 不亦說乎　　(　　　　　)
    (배우고 때때로 그 배운 것을 익힌다면) 또한 기쁘지 아니하겠는가!

22. 朋友有信　　(　　　　　)
    오륜의 하나로, 벗 사이에는 믿음이 있어야 함을 이름.

23. 朋友責善　　(　　　　　)
    벗끼리 서로 좋은 일을 하도록 권함.

24. 非夢似夢　　(　　　　　)
    완전히 잠이 들지도 잠에서 깨어나지도 않은 어렴풋한 상태.

25. 非肉不飽　　(　　　　　)
    나이가 들어서는 고기반찬이 아니면 기운을 내기 힘듦.

♣ 다음 한자성어(漢字成語)의 독음(讀音)을 쓰시오.   ▶정답은 308쪽

1. 四顧無親   (   )
   의지할 만한 사람이 아무도 없음.

2. 四分五裂   (   )
   질서 없이 어지럽게 흩어지거나 헤어짐.

3. 四捨五入   (   )
   반올림.

4. 捨生取義   (   )
   목숨을 버리고 의를 좇는다는 말.

5. 似而非   (   )
   겉으로는 그것과 같아 보이나 실제로는 전혀 다르거나 아닌 것을 이르는 말.

6. 削奪官職   (   )
   죄를 지은 벼슬아치의 관직을 빼앗고 명부에서 그 이름을 지우던 일.

7. 山紫水明   (   )
   산수의 경치가 썩 아름다움.

8. 三遷之敎   (   )
   맹자의 어머니가 아들을 가르치기 위하여 세 번이나 이사를 하였음을 이르는 말.

9. 喪家之狗   (   )
   여위고 기운 없이 초라한 사람을 빈정거려 하는 말.

10. 象牙塔   (   )
    대학이나 대학의 연구실 따위를 이르는 말.

11. 桑田碧海   (   )
    뽕밭이 변하여 푸른 바다가 된다는 말로, 세상일의 변천이 심함.

12. 上濁下不淨 (   )
    윗물이 흐리면 아랫물도 맑지 않음.

13. 塞翁之馬   (   )
    인생의 길흉화복은 변화가 많아서 예측하기 어려움.

14. 生殺與奪   (   )
    살리기도 하고 죽이기도 하고, 주기도 하고 빼앗기도 한다는 말로, 남의 목숨이나 재물을 마음대로 함.

15. 先後倒錯   (   )
    앞뒤가 뒤바뀜.

16. 騷人墨客   (   )
    시문과 서화를 일삼는 사람.

17. 小貪大失   (   )
    작은 것을 탐하다가 큰 것을 잃음.

18. 束手無策   (   )
    손이 묶인 듯이 어찌할 도리가 없어 꼼짝못함.

19. 首丘初心   (   )
    여우가 죽을 때에 머리를 자기가 살던 굴 쪽으로 둔다는 말로, 고향을 그리워하는 마음을 뜻함.

20. 守株待兎   (   )
    한 가지 일에만 얽매여 발전을 모르는 어리석은 사람을 비유함.

21. 殉國先烈   (   )
    나라를 위하여 목숨을 바친 윗대의 열사.

22. 脣亡齒寒   (   )
    입술이 없으면 이가 시리다는 말로, 어느 한쪽 망하면 다른 한쪽도 그 영향을 받아 온전하기 어려움을 비유.

23. 乞人憐天   (   )
    '거지가 하늘을 걱정함'이라는 말로, 격에 맞지 않는 걱정을 말함.

24. 食少事煩   (   )
    먹는 것은 적은데 하는 일은 번잡스럽게 많음.

25. 身言書判   (   )
    당나라 때, 관리를 뽑는 시험에서 인물의 평가 기준으로 삼았던 몸·말씨·글씨·판단을 이르는 말.

♣ 다음 한자성어(漢字成語)의 독음(讀音)을 쓰시오. ▶정답은 308쪽

1. 十伐之木 (　　　　)
열 번 찍어서 안 넘어가는 나무가 없다는 말로, 아무리 심지가 굳은 사람도 여러 번 말을 하면 결국은 마음을 돌려 따른다는 말.

2. 餓：死之境 (　　　　)
오랫동안 굶어서 죽게 된 형편.

3. 謁聖及第 (　　　　)
조선 시대에, 임금이 성균관 문묘에 참배한 뒤 보이는 과거 시험에 합격하던 일.

4. 殃及池魚 (　　　　)
성문에 난 불을 못물로 끄니 그 못의 물고기가 다 죽었다는 말로, 엉뚱하게 재난을 당함을 이름.

5. 羊頭狗肉 (　　　　)
양의 머리를 걸어 놓고 개고기를 판다는 뜻으로, 겉보기만 그럴듯하게 보이고 속은 변변하지 아니함을 이름.

6. 梁上君子 (　　　　)
들보 위의 군자라는 말로, 쥐나 도둑을 완곡하게 이름.

7. 魚頭肉尾 (　　　　)
물고기는 머리 쪽이 육고기는 꼬리 쪽이 맛이 있음.

8. 焉敢生心 (　　　　)
감히 그런 마음을 품을 수 없음.

9. 言則是也 (　　　　)
말이 사리에 맞음.

10. 輿：論調査 (　　　　)
국가나 사회의 여러 가지 문제에 대한 대중의 의견이나 경향 등에 대한 통계 조사.

11. 易地思之 (　　　　)
처지를 바꾸어서 생각해 봄.

12. 緣木求魚 (　　　　)
'나무에 올라가 물고기를 구한다'는 말로, 불가능한 일을 이름.

13. 炎凉世態 (　　　　)
세력이 있을 때는 아첨하고 세력이 없어지면 푸대접하는 세상 인심을 비유함.

14. 榮枯盛衰 (　　　　)
인생이나 사물의 번성함과 쇠락함이 서로 바뀜.

15. 五里霧中 (　　　　)
오리나 되는 짙은 안개 속에 있다는 말로 방향이나 갈피를 잡을 수 없음.

16. 吾鼻三尺 (　　　　)
'내 코가 석자'라는 말로, 자기 사정이 급하여 남을 돌볼 겨를이 없다는 뜻.

17. 傲霜孤節 (　　　　)
서릿발이 심한 속에서도 굴하지 않고 외로이 지키는 절개라는 뜻으로, 국화를 이름.

18. 吳越同舟 (　　　　)
서로 적의를 품은 사람들이 한자리에 있게 된 경우나 서로 협력하여야 하는 상황을 비유적으로 이르는 말.

19. 嗚呼痛哉 (　　　　)
한문투에서, '아아! 슬프도다'의 뜻.

20. 緩衝地帶 (　　　　)
대립하는 나라들 사이의 충돌을 완화하기 위하여 설치한 중립지대.

21. 曰可曰否 (　　　　)
어떤 일에 대하여 옳거니 옳지 아니하거니 하고 말함.

22. 腰折腹痛 (　　　　)
너무 우스워 허리가 끊어질 듯한 것.

23. 搖之不動 (　　　　)
흔들어도 꼼짝하지 아니함.

24. 龍頭蛇尾 (　　　　)
용의 머리와 뱀의 꼬리라는 말로, 처음은 왕성하나 끝이 부진한 현상을 이름.

♣ 다음 한자성어(漢字成語)의 독음(讀音)을 쓰시오.   ▶정답은 308쪽

1. 龍味鳳湯　　(　　　　　　　)
   맛이 썩 좋은 음식을 이름.

2. 宇宙洪荒　　(　　　　　　　)
   하늘과 땅 사이는 넓고 커서 끝이 없음, 곧 세상이 넓음.

3. 羽化登仙　　(　　　　　　　)
   도교에서, 사람이 신선이 되어 하늘로 올라감을 이름.

4. 雲泥之差　　(　　　　　　　)
   구름위와 진흙속의 차이라는 말로, 서로간의 생활 차이가 너무 심함.

5. 運轉免許　　(　　　　　　　)
   자동차 등의 동력기를 운전할 수 있는 허락된 자격.

6. 元亨利貞　　(　　　　　　　)
   《주역》〈건괘〉의 네 가지 덕, 곧 천도의 네 가지 원리나, 사물의 근본 원리나 도리를 말함.

7. 遠禍召福　　(　　　　　　　)
   화를 물리치고 복을 불러들임.

8. 流芳百世　　(　　　　　　　)
   꽃다운 이름이 후세에 길이 전함.

9. 流水不腐　　(　　　　　　　)
   흐르는 물은 썩지 아니함.

10. 唯我獨尊　　(　　　　　　　)
    세상에서 자기 혼자 잘났다고 뽐내는 태도.

11. 有:耶無耶　　(　　　　　　　)
    있는 듯 없는 듯함.

12. 唯一無二　　(　　　　　　　)
    오직 하나뿐이고 둘도 없음.

13. 吟遊詩人　　(　　　　　　　)
    중세에, 프랑스를 중심으로 한 유럽 각지에서 봉건 제후의 궁정을 찾아다니면서 스스로 지은 시를 낭송하던 시인.

14. 吟風弄月　　(　　　　　　　)
    맑은 바람, 밝은 달을 대상으로 시 짓고 흥취를 자아내어 즐겁게 놂.

15. 泥田鬪狗　　(　　　　　　　)
    '진흙탕에서 싸우는 개'라는 말로, 자기의 이익을 위해 비열하게 다툼을 비유.

16. 因果應報　　(　　　　　　　)
    불교에서, 과거 또는 전생의 선악의 인연에 따라서 뒷날 길흉화복의 갚음을 받게 됨을 이름.

17. 仁者無敵　　(　　　　　　　)
    어진 사람에게는 적이 없음.

18. 一罰百戒　　(　　　　　　　)
    여러 사람에게 경각심을 불러일으키게 하기 위하여 무거운 벌로 다스리는 일.

19. 日新又日新　(　　　　　　　)
    날로 새롭게 하며 또 날로 새롭게 함. '날마다 잘못을 고치어 그 덕을 닦음에 게으르지 않음'을 나타내는 말.

20. 一魚濁水　　(　　　　　　　)
    한 마리의 물고기가 물을 흐린다는 말.

21. 一日難再晨　(　　　　　　　)
    하루에 새벽이 두 번 오지 아니한다는 말로, 한번 가버린 시간은 다시 돌이킬 수 없음을 이름.

22. 立稻先賣　　(　　　　　　　)
    아직 논에서 자라고 있는 벼를 미리 돈을 받고 팖.

23. 自愧之心　　(　　　　　　　)
    스스로 부끄럽게 여기는 마음.

24. 自我實現　　(　　　　　　　)
    자기의 가능성을 실현하는 일.

25. 自暴自棄　　(　　　　　　　)
    절망에 빠져 자신을 스스로 포기하고 돌아보지 아니함.

26. 積羽沈舟　　(　　　　　　　)
    '깃털같이 가벼운 거라도 많이 실으면 배를 가라앉힘.

305

♣ 다음 한자성어(漢字成語)의 독음(讀音)을 쓰시오.　　▶정답은 308쪽

1. 切齒腐心　(　　　　)
   몹시 분하여 이를 갈며 속을 썩임.

2. 情狀參酌　(　　　　)
   재판관이 범죄의 사정을 헤아려서 형벌을 가볍게 하는 일.

3. 朝令暮改　(　　　　)
   아침에 명령을 내렸다가 저녁에 다시 고친다는 말로, 법령을 자주 고쳐 갈피를 잡기 어려움을 이름.

4. 朝三暮四　(　　　　)
   간사한 꾀로 남을 속여 희롱함.

5. 知己之友　(　　　　)
   자기를 잘 알아주는 친구.

6. 指鹿爲馬　(　　　　)
   조고라는 간신이 왕에게 사슴을 바치며 말이라고 강변했는데, 윗사람을 농락하여 권세를 마음대로 휘두름을 뜻함.

7. 遲遲不進　(　　　　)
   매우 더디어서 일 따위가 잘 진척되지 아니함.

8. 職務遺棄　(　　　　)
   공무원이 정당한 이유 없이 직무를 거부하거나 유기함으로써 성립하는 범죄.

9. 滄海一粟　(　　　　)
   넓고 큰 바다 속의 좁쌀 한 알이라는 말로, 매우 하찮고 작은 것을 이름.

10. 天經地緯　(　　　　)
    하늘이 정하고 땅이 받드는 길이라는 말로, 영원히 변치 않는 진리나 법칙을 이르는 말.

11. 千辛萬苦　(　　　　)
    온갖 어려운 고비를 다 겪으며 심하게 고생을 함.

12. 晴耕雨讀　(　　　　)
    날이 개면 논밭을 갈고 비가 오면 글을 읽음.

13. 取:捨選擇　(　　　　)
    여럿 가운데서 쓸 것은 쓰고 버릴 것은 버림.

14. 快刀亂麻　(　　　　)
    어지럽게 뒤얽힌 사물이나 말썽거리를 단번에 시원스럽게 처리함.

15. 貪官污吏　(　　　　)
    백성의 재물을 탐내어 빼앗는 행실이 깨끗하지 못한 관리.

16. 抱腹絶倒　(　　　　)
    배를 끌어안고 넘어질 정도로 몹시 웃음.

17. 風樹之嘆　(　　　　)
    '어버이가 돌아가시어 효도하고 싶어도 할 수 없는 슬픔'을 이르는 말.

18. 匹馬單騎　(　　　　)
    혼자 한 필의 말을 탐.

19. 匹夫匹婦　(　　　　)
    평범한 남녀.

20. 咸興差使　(　　　　)
    심부름을 가서 오지 아니하거나 늦게 온 사람을 이르는 말.

21. 螢雪之功　(　　　　)
    반딧불과 눈빛에 비추어 책을 본 노력이라는 말로, 고생을 하면서 부지런히 공부하는 자세를 이름.

22. 螢窓雪案　(　　　　)
    반딧불이 비치는 창가와 눈빛이 비치는 책상이란 말로, 어려운 환경에서도 열심히 공부하는 자세를 이름.

23. 互角之勢　(　　　　)
    서로 엇비슷한 세력.

24. 胡蝶之夢　(　　　　)
    나비에 관한 꿈이라는 말로, 인생의 덧없음을 이름.

25. 昏睡狀態　(　　　　)
    완전히 의식을 잃고 인사불성이 된 상태.

♣ 다음 한자성어(漢字成語)의 독음(讀音)을 쓰시오.   ▶정답은 308쪽

1. 昏定晨省   (   )
'밤에는 부모의 잠자리를 보아 드리고, 이른 아침에는 부모의 밤새 안부를 묻는다'는 말로, 부모를 잘 섬기고 효성을 다함.

2. 弘益人間   (   )
널리 인간을 이롭게 한다는 말로, 단군의 건국이념이며 우리나라 정치, 교육, 문화의 최고 이념.

3. 環境保護   (   )
생활체를 둘러싸고 직접 간접으로 영향을 주는 자연, 또는 사회의 조건이나 형편.

4. 鷄鳴狗盜   (   )
점잖은 사람이 배울 것이 못되는 재주.

5. 高枕安眠   (   )
근심 없이 편히 잘 지냄.

6. 錦上添花   (   )
비단 위에다 꽃을 얹는다는 데서 좋은 일이 겹침.

7. 堂狗風月   (   )
서당 개 삼년이면 풍월을 읊는다는 말.

8. 罔極之恩   (   )
다함이 없는 임금이나 부모의 은혜.

9. 百八煩惱   (   )
인간의 과거·현재·미래의 삼세에 걸쳐 있다는 108가지의 번뇌.

10. 乘勝長驅   (   )
싸움에서 이긴 기세를 타고 계속 적을 몰아침.

11. 烏飛梨落   (   )
까마귀 날자 배 떨어진다는 말로, 일이 공교롭게 같이 일어나 남의 의심을 사게 됨.

12. 一連托生   (   )
다른 사람과 행동과 운명을 같이 함.

13. 飽食暖衣   (   )
배불리 먹고 따뜻하게 입음. 곧 의식이 넉넉함.

14. 軒軒丈夫   (   )
이목구비가 반듯하고 헌거로운 남자.

15. 畫蛇添足   (   )
뱀을 그리면서 발을 보태어 넣는다는 데서, 쓸데없는 일을 하는 것을 말함.

【정답】 - 한자성어 독음 쓰기

▶ 300쪽
1. 가담항설 2. 감가상각 3. 감개무량 4. 개과천선
5. 개마고원 6. 거안제미 7. 건곤일색 8. 계축일기
9. 고가도로 10. 고관대작 11. 고목생화 12. 고온다습
13. 고침단명 14. 공경대부 15. 공사다망 16. 과전불납리
17. 교각살우 18. 구개음화 19. 구명도생 20. 구밀복검
21. 구상유취 22. 구황작물 23. 권선징악

▶ 304쪽
1. 십벌지목 2. 아사지경 3. 알성급제 4. 앙급지어
5. 양두구육 6. 양상군자 7. 어두육미 8. 언감생심
9. 언즉시야 10. 여론조사 11. 역지사지 12. 연목구어
13. 염량세태 14. 영고성쇠 15. 오리무중 16. 오비삼척
17. 오상고절 18. 오월동주 19. 오호통재 20. 완충지대
21. 왈가왈부 22. 요절복통 23. 요지부동 24. 용두사미

▶ 301쪽
1. 귀모토각 2. 각골난망 3. 근하신년 4. 금석지감
5. 금지옥엽 6. 기묘사화 7. 기장지무 8. 기정사실
9. 기하급수 10. 기호지세 11. 대기만성 12. 노류장화
13. 녹음방초 14. 농와지경 15. 누란지세 16. 대의멸친
17. 독야청청 18. 동병상련 19. 등하불명 20. 마의태자
21. 막무가내 22. 만사형통 23. 만사휴의 24. 만시지탄
25. 만식당육

▶ 305쪽
1. 용미봉탕 2. 우주홍황 3. 우화등선 4. 운니지차
5. 운전면허 6. 원형이정 7. 원화소복 8. 유방백세
9. 유수불부 10. 유아독존 11. 유야무야 12. 유일무이
13. 음유시인 14. 음풍농월 15. 이전투구 16. 인과응보
17. 인자무적 18. 일벌백계 19. 일신우일신 20. 일어탁수
21. 일일난재신 22. 입도선매 23. 자괴지심 24. 자아실현
25. 자포자기 26. 적우침주

▶ 302쪽
1. 망망대해 2. 망연자실 3. 맥수지탄 4. 맹모삼천
5. 모수자천 6. 각주구검 7. 무오사화 8. 박이부정
9. 반근착절 10. 발본색원 11. 발분망식 12. 발산개세
13. 방약무인 14. 배은망덕 15. 백골난망 16. 백아절현
17. 백절불굴 18. 부모구존 19. 부존자원 20. 부화뇌동
21. 불역열호 22. 붕우유신 23. 붕우책선 24. 비몽사몽
25. 비육불포

▶ 306쪽
1. 절치부심 2. 정상참작 3. 조령모개 4. 조삼모사
5. 지기지우 6. 지록위마 7. 지지부진 8. 직무유기
9. 창해일속 10. 천경지위 11. 천신만고 12. 청경우독
13. 취사선택 14. 쾌도난마 15. 탐관오리 16. 포복절도
17. 풍수지탄 18. 필마단기 19. 필부필부 20. 함흥차사
21. 형설지공 22. 형창설안 23. 호각지세 24. 호접지몽
25. 혼수상태

▶ 303쪽
1. 사고무친 2. 사분오열 3. 사사오입 4. 사생취의
5. 사이비 6. 삭탈관직 7. 산자수명 8. 삼천지교
9. 상가지구 10. 상아탑 11. 상전벽해 12. 상탁하부정
13. 새옹지마 14. 생살여탈 15. 선후도착 16. 소인묵객
17. 소탐대실 18. 속수무책 19. 수구초심 20. 수주대토
21. 순국선열 22. 순망치한 23. 걸인연천 24. 식소사번
25. 신언서판

▶ 307쪽
1. 혼정신성 2. 홍익인간 3. 환경보호 4. 계명구도
5. 고침안면 6. 금상첨화 7. 당구풍월 8. 망극지은
9. 백팔번뇌 10. 승승장구 11. 오비이락 12. 일련탁생
13. 포식난의 14. 헌헌장부 15. 화사첨족

활용 (活用) 학습

● 3급 예상문제 (15회분)

제1회 한자능력검정시험 3급 예상문제

(시험시간 : 60분. 시험문항 : 150문제. 합격문항 : 105문제이상) 성명 _____

1. 다음 漢字語의 讀音을 쓰시오. (1~45)

   (1) 負荷 (2) 繼續
   (3) 絶叫 (4) 驅蟲
   (5) 疏忽 (6) 宣誓
   (7) 屯兵 (8) 禁忌
   (9) 虛飢 (10) 緩行
   (11) 遠隔 (12) 飜覆
   (13) 鈍濁 (14) 躍動
   (15) 血淚 (16) 透徹
   (17) 聘丈 (18) 肯定
   (19) 無賃 (20) 繫留
   (21) 蓮花 (22) 違背
   (23) 添加 (24) 頗多
   (25) 眼鏡 (26) 僞善
   (27) 憐憫 (28) 丑時
   (29) 賣却 (30) 漆器
   (31) 募集 (32) 編曲
   (33) 顧問 (34) 竊取
   (35) 險難 (36) 養豚
   (37) 醜惡 (38) 福祿
   (39) 濕式 (40) 諒知
   (41) 苗木 (42) 娛樂室
   (43) 賦與 (44) 禪房
   (45) 愧色

2. 다음 漢字의 訓과 音을 쓰시오. (46~72)

   (46) 審 (47) 濕
   (48) 架 (49) 把
   (50) 暢 (51) 菊
   (52) 徑 (53) 割
   (54) 賓 (55) 庶
   (56) 易 (57) 塊
   (58) 超 (59) 稻
   (60) 何 (61) 竊
   (62) 付 (63) 輝
   (64) 桂 (65) 祿
   (66) 胞 (67) 敏
   (68) 疲 (69) 遍
   (70) 耕 (71) 邦
   (72) 赴

3. 다음 설명에 맞는 漢字語를 漢字로 쓰시오. (73~102)

   (73) 전공(한 가지 부문을 전문적으로 하는 연구)
   (74) 자세(어떤 동작을 취할 때 몸이 이루는 어떤 형태)
   (75) 원망(분하게 여기고 미워함)
   (76) 보통(특별한 것이 없이 널리 통하여 예사로움)
   (77) 달변(썩 능란한 변설)
   (78) 흉작(농사가 잘 안되어 소출이 아주 적음)
   (79) 지각(알아서 깨달음)
   (80) 탐방(탐문하여 찾아 봄)
   (81) 은밀(숨어 있어서 형적이 나타나지 않음)
   (82) 근검(부지런하고 검소함)
   (83) 용궁(전설에서 말하는 바다 속에 있다하는 용왕의 궁전)

(84) 훈계(타일러서 경계함)

(85) 감행(어려움을 무릅쓰고 과감하게 행함)

(86) 갱생(죽을 지경에서 다시 살아남)

(87) 거대(엄청나게 큼)

(88) 체제(사회적인 제도나 조직의 양식)

(89) 안경(눈을 보호하거나 시력을 돕기 위해 쓰는 기구)

(90) 숙부(아버지의 아우. 작은 아버지)

(91) 갑부(첫째가는 부자)

(92) 복병(갑작스레 적을 내려치려고 요긴한 골목에 숨어 있는 군사)

(93) 미각(맛을 느끼는 감각)

(94) 휴가(학교, 직장 등에서 일정 기간동안 쉬는 일)

(95) 사살(총이나 활 등으로 쏘아 죽임)

(96) 사임(맡아보던 일자리를 그만 두고 물러 남)

(97) 지론(변하지 않고 늘 가지고 있는 의견)

(98) 여건(주어진 조건)

(99) 차이(서로 같지 않음)

(100) 우대(특별히 잘 대우함)

(101) 식량(먹을 양식)

(102) 영입(맞아들임)

4. 다음 漢字와 뜻이 反對 또는 相對되는 漢字를 쓰시오. (103~112)

(103) (　) - 尾　　(104) (　) - 劣

(105) 高 - (　)　　(106) (　) - 敗

(107) 根本 - (　)　　(108) (　) - 衰

(109) 慢 - (　)　　(110) (　) - 負

(111) 動 - (　)　　(112) 平面 - (　)

5. 다음 漢字語의 (　)속에 알맞은 漢字를 쓰시오. (113~122)

(113) (　)不將軍　　(114) 前代未(　)

(115) 朝(　)暮改　　(116) 喜色(　)面

(117) 燈火可(　)　　(118) 輿(　)調査

(119) 貪官汚(　)　　(120) 奉仕活(　)

(121) 一(　)不亂　　(122) 氷炭不(　)容

6. 다음 漢字의 部首를 쓰시오. (123~127)

(123) 却 (　)　　(124) 殿 (　)

(125) 皆 (　)　　(126) 乞 (　)

(127) 肩 (　)

7. 다음 漢字와 같은 뜻의 漢字를 (　)속에 넣어 漢字語를 만드시오. (128~132)

(128) 模(　　)　　(129) (　　)重

(130) 議(　　)　　(131) 鬪(　　)

(132) (　　)作

8. 다음 漢字와 소리는 같으나, 뜻이 다른 漢字語를 쓰시오. (133~137)

(133) 傾向. (　　) - 서울과 시골

(134) 銀魚. (　　) - 특정 집단에서 남이 모르게 자기들끼리만 쓰는 말

(135) 身長. (　　) - 새로 꾸밈

(136) 糧食. (　　) - 일정한 모양과 방식

(137) 受信. (　　) - 마음과 행실을 바르게 닦아 수양함

9. 다음 漢字語의 뜻을 쓰시오.(138~142)

(138) 見解 :

(139) 移植 :

(140) 執着 :

(141) 缺勤 :

(142) 擔當 :

10. 다음 漢字語 중 첫 音節이 長音인 것을 고르시오.(143~147)

(143) ①論據 ②遊牧 ③喜劇 ④貸與

(144) ①燒却 ②燒酒 ③燒失 ④全燒

(145) ①忌中 ②忌日 ③禁忌 ④忌避

(146) ①派遣 ②訟事 ③交涉 ④密獵

(147) ①姻戚 ②檢閱 ③弘報 ④類似

11. 다음 漢字의 略字를 쓰시오.(148~150)
(148) 虛   (149) 體
(150) 經

▶ 정답은 355쪽

제2회 한자능력검정시험 3급 예상문제

(시험시간 : 60분. 시험문항 : 150문제. 합격문항 : 105문제이상)   성명 _____

1. 다음 漢字語의 讀音을 쓰시오.(1~45)

　(1) 連衡　　　　　(2) 燈燭

　(3) 檢察　　　　　(4) 再拜

　(5) 濃霧　　　　　(6) 隨伴

　(7) 懲戒　　　　　(8) 惟獨

　(9) 監房　　　　　(10) 滯留

　(11) 隣近　　　　　(12) 痛快

　(13) 埋沒　　　　　(14) 興趣

　(15) 妥當　　　　　(16) 演奏

　(17) 迷惑　　　　　(18) 反覆

　(19) 墻內　　　　　(20) 贈與

　(21) 拙作　　　　　(22) 泣訴

　(23) 糾明　　　　　(24) 奇拔

　(25) 總販　　　　　(26) 罷職

　(27) 屈曲　　　　　(28) 汚點

　(29) 直播　　　　　(30) 尾行

　(31) 虛誕　　　　　(32) 密語

　(33) 僞造　　　　　(34) 弔花

　(35) 勸勉　　　　　(36) 强奪

　(37) 包攝　　　　　(38) 姻戚

　(39) 個性　　　　　(40) 移替

　(41) 播遷　　　　　(42) 遵法

　(43) 透過　　　　　(44) 離合

　(45) 苗木

2. 다음 漢字의 訓과 音을 쓰시오.(46~72)

　(46) 兮　　　　　(47) 竟

　(48) 執　　　　　(49) 諒

　(50) 奴　　　　　(51) 頻

　(52) 幾　　　　　(53) 梨

　(54) 抗　　　　　(55) 卿

　(56) 丈　　　　　(57) 于

　(58) 樓　　　　　(59) 蓋

　(60) 慙　　　　　(61) 暑

　(62) 飜　　　　　(63) 苟

　(64) 添　　　　　(65) 煩

　(66) 庶　　　　　(67) 燭

　(68) 銳　　　　　(69) 姪

　(70) 胸　　　　　(71) 獸

　(72) 享

3. 다음 설명에 맞는 漢字語를 漢字로 쓰시오.(73~102)

　(73) 양식(식량)

　(74) 분통(몹시 분하여 마음이 아픔)

　(75) 윤화(땅위로 다니는 교통 기관에 의해 입는 사고. 교통사고)

　(76) 공략(적의 영토나 진지를 공격하여 빼앗는 것)

　(77) 묘비(죽은 사람의 신분 등을 적어 무덤 앞에 세우는 비석)

　(78) 사려(마음속으로 분별함)

　(79) 경탄(몹시 놀라 탄식함)

　(80) 사표(어떤 직에서 물러나겠다는 뜻을 적은 글)

　(81) 발사(총, 활 따위를 쏨)

　(82) 조성(조직하여 성립시킴)

(83) 연기(정한 때를 뒤로 물림)

(84) 견고(굳세고 단단함)

(85) 정맥(정맥혈을 심장으로 보내는 순환 계통의 하나)

(86) 증거(어떤 사실을 증명할 수 있는 근거)

(87) 약주(술을 점잖게 이르는 말)

(88) 이탈(떨어져 나감)

(89) 가발(머리털로 여러 가지 머리 모양을 만들어 쓰거나 붙이는 가짜 머리)

(90) 걸작(썩 잘된 글이나 작품)

(91) 투수(타자에게 공을 던지는 사람)

(92) 고통(몸이나 마음의 괴로움과 아픔)

(93) 거처(정해두고 항상 있는 곳)

(94) 탈출(몸을 빼쳐 도망함)

(95) 위로(괴로움이나 슬픔을 잊게 함)

(96) 포위(도망가지 못하도록 둘러 쌈)

(97) 거역(윗사람의 명령이나 뜻을 어김)

(98) 박수(두 손뼉을 마주 두드리는 것)

(99) 진격(앞으로 나아가 적을 치는 것)

(100) 유추(미루어 짐작함)

(101) 걸출(남보다 썩 뛰어남)

(102) 취향(향하여 달림)

4. 다음 漢字와 뜻이 反對 또는 相對되는 漢字를 쓰시오.(103~112)

(103) 與 - (　)　　(104) 表 - (　)

(105) 乘 - (　)　　(106) (　) - 弔

(107) (　) - 樂　　(108) (　) - 果

(109) 物質 - (　)　(110) (　) - 鄕

(111) (　) - 緯　　(112) (　) - 免

5. 다음 漢字語의 (　)속에 알맞은 漢字를 쓰시오.(113~122)

(113) (　)中日記　　(114) 四顧無(　)

(115) 大器(　)成　　(116) 安(　)知足

(117) 萬(　)通治　　(118) (　)者無齒

(119) 大逆無(　)　　(120) (　)水干滿

(121) 新裝(　)業　　(122) (　)也靑靑

6. 다음 漢字의 部首를 쓰시오.(123~127)

(123) 頗 (　)　　(124) 輝 (　)

(125) 竟 (　)　　(126) 卯 (　)

(127) 架 (　)

7. 다음 漢字와 같은 뜻의 漢字를 (　)속에 넣어 漢字語를 만드시오.(128~132)

(128) 毛(　)　　(129) 思(　)

(130) (　)與　　(131) 俊(　)

(132) 貿(　)

8. 다음 漢字와 소리는 같으나, 뜻이 다른 漢字語를 쓰시오.(133~137)

(133) 實技. (　) - 기회를 놓침

(134) 貢稅. (　) - 공격하는 그 태세나 그 힘

(135) 海産. (　) - 모였던 사람들이 흩어짐

(136) 構造. (　) - 구원하고 도와줌

(137) 映畫. (　) - 세상에 드러나는 영광

9. 다음 漢字語의 뜻을 쓰시오.(138~142)

(138) 陷落 :

(139) 隱蔽 :

(140) 憤慨 :

(141) 血緣 :

(142) 迷惑 :

10. 다음 漢字語 중 첫 音節이 長音인 것을 고르시오.(143~147)

(143)　①爆彈　②解析　③慰勞　④仁術

(144)　①起源　②苦痛　③處暑　④探險

(145)　①鐵筋　②營業　③慰安　④賣却

(146)　①免職　②濕度　③惟獨　④傾向

(147)　①侮辱　②追薦　③姦臣　④埋沒

11. 다음 漢字의 略字를 쓰시오.(148~150)

(148) 傳　　　　　(149) 續

(150) 燈

▶ 정답은 355쪽

제3회 한자능력검정시험 3급 예상문제
(시험시간 : 60분. 시험문항 : 150문제. 합격문항 : 105문제이상) 성명 _____

1. 다음 漢字語의 讀音을 쓰시오.(1~45)

   (1) 感泣　　　　　(2) 狂風
   (3) 昏迷　　　　　(4) 桃花
   (5) 捕捉　　　　　(6) 肩骨
   (7) 殉死　　　　　(8) 謀叛
   (9) 竝列　　　　　(10) 音譜
   (11) 醜行　　　　　(12) 眉間
   (13) 假稱　　　　　(14) 末尾
   (15) 埋伏　　　　　(16) 交遞
   (17) 果糖　　　　　(18) 糾彈
   (19) 不潔　　　　　(20) 辨償
   (21) 騷動　　　　　(22) 慘狀
   (23) 吐絲　　　　　(24) 掃去
   (25) 單騎　　　　　(26) 改編
   (27) 抱負　　　　　(28) 伸縮
   (29) 提燈　　　　　(30) 熱狂
   (31) 斜線　　　　　(32) 倒置
   (33) 販路　　　　　(34) 湯藥
   (35) 小麥　　　　　(36) 屯田
   (37) 城郭　　　　　(38) 忌日
   (39) 完拂　　　　　(40) 擴充
   (41) 器質　　　　　(42) 古墳
   (43) 經穴　　　　　(44) 模倣
   (45) 閣僚

2. 다음 漢字의 訓과 音을 쓰시오.(46~72)

   (46) 欄　　　　　(47) 輸
   (48) 杯　　　　　(49) 稻
   (50) 贈　　　　　(51) 冒
   (52) 逝　　　　　(53) 賦
   (54) 紋　　　　　(55) 牽
   (56) 斜　　　　　(57) 値
   (58) 酌　　　　　(59) 乞
   (60) 塗　　　　　(61) 蛇
   (62) 琴　　　　　(63) 閱
   (64) 假　　　　　(65) 蓮
   (66) 削　　　　　(67) 濫
   (68) 芳　　　　　(69) 騰
   (70) 侯　　　　　(71) 詐
   (72) 桃

3. 다음 설명에 맞는 漢字語를 漢字로 쓰시오.(73~102)

   (73) 관람(연극 영화 따위를 구경함)
   (74) 자격(신분과 지위)
   (75) 광물(천연으로 나는 무기물로서 질이 고르고 화학 성분이 일정한 물질)
   (76) 매형(여동생의 남편)
   (77) 이변(괴이한 변고)
   (78) 여부(그러함과 그러지 아니함)
   (79) 엄금(절대로 못 하도록 금함)
   (80) 승부(이김과 짐)
   (81) 복잡(여럿이 겹치고 뒤섞여 있음)
   (82) 간과(예사로이 보아 넘김)
   (83) 혈관(혈액이 통하는 관)
   (84) 관리(사람을 통제하고 지휘 감독하는 것)

(85) 부인(어떤 사실이 있음을 인정하지 않음)

(86) 복제(그대로 본떠서 만듦)

(87) 난무(어지럽게 마구 추는 춤)

(88) 방해(남의 일에 헤살을 놓아 못 하게 함)

(89) 이산(헤어짐)

(90) 계율(계와 율)

(91) 선열(나라를 위해 싸우다가 죽은 열사)

(92) 체계(낱낱이 다른 것을 통일한 조직)

(93) 수재(학문과 재능이 매우 뛰어난 사람)

(94) 숙연(고요하고 엄숙함)

(95) 품계(옛 벼슬아치의 등급)

(96) 계승(조상이나 전임자의 뒤를 이어받음)

(97) 고립(외따로 홀로 떨어짐)

(98) 금고(돈이나 재물을 넣어 두는 창고)

(99) 독점(혼자서 모두 가지거나 누리는 것)

(100) 경영(계획을 세워 사업을 해 나감)

(101) 예감(어떤 일을 사전에 미리 느끼는 느낌)

(102) 곤궁(몹시 가난하여 어려움)

4. 다음 漢字와 뜻이 反對 또는 相對되는 漢字를 쓰시오.(103~112)

(103) 怨 - (　　)   (104) (　　) - 否

(105) 開 - (　　)   (106) (　　) - 憎

(107) 晴 - (　　)   (108) 顯 - (　　)

(109) (　　) - 今   (110) (　　) - 辱

(111) 尊 - (　　)   (112) 死 - (　　)

5. 다음 漢字語의 (　)속에 알맞은 漢字를 쓰시오.(113~122)

(113) 生殺(　)奪   (114) 感慨無(　)

(115) 傾(　)之色   (116) 今始(　)聞

(117) (　)者擇一   (118) 務實力(　)

(119) 虛(　)聲勢   (120) 感傷主(　)

(121) 公(　)去來   (122) 日新(　)日新

6. 다음 漢字의 部首를 쓰시오.(123~127)

(123) 墮 (　　)   (124) 牽 (　　)

(125) 翁 (　　)   (126) 郭 (　　)

(127) 肯 (　　)

7. 다음 漢字와 같은 뜻의 漢字를 (　)속에 넣어 漢字語를 만드시오.(128~132)

(128) (　　)潔   (129) (　　)驗

(130) (　　)聞   (131) (　　)伐

(132) 恭(　　)

8. 다음 漢字와 소리는 같으나, 뜻이 다른 漢字語를 쓰시오.(133~137)

(133) 軍務. (　　　　) - 여럿이 함께 어우러져 추는 춤

(134) 遂行. (　　　　) - 행실을 바르게 닦음

(135) 今古. (　　　　) - 돈이나 재물을 넣어 두는 창고

(136) 碑版. (　　　　) - 비평하여 평정함

(137) 後代. (　　　　) - 두텁게 대접함

9. 다음 漢字語의 뜻을 쓰시오.(138~142)

(138) 激動 :

(139) 栗房 :

(140) 遵法 :

(141) 詐稱 :

(142) 俊傑 :

10. 다음 漢字語 중 첫 音節이 長音인 것을 고르시오.(143~147)

(143) ①拍手 ②解渴 ③嚴肅 ④傷害

(144) ①寄與 ②複製 ③方法 ④旱災

(145) ①果糖 ②陰刻 ③奇妙 ④納稅

(146) ①慘狀 ②畵幅 ③堤防 ④家畜

(147) ①優待 ②國籍 ③拜謁 ④拙稿

11. 다음 漢字의 略字를 쓰시오.(148~150)

(148) 總   (149) 價

(150) 堅

▶ 정답은 356쪽

제 4 회 한자능력검정시험 3급 예상문제

(시험시간 : 60분. 시험문항 : 150문제. 합격문항 : 105문제이상) 성명 _____

1. 다음 漢字語의 讀音을 쓰시오.(1~45)

(1) 享年 (2) 盟誓
(3) 優待 (4) 喜悲
(5) 檀君 (6) 攝生
(7) 秒針 (8) 飛躍
(9) 遲延 (10) 聰氣
(11) 寄贈 (12) 卷末
(13) 某年 (14) 鑄貨
(15) 減額 (16) 屯營
(17) 廉恥 (18) 揮毫
(19) 勤勉 (20) 匹夫
(21) 簡易 (22) 凝視
(23) 尖端 (24) 鑄錢
(25) 免除 (26) 押送
(27) 巷說 (28) 租借
(29) 墨守 (30) 抱卵
(31) 牆外 (32) 償還
(33) 紙幣 (34) 暗躍
(35) 編制 (36) 株價
(37) 錯視 (38) 歎服
(39) 胸部 (40) 陣營
(41) 庶出 (42) 宮體
(43) 侯爵 (44) 遞信
(45) 擁立

2. 다음 漢字의 訓과 音을 쓰시오.(46~72)

(46) 隸 (47) 桑
(48) 吟 (49) 肥
(50) 凝 (51) 訣
(52) 丑 (53) 螢
(54) 鑄 (55) 亥
(56) 錯 (57) 召
(58) 隔 (59) 濫
(60) 況 (61) 淫
(62) 胃 (63) 吐
(64) 遞 (65) 替
(66) 乾 (67) 涯
(68) 誦 (69) 也
(70) 雁 (71) 縣
(72) 粟

3. 다음 설명에 맞는 漢字語를 漢字로 쓰시오.(73~102)

(73) 특위(특별위원회의 준말)
(74) 근로(심신을 수고롭게 하여 일에 힘씀)
(75) 복사(베껴 쓰거나 찍음)
(76) 서기(서력 기원)
(77) 기묘(기이하고 신묘함)
(78) 위세(위엄 있는 기세)
(79) 대도(큰 도둑)
(80) 송축(경사스러움을 찬양하고 축하함)
(81) 가무(노래와 춤)
(82) 곤란(경제적으로 몹시 어렵고 궁핍함)
(83) 자숙(스스로 행동을 조심하는 것)

(84) 난잡(사물이 얽히고 뒤섞여 어지러움)

(85) 유목(거처를 정하지 않고 소·양 따위를 기르는 일)

(86) 선전(사실 등을 대중에게 널리 인식시키는 일)

(87) 예방(미리 대처하여 막는 것)

(88) 근속(근무를 한 곳에서 오래 계속함)

(89) 설전(말다툼)

(90) 해산(모였던 사람들이 흩어짐)

(91) 유언(죽음에 임하여 남기는 말)

(92) 병가(병으로 말미암아 얻은 휴가)

(93) 교역(서로 물건을 사고팔아 바꿈)

(94) 연명(목숨을 겨우 이어가는 것)

(95) 속성(실체의 본질적인 성질)

(96) 은퇴(직임에서 물러나거나 세속의 일에서 손을 떼고 한가히 삶)

(97) 손실(손해를 봄)

(98) 묘수(묘한 수)

(99) 범위(테두리가 정해진 구역)

(100) 우승(경기나 경주 등에서 첫째로 이기는 것)

(101) 원성(원망하는 소리)

(102) 점화(불을 켬)

4. 다음 漢字와 뜻이 反對 또는 相對되는 漢字를 쓰시오.(103~112)

(103) (　) - 誤 (104) 遠交 - (　)

(105) 愚 - (　) (106) 喜 - (　)

(107) 質疑 - (　) (108) 冷 - (　)

(109) (　) - 支 (110) (　) - 今

(111) 禍 - (　) (112) (　) - 劣

5. 다음 漢字語의 (　)속에 알맞은 漢字를 쓰시오.(113~122)

(113) 嗚呼(　)哉 (114) 權不十(　)

(115) 萬(　)長城 (116) 附和雷(　)

(117) 龍(　)蛇尾 (118) 爲國(　)節

(119) 晝夜長(　) (120) (　)危致命

(121) 怒發(　)發 (122) 謁聖(　)第

6. 다음 漢字의 部首를 쓰시오.(123~127)

(123) 斤(　) (124) 麻(　)

(125) 只(　) (126) 芽(　)

(127) 尾(　)

7. 다음 漢字와 같은 뜻의 漢字를 (　)속에 넣어 漢字語를 만드시오.(128~132)

(128) (　)階 (129) (　)値

(130) (　)視 (131) 至(　)

(132) 孤(　)

8. 다음 漢字와 소리는 같으나, 뜻이 다른 漢字語를 쓰시오.(133~137)

(133) 理解. (　) - 이익과 손해

(134) 山積. (　) - 산속에 살면서 지나가는 사람의 물건을 빼앗는 도적

(135) 煙氣. (　) - 정한 때를 뒤로 물림

(136) 遲延. (　) - 지역을 근거로 하는 연고

(137) 尊屬. (　) - 계속하여 존재함

9. 다음 漢字語의 뜻을 쓰시오.(138~142)

(138) 邪念 :

(139) 漂白 :

(140) 盛況 :

(141) 霧散 :

(142) 讓渡 :

10. 다음 漢字語 중 첫 音節이 長音인 것을 고르시오.(143~147)

(143) ①碑石 ②崇拜 ③鹿角 ④累計

(144) ①管理 ②强烈 ③肯定 ④逃亡

(145) ①投手 ②歡談 ③美醜 ④發揮

(146) ①浪漫 ②雜誌 ③廳長 ④齒痛

(147) ①歡迎 ②腐敗 ③依據 ④陣營

11. 다음 漢字의 略字를 쓰시오.(148~150)

(148) 龜   (149) 數

(150) 獨

▶ 정답은 356쪽

제5회 한자능력검정시험 3급 예상문제

(시험시간 : 60분. 시험문항 : 150문제. 합격문항 : 105문제이상) 성명 _____

1. 다음 漢字語의 讀音을 쓰시오.(1~45)

   (1) 他薦   (2) 鑄鐵
   (3) 湯材   (4) 諸侯
   (5) 滯納   (6) 凝集
   (7) 耐震   (8) 逮捕
   (9) 校閱   (10) 俊傑
   (11) 胸像   (12) 採蜜
   (13) 擴張   (14) 朔風
   (15) 懲罰   (16) 漂流
   (17) 怠慢   (18) 衡平
   (19) 擴大   (20) 誕辰
   (21) 秋毫   (22) 鑄物
   (23) 罔極   (24) 旣決囚
   (25) 編成   (26) 變更
   (27) 應募   (28) 播種
   (29) 透視   (30) 胡蝶
   (31) 講演   (32) 豫測
   (33) 殿閣   (34) 咸池
   (35) 慶弔   (36) 縣監
   (37) 亂刺   (38) 分蜂
   (39) 俊秀   (40) 漆板
   (41) 羽毛   (42) 墳墓
   (43) 街路燈   (44) 偏頗
   (45) 幣物

2. 다음 漢字의 訓과 音을 쓰시오.(46~72)

   (46) 牽   (47) 卯
   (48) 謁   (49) 抄
   (50) 昭   (51) 紫
   (52) 渴   (53) 慘
   (54) 屢   (55) 震
   (56) 削   (57) 押
   (58) 遷   (59) 殃
   (60) 腐   (61) 顔
   (62) 盤   (63) 株
   (64) 需   (65) 崩
   (66) 獵   (67) 穫
   (68) 奚   (69) 愼
   (70) 姻   (71) 捉
   (72) 畏

3. 다음 설명에 맞는 漢字語를 漢字로 쓰시오.(73~102)

   (73) 전임(오로지 어떠한 일만을 맡김)
   (74) 납기(세금·공과금 따위를 낼 기간)
   (75) 구도(그림에서, 미적효과를 얻기 위하여 전체적으로 조화되게 배치하는 도면 구성의 요령)
   (76) 예측(앞으로 있을 일을 미리 추측함)
   (77) 연분(하늘에서 마련한 인연)
   (78) 장관(훌륭한 광경)
   (79) 군무(여럿이 함께 어우러져 추는 춤)
   (80) 위문(위로하기 위하여 문안함)
   (81) 의거(어떤 사실에 근거함)
   (82) 굴욕(남에게 눌리고 업신여김을 받음)

(83) 여권(외국 여행자의 신분, 국적을 증명하고 그 보호를
     의뢰하는 문서)

(84) 거절(거부하여 끊어버림)

(85) 우편(편지나 소포 따위를 운송하는 국영사업)

(86) 기밀(함부로 드러내지 못할 대단히 중요한 비밀)

(87) 적조(플랑크톤이 번식하여 바닷물이 붉게 되는 현상)

(88) 권농(농사를 두루 장려함)

(89) 존속(계속하여 존재함)

(90) 채취(연구 조사를 위해 필요한 것을 그 곳에서 취함)

(91) 면학(학문에 힘써 공부함)

(92) 잔무(아직 처리 되지 않고 남은 사무)

(93) 증언(증인의 진술)

(94) 은어(저희들만 알도록 특정한 뜻을 숨겨 붙인 말)

(95) 공적(애쓴 보람)

(96) 점검(낱낱이 검사함)

(97) 도피(도망하여 몸을 피함)

(98) 계급(지위 관직 등의 등급)

(99) 전학(다니던 학교에서 다른 학교로 옮겨가서 배움)

(100) 저변(사물의 밑바닥을 이루는 부분)

(101) 도적(도둑)

(102) 원조(도와줌)

4. 다음 漢字와 뜻이 反對 또는 相對되는 漢字를 쓰시오.(103~112)

(103) (　　) - 怠　　(104) 祖 - (　　)

(105) 手 - (　　)　　(106) (　　) - 廢

(107) 得 - (　　)　　(108) (　　) - 弟

(109) 咸池 - (　　)　　(110) (　　) - 近攻

(111) 單純 - (　　)　　(112) 緩 - (　　)

5. 다음 漢字語의 (　)속에 알맞은 漢字를 쓰시오.(113~122)

(113) 刻骨難(　　)　　(114) 羊頭(　　)肉

(115) 富國(　　)兵　　(116) 空(　　)空論

(117) 嚴(　　)雪寒　　(118) 速(　　)速決

(119) 百(　　)百中　　(120) 舊態依(　　)

(121) (　　)水浴場　　(122) 咸興差(　　)

6. 다음 漢字의 部首를 쓰시오.(123~127)

(123) 憐 (　　)　　(124) 欺 (　　)

(125) 昭 (　　)　　(126) 棄 (　　)

(127) 舟 (　　)

7. 다음 漢字와 같은 뜻의 漢字를 (　)속에 넣어 漢字語를 만드시오.(128~132)

(128) (　　)擊　　(129) 鬪(　　)

(130) 選(　　)　　(131) (　　)加

(132) (　　)恨

8. 다음 漢字와 소리는 같으나, 뜻이 다른 漢字語를 쓰시오.(133~137)

(133) 干戈. (　　) - 예사로이 보아 넘김

(134) 婦人. (　　) - 어떤 사실이 있음을
                    인정하지 아니함

(135) 幻影. (　　) - 기쁜 마음으로 맞음

(136) 踏査. (　　) - 답례로 하는 사례

(137) 義心. (　　) - 믿지 못하는 마음

9. 다음 漢字語의 뜻을 쓰시오.(138~142)

(138) 個別 :

(139) 辨明 :

(140) 奪取 :

(141) 質問 :

(142) 派遣 :

10. 다음 漢字語 중 첫 音節이 長音인 것을 고르시오.(143~147)

(143) ①濯足 ②製鋼 ③販禁 ④誓約

(144) ①攝生 ②昏迷 ③瓦解 ④殿閣

(145) ①荒野 ②威力 ③經營 ④強奪

(146) ①優勝 ②隱居 ③負債 ④資質

(147) ①桂皮 ②錯覺 ③醜聞 ④遍歷

11. 다음 漢字의 略字를 쓰시오.(148~150)

(148) 變   (149) 擔

(150) 當

▶ 정답은 357쪽

제6회 한자능력검정시험 3급 예상문제

(시험시간 : 60분. 시험문항 : 150문제. 합격문항 : 105문제이상) 성명 _____

1. 다음 漢字語의 讀音을 쓰시오.(1~45)

(1) 寅時   (2) 處暑
(3) 萬邦   (4) 分辨
(5) 壓縮   (6) 閱覽
(7) 機敏   (8) 銳角
(9) 緯度   (10) 雜誌
(11) 朋黨   (12) 濕地
(13) 旣婚   (14) 汚物
(15) 勤儉   (16) 街頭
(17) 緩慢   (18) 海拔
(19) 叛亂   (20) 姦凶
(21) 朔望   (22) 來賓
(23) 同軌   (24) 緩急
(25) 報償   (26) 運賃
(27) 封墳   (28) 墨客
(29) 辛勝   (30) 巖盤
(31) 睡眠   (32) 觸媒
(33) 憐憫   (34) 罪囚
(35) 蛇足   (36) 虛僞
(37) 遙遠   (38) 云謂
(39) 庶民   (40) 叛逆
(41) 冥想   (42) 拒否
(43) 免禍   (44) 標準
(45) 面積

2. 다음 漢字의 訓과 音을 쓰시오.(46~72)

(46) 芽   (47) 貪
(48) 丘   (49) 衡
(50) 垂   (51) 孰
(52) 寂   (53) 鎖
(54) 閏   (55) 儉
(56) 姦   (57) 昌
(58) 卜   (59) 抱
(60) 淚   (61) 屛
(62) 宰   (63) 龜
(64) 刺   (65) 酉
(66) 誓   (67) 朋
(68) 睡   (69) 乘
(70) 暑   (71) 畏
(72) 丙

3. 다음 설명에 맞는 漢字語를 漢字로 쓰시오.(73~102)

(73) 위험(안전하지 못함)
(74) 귀향(고향으로 돌아가거나 돌아옴)
(75) 복귀(본디 상태나 자리로 다시 돌아감)
(76) 침실(잠을 자는 방)
(77) 논거(이론이나 논리의 근거)
(78) 지침(사물의 방침)
(79) 궁리(사물의 이치를 깊이 연구함)
(80) 적당(알맞음)
(81) 기상(대기 중에서 일어나는 모든 현상)
(82) 상심(속을 썩임)

(83) 의심(믿지 못하는 모양)

(84) 잔존(남아 있음)

(85) 연착(정한 시각보다 늦게 닿음)

(86) 발각(숨어 있던 일이 드러남)

(87) 잡념(수행을 방해하는 여러 가지 옳지 못한 생각)

(88) 균등(차별 없이 고름)

(89) 극장(연극을 연출하거나 영화를 상영하는 곳)

(90) 도당(떼를 지은 무리)

(91) 구축(쌓아 돌려 만듦)

(92) 칭찬(좋은 점을 일컬어 기림)

(93) 납품(계약한 곳에 물품을 바치는 것)

(94) 숭고(존엄하고 고상함)

(95) 탈세(납세자가 납세의 전부 또는 일부를 포탈하는 일)

(96) 씨족(원시 사회에서 공동의 조상을 가진 혈족 단체)

(97) 위급(위태롭고 급함)

(98) 채택(가려서 뽑음)

(99) 숙원(오래된 묵은 원한)

(100) 결손(축이 나거나 손해가 남)

(101) 엄숙(장엄하고 정숙함)

(102) 최근(요즈음)

4. 다음 漢字와 뜻이 反對 또는 相對되는 漢字를 쓰시오.(103~112)

(103) (　) - 弔   (104) 伸 - (　)

(105) 愚 - (　)   (106) 喜 - (　)

(107) (　) - 緯   (108) 優 - (　)

(109) (　) - 免   (110) (　) - 廢

(111) (　) - 僞   (112) (　) - 怠

5. 다음 漢字語의 (　)속에 알맞은 漢字를 쓰시오.(113~122)

(113) 魚頭(　)尾   (114) 樂(　)軌範

(115) 物心兩(　)   (116) 道聽塗(　)

(117) 千差(　)別   (118) (　)用厚生

(119) 綠水(　)山   (120) 君師父一(　)

(121) 武陵桃(　)   (122) 苦盡(　)來

6. 다음 漢字의 部首를 쓰시오.(123~127)

(123) 旣 (　)   (124) 毁 (　)

(125) 奈 (　)   (126) 豊 (　)

(127) 畏 (　)

7. 다음 漢字와 같은 뜻의 漢字를 (　)속에 넣어 漢字語를 만드시오.(128~132)

(128) (　)誤   (129) (　)達

(130) 尺(　)   (131) 硏(　)

(132) 批(　)

8. 다음 漢字와 소리는 같으나, 뜻이 다른 漢字語를 쓰시오.(133~137)

(133) 女權. (　) - 국가가 여행하는 사람의 신분을 증명하고 상대국에 그 보호를 의뢰하는 공문서

(134) 享受. (　) - 향료를 알코올 따위에 넣어 풀어서 만든 화장품의 한 가지

(135) 軍中. (　) - 많은 사람의 무리

(136) 彈性. (　) - 탄식하는 소리

(137) 造藥. (　) - 문서에 의한 국가간의 합의

9. 다음 漢字語의 뜻을 쓰시오.(138~142)

(138) 雜種 :

(139) 閱覽 :

(140) 暗誦 :

(141) 誤報 :

(142) 損失 :

10. 다음 漢字語 중 첫 音節이 長音인 것을 고르시오.(143~147)

(143) ①退却 ②擇日 ③高層 ④判決

(144) ①生捕 ②條件 ③區廳 ④聽衆

(145) ①紙面 ②郡縣 ③證券 ④別冊

(146) ①成績 ②骨折 ③亂刺 ④助成

(147) ①適性 ②殘雪 ③本錢 ④紫朱

11. 다음 漢字의 略字를 쓰시오.(148~150)

(148) 舊   (149) 寶

(150) 觀

▶ 정답은 357쪽

제 7 회 한자능력검정시험 3급 예상문제
(시험시간 : 60분. 시험문항 : 150문제. 합격문항 : 105문제이상) 성명 _____

1. 다음 漢字語의 讀音을 쓰시오.(1~45)

(1) 醜聞　　　　(2) 收奪
(3) 交替　　　　(4) 鋼材
(5) 構想　　　　(6) 歡聲
(7) 把持　　　　(8) 旱災
(9) 匹敵　　　　(10) 配匹
(11) 體臭　　　　(12) 防疫
(13) 斷腸　　　　(14) 債券
(15) 荒廢　　　　(16) 秒速
(17) 伴奏　　　　(18) 均衡
(19) 畫幅　　　　(20) 懲役
(21) 就寢　　　　(22) 全燒
(23) 昭詳　　　　(24) 心胸
(25) 脣音　　　　(26) 畜舍
(27) 敬畏　　　　(28) 朗誦
(29) 肝炎　　　　(30) 慘變
(31) 歸依　　　　(32) 溫湯
(33) 廢車　　　　(34) 和暢
(35) 慘敗　　　　(36) 垂直
(37) 煩雜　　　　(38) 哀哉
(39) 厄運　　　　(40) 快晴
(41) 新羅　　　　(42) 雄辯
(43) 敍述　　　　(44) 龜鑑
(45) 標語

2. 다음 漢字의 訓과 音을 쓰시오.(46~72)

(46) 池　　　　(47) 硬
(48) 爵　　　　(49) 涉
(50) 燕　　　　(51) 茲
(52) 慨　　　　(53) 楊
(54) 腰　　　　(55) 狂
(56) 繫　　　　(57) 愧
(58) 某　　　　(59) 庸
(60) 掠　　　　(61) 托
(62) 磨　　　　(63) 騷
(64) 偏　　　　(65) 却
(66) 槪　　　　(67) 旱
(68) 跳　　　　(69) 矣
(70) 頗　　　　(71) 搖
(72) 墨

3. 다음 설명에 맞는 漢字語를 漢字로 쓰시오.(73~102)

(73) 비극(매우 비참한 사건)
(74) 납세(국가 또는 지방 자치 등에 세금을 내는 것)
(75) 양상(생김새나 모습)
(76) 재정(개인, 기업 등의 금융 사정)
(77) 영업(영리를 목적으로 하는 사업)
(78) 환영(기쁜 마음으로 맞음)
(79) 굴곡(이리저리 꺾이고 굽음)
(80) 찬가(찬미의 뜻을 표한 노래)
(81) 고려(깊이 생각하여 헤아림)
(82) 유람(두루두루 돌아다니며 구경함)

(83) 난리(전쟁이나 분쟁 따위로 세상이 어지러워진 사태)

(84) 수준(사물의 가치나 작용 등에 관한 일정한 표준이나 정도)

(85) 예비(미리 갖춤)

(86) 비명(갑작스러운 위험이나 두려움 때문에 지르는 외마디 소리)

(87) 권면(타일러 힘쓰게 함)

(88) 채광(광산에서 광석을 캐어냄)

(89) 엄격(매우 엄하고 철저함)

(90) 난청(방송전파가 잘 잡히지 않아 잘 들을 수 없는 상태)

(91) 전이(사물이 변하여 감)

(92) 초래(어떤 결과를 가져옴)

(93) 압권(가장 뛰어난 것)

(94) 정비(정돈하여 갖춤)

(95) 급전(급한데 쓰이는 돈)

(96) 업적(사업의 성과)

(97) 사태(일이 되어 가는 형편)

(98) 검약(검소하게 절약하여 사용함)

(99) 대륙(지역이 넓은 육지)

(100) 정숙(고요하고 엄숙함)

(101) 견지(굳게 지니는 일)

(102) 폭도(난폭한 짓을 하는 무리)

4. 다음 漢字와 뜻이 反對 또는 相對되는 漢字를 쓰시오.(103~112)

(103) 損害 - (　　)　　(104) 面從 - (　　)

(105) (　　) - 悲　　(106) (　　) - 後退

(107) 原因 - (　　)　　(108) (　　) - 罰

(109) (　　) - 缺　　(110) 晴天 - (　　)

(111) (　　) - 顯　　(112) 戰爭 - (　　)

5. 다음 漢字語의 (　)속에 알맞은 漢字를 쓰시오.(113~122)

(113) 矯角殺(　)　　(114) 綠陰芳(　)

(115) 無窮無(　)　　(116) 街頭(　)進

(117) (　)房甘草　　(118) 脣(　)齒寒

(119) 用意周(　)　　(120) 公(　)無私

(121) 白面(　)生　　(122) 一葉片(　)

6. 다음 漢字의 部首를 쓰시오.(123~127)

(123) 乃 (　　)　　(124) 咸 (　　)

(125) 畓 (　　)　　(126) 兮 (　　)

(127) 厄 (　　)

7. 다음 漢字와 같은 뜻의 漢字를 (　)속에 넣어 漢字語를 만드시오.(128~132)

(128) (　　)告　　(129) (　　)服

(130) (　　)續　　(131) 牽(　　)

(132) (　　)慮

8. 다음 漢字와 소리는 같으나, 뜻이 다른 漢字語를 쓰시오.(133~137)

(133) 氣孔. (　　　　) - 공사를 시작함

(134) 熱沙. (　　　　) - 나라를 위하여 절의를 굳게 지켜 죽은 사람

(135) 曉星. (　　　　) - 마음을 다하여 어버이를 섬기는 정성

(136) 技術. (　　　　) - 사물의 특징을 객관적·학문적으로 적음

(137) 初代. (　　　　) - 남을 청하여 대접함

9. 다음 漢字語의 뜻을 쓰시오.(138~142)

(138) 隣接 :

(139) 半徑 :

(140) 奪取 :

(141) 信賴 :

(142) 掃除 :

10. 다음 漢字語 중 첫 音節이 長音인 것을 고르시오.(143~147)

(143) ①立憲 ②或者 ③但只 ④同胞

(144) ①露出 ②飽食 ③速攻 ④閑散

(145) ①濫發 ②歡聲 ③發揮 ④灰色

(146) ①知覺 ②屈辱 ③穀食 ④報償

(147) ①推理 ②短篇 ③毁傷 ④爆彈

11. 다음 漢字의 略字를 쓰시오.(148~150)

(148) 滿   (149) 斷

(150) 釋

▶ 정답은 358쪽

제8회 한자능력검정시험 3급 예상문제

(시험시간 : 60분. 시험문항 : 150문제. 합격문항 : 105문제이상) 성명 _____

1. 다음 漢字語의 讀音을 쓰시오.(1~45)

    (1) 處暑
    (2) 陣地
    (3) 痛憤
    (4) 搜索
    (5) 叔姪
    (6) 寢具
    (7) 搖動
    (8) 急逝
    (9) 辨償
    (10) 昏睡
    (11) 經驗
    (12) 迷惑
    (13) 歲暮
    (14) 禪宗
    (15) 午睡
    (16) 訴訟
    (17) 彩紋
    (18) 借名
    (19) 燒酒
    (20) 華燭
    (21) 脫黨
    (22) 關係
    (23) 拜謁
    (24) 修了
    (25) 殉葬
    (26) 推尋
    (27) 胃炎
    (28) 追贈
    (29) 尖兵
    (30) 起案
    (31) 違約
    (32) 走狗
    (33) 腰痛
    (34) 殺菌
    (35) 偏見
    (36) 時宜
    (37) 鐵索
    (38) 慢性
    (39) 獵銃
    (40) 僞證
    (41) 混濁
    (42) 私債
    (43) 添酌
    (44) 靜脈
    (45) 對酌

2. 다음 漢字의 訓과 音을 쓰시오.(46~72)

    (46) 驅
    (47) 乎
    (48) 敦
    (49) 伴
    (50) 聘
    (51) 凍
    (52) 芳
    (53) 遊
    (54) 鋼
    (55) 譜
    (56) 麻
    (57) 憫
    (58) 攝
    (59) 慘
    (60) 軌
    (61) 貸
    (62) 乞
    (63) 奪
    (64) 厥
    (65) 耶
    (66) 罔
    (67) 炎
    (68) 祥
    (69) 獵
    (70) 凝
    (71) 燒
    (72) 詐

3. 다음 설명에 맞는 漢字語를 漢字로 쓰시오.(73~102)

    (73) 다양(여러 가지 모양 또는 양식)
    (74) 청중(강연, 설교 등을 듣는 군중)
    (75) 복선(뒷일의 준비로서 미리 암암리에 마련해 두는 것)
    (76) 유람(놀면서 봄)
    (77) 규범(본보기가 될 만한 제도)
    (78) 묘안(좋은 생각)
    (79) 과격(지나치게 격렬함)
    (80) 모양(겉으로 나타나는 생김새나 됨됨이)
    (81) 근면(부지런히 노력함)
    (82) 강렬(세차고 맹렬함)
    (83) 칭송(공덕을 칭찬하여 기림)

(84) 염려(여러 가지로 헤아려 걱정하는 것)

(85) 추론(이치를 좇아 어떤 일을 미루어 생각하고 논급함)

(86) 도난(도둑맞은 재난)

(87) 장비(꾸미어 갖춘 장비와 설비)

(88) 비판(비평하여 판정함)

(89) 감탄(감동하여 칭찬함)

(90) 담당(일을 맡음)

(91) 종래(지금까지 내려온 그대로)

(92) 동족(같은 겨레붙이)

(93) 비경(신비스러운 경지)

(94) 지략(슬기로운 계략)

(95) 주장(자기의 학설이나 의견 따위를 굳이 내세움)

(96) 사심(제 욕심을 채우려는 마음)

(97) 소진(아주 사라져 다 없어짐)

(98) 자손(자식과 손자)

(99) 경향(마음이나 형세가 어느 한쪽으로 인하여 기울어짐)

(100) 조직(짜서 이룸)

(101) 극한(궁극의 한계. 사물의 끝닿은 데)

(102) 재해(재앙으로부터 받은 피해)

4. 다음 漢字와 뜻이 反對 또는 相對되는 漢字를 쓰시오.(103~112)

(103) (   ) - 懲惡   (104) 增 - (   )

(105) 公 - (   )   (106) (   ) - 醜

(107) 姑 - (   )   (108) (   ) - 甘來

(109) (   ) - 薄   (110) (   ) - 閉鎖

(111) (   ) - 實際   (112) 寒 - (   )

5. 다음 漢字語의 ( )속에 알맞은 漢字를 쓰시오.(113~122)

(113) 多多(   )善   (114) 指鹿爲(   )

(115) 昏(   )晨省   (116) 論功行(   )

(117) 結(   )報恩   (118) 君臣有(   )

(119) 近(   )眼的   (120) 一(   )團結

(121) 山海(   )味   (122) 謹賀(   )年

6. 다음 漢字의 部首를 쓰시오.(123~127)

(123) 輿(   )   (124) 妥(   )

(125) 豚(   )   (126) 似(   )

(127) 崩(   )

7. 다음 漢字와 같은 뜻의 漢字를 ( )속에 넣어 漢字語를 만드시오.(128~132)

(128) 談(   )   (129) (   )頌

(130) 倉(   )   (131) 希(   )

(132) 徒(   )

8. 다음 漢字와 소리는 같으나, 뜻이 다른 漢字語를 쓰시오.(133~137)

(133) 序記. (   ) - 서력기원의 준말

(134) 小話. (   ) - 우수운 이야기

(135) 略字. (   ) - 힘이나 세력 따위가 약한 사람

(136) 急錢. (   ) - 급히 전함

(137) 時差. (   ) - 같은 물체를 서로 다른 두 지점에서 보았을 때의 방향차

9. 다음 漢字語의 뜻을 쓰시오.(138~142)

(138) 優勢 :

(139) 容認 :

(140) 送舊 :

(141) 猶豫 :

(142) 必須 :

10. 다음 漢字語 중 첫 音節이 長音인 것을 고르시오.(143~147)

(143) ①狂亂 ②過敏 ③隣接 ④埋伏

(144) ①騎馬 ②零度 ③終了 ④緩急

(145) ①古墳 ②暴徒 ③軍紀 ④輪禍

(146) ①食券 ②鷄林 ③毀損 ④略字

(147) ①構築 ②傲慢 ③孤兒 ④龍宮

11. 다음 漢字의 略字를 쓰시오.(148~150)

(148) 點   (149) 亞

(150) 醫

▶ 정답은 358쪽

제9회 한자능력검정시험 3급 예상문제

(시험시간 : 60분. 시험문항 : 150문제. 합격문항 : 105문제이상) 성명 _____

1. 다음 漢字語의 讀音을 쓰시오.(1~45)

    (1) 蜜月   (2) 木枕

    (3) 炎症   (4) 架空

    (5) 涉獵   (6) 强硬

    (7) 滅裂   (8) 檢疫

    (9) 荒野   (10) 收穫

    (11) 要塞   (12) 違憲

    (13) 喜捨   (14) 有償

    (15) 新銳   (16) 腦裏

    (17) 召還   (18) 蔬菜

    (19) 携帶   (20) 紛糾

    (21) 偽藥   (22) 敍述

    (23) 免稅   (24) 酉時

    (25) 參禪   (26) 臥病

    (27) 講論   (28) 偏食

    (29) 斜線   (30) 紅疫

    (31) 橋梁   (32) 騷客

    (33) 溫暖   (34) 悲鳴

    (35) 殉敎   (36) 恣行

    (37) 余等   (38) 忌避

    (39) 同僚   (40) 完遂

    (41) 休暇   (42) 畏敬

    (43) 硬質   (44) 軌道

    (45) 竝立

2. 다음 漢字의 訓과 音을 쓰시오.(46~72)

    (46) 殿   (47) 朔

    (48) 稚   (49) 奚

    (50) 遣   (51) 躍

    (52) 繫   (53) 絹

    (54) 策   (55) 懲

    (56) 賜   (57) 汝

    (58) 臥   (59) 叫

    (60) 蜂   (61) 賓

    (62) 媒   (63) 沈

    (64) 遂   (65) 倣

    (66) 巳   (67) 昔

    (68) 畓   (69) 潤

    (70) 押   (71) 拔

    (72) 篤

3. 다음 설명에 맞는 漢字語를 漢字로 쓰시오.(73~102)

    (73) 석권(자리를 말듯이 무서운 기세로 영토를 남김없이 빼앗거나 세력 범위를 넓힘)

    (74) 은거(세상을 피하여 숨어 삶)

    (75) 간편(간단하고 편리함)

    (76) 구조(꾸밈새)

    (77) 적성(무엇에 알맞은 성질)

    (78) 본적(본적지의 준말)

    (79) 납득(깨달아 앎)

    (80) 관점(보는 방향)

    (81) 조목(일을 구성하고 있는 낱낱의 부분이나 갈래)

(82) 권학(학문을 힘써 배우도록 함)

(83) 조약(조목을 세워서 약정한 언약)

(84) 관심(어떤 일이나 대상에 흥미를 가지고 마음을 쓰거나 알고 싶어 하는 상태)

(85) 타종(종을 침)

(86) 정부(국가의 정책을 집행하는 행정부)

(87) 좌중(여러 사람이 모인 자리)

(88) 직물(온갖 피륙 및 섬유로 짠 물건을 통틀어 이르는 말)

(89) 진영(군대가 집결하고 있는 곳)

(90) 집단(모여서 이룬 떼)

(91) 시차(태양시와 평균시와의 차)

(92) 원천(사물의 근원)

(93) 지원(뜻하여 바람)

(94) 열사(조국과 민족을 위해 성심껏 잘 싸운 사람)

(95) 추앙(높이 받들어 우러름)

(96) 직면(어떤 사물에 직접 대면함)

(97) 격변(갑자기 심하게 변하는 것)

(98) 도주(피하거나 쫓겨서 달아남)

(99) 가칭(임시로 일컬음)

(100) 탄압(함부로 으르대고 억누름)

(101) 한탄(원망하거나 뉘우침이 있을 때에 한숨짓는 탄식)

(102) 규모(본보기가 될만한 제도)

4. 다음 漢字와 뜻이 反對 또는 相對되는 漢字를 쓰시오.(103~112)

(103) 斷 - (　) (104) 緩 - (　)

(105) 當 - (　) (106) 平面 - (　)

(107) (　) - 圓 (108) 送舊 - (　)

(109) 賣 - (　) (110) (　) - 寡

(111) (　) - 合 (112) 將 - (　)

5. 다음 漢字語의 (　)속에 알맞은 漢字를 쓰시오.(113~122)

(113) 流芳(　)世 (114) 遠(　)召福

(115) 惡戰(　)鬪 (116) 德(　)主義

(117) 事必歸(　) (118) (　)民保護

(119) 人(　)戰術 (120) 身邊雜(　)

(121) 權(　)勢家 (122) 泥田鬪(　)

6. 다음 漢字의 部首를 쓰시오.(123~127)

(123) 騰 (　) (124) 冒 (　)

(125) 也 (　) (126) 梁 (　)

(127) 凝 (　)

7. 다음 漢字와 같은 뜻의 漢字를 (　)속에 넣어 漢字語를 만드시오.(128~132)

(128) 貧(　) (129) 滅(　)

(130) 文(　) (131) (　)藝

(132) (　)亡

8. 다음 漢字와 소리는 같으나, 뜻이 다른 漢字語를 쓰시오.(133~137)

(133) 人家. (　) - 인정하여 허락함

(134) 誘入. (　) - 흘러 들어옴

(135) 碑銘. (　) - 갑작스러운 위험이나 두려움 때문에 지르는 외마디 소리

(136) 雪田. (　) - 말싸움

(137) 危路. (　) - 괴로움이나 슬픔을 잊게 함

9. 다음 漢字語의 뜻을 쓰시오.(138~142)

(138) 宜當 :

(139) 啓蒙 :

(140) 享年 :

(141) 從來 :

(142) 觀測 :

10. 다음 漢字語 중 첫 音節이 長音인 것을 고르시오.(143~147)

(143) ①殉敎 ②遵守 ③推尋 ④涉外

(144) ①動搖 ②族譜 ③封墳 ④生涯

(145) ①煩惱 ②斜線 ③窮塞 ④汚物

(146) ①募集 ②奇拔 ③暗誦 ④崩壞

(147) ①冥福 ②感泣 ③育畜 ④憐憫

11. 다음 漢字의 略字를 쓰시오.(148~150)

(148) 譯   (149) 實

(150) 應

▶ 정답은 359쪽

제10회 한자능력검정시험 3급 예상문제

(시험시간 : 60분. 시험문항 : 150문제. 합격문항 : 105문제이상) 성명 _____

1. 다음 漢字語의 讀音을 쓰시오.(1~45)

(1) 拔群 (2) 朔風
(3) 硬直 (4) 忌中
(5) 近隣 (6) 蜂起
(7) 卑劣 (8) 支那
(9) 返品 (10) 敦篤
(11) 派遣 (12) 金塊
(13) 該當 (14) 憤慨
(15) 遵據 (16) 掛圖
(17) 瓦家 (18) 菜麻
(19) 賦課 (20) 桃園
(21) 渴症 (22) 斤數
(23) 賜藥 (24) 懲罰
(25) 懷抱 (26) 育苗
(27) 愚鈍 (28) 驅迫
(29) 友邦 (30) 繫累
(31) 憫然 (32) 破棄
(33) 辨明 (34) 龜裂
(35) 鍊磨 (36) 漏水
(37) 木蓮 (38) 半徑
(39) 俱現 (40) 返送
(41) 隔離 (42) 聖聰
(43) 零下 (44) 美醜
(45) 架橋

2. 다음 漢字의 訓과 音을 쓰시오.(46~72)

(46) 娛 (47) 泊
(48) 糾 (49) 震
(50) 曉 (51) 乃
(52) 堤 (53) 鹽
(54) 僚 (55) 擴
(56) 竝 (57) 殆
(58) 奏 (59) 囚
(60) 諒 (61) 倒
(62) 滯 (63) 豪
(64) 飜 (65) 飽
(66) 伸 (67) 遵
(68) 斥 (69) 遞
(70) 余 (71) 軒
(72) 叛

3. 다음 설명에 맞는 漢字語를 漢字로 쓰시오.(73~102)

(73) 표어(어떤 의견이나 내용을 알리기 위하여 주요 내용을 간결하게 표현한 짧은 말귀)
(74) 애견(귀여워하며 기르는 개)
(75) 수정(서적 따위의 내용을 바로 잡음)
(76) 사계(봄, 여름, 가을, 겨울의 사철)
(77) 용왕(용궁의 임금)
(78) 판사(법관 관명의 한 가지)
(79) 능력(어떤 일을 해낼 수 있는 힘)
(80) 빈곤(살림살이가 어려움)
(81) 파생(하나의 본체에서 다른 사물이 갈려 나와 생김)
(82) 혈연(같은 핏줄로 이어진 인연)

(83) 평생(일생)

(84) 전달(전하여 이르게 함)

(85) 보존(잘 지니어 상하거나 없어지거나 하지 않게 함)

(86) 훈계(타일러 경계함)

(87) 가능(할 수 있음)

(88) 투표(소정의 표지에 찬반 따위의 의견을 기입하여 함에 넣음)

(89) 균일(차이가 없음)

(90) 사립(개인이나 민간단체가 설립하여 유지하는 일)

(91) 도보(걸어서 감)

(92) 파병(군대를 파견함)

(93) 자매(여자끼리의 동기)

(94) 범죄(죄를 지음)

(95) 판결(어떤 일의 옳고 그름을 판단하여 결정함)

(96) 종족(같은 종류에 딸린 것)

(97) 수단(어떤 목적을 달성하기 위한 방법)

(98) 군중(많은 사람의 무리)

(99) 차고(차를 넣어 두는 곳)

(100) 대략(대체의 개략. 대체로)

(101) 조직(날실과 씨실을 걸어 천을 짜는 일)

(102) 간단(까다롭지 않고 단순함)

4. 다음 漢字와 뜻이 反對 또는 相對되는 漢字를 쓰시오.(103~112)

(103) 輕 - (　　)　　(104) 骨 - (　　)

(105) (　　) - 薄　　(106) 氷 - (　　)

(107) (　　) - 末　　(108) (　　) - 苦

(109) (　　) - 模倣　(110) 伸 - (　　)

(111) 官 - (　　)　　(112) (　　) - 着

5. 다음 漢字語의 (　)속에 알맞은 漢字를 쓰시오.(113~122)

(113) 同名(　)人　　(114) 孟(　)三遷

(115) 非(　)不飽　　(116) 死後藥(　)文

(117) (　)父之利　　(118) (　)所不能

(119) 敬天(　)人　　(120) 實事(　)是

(121) 見(　)一致　　(122) 勸善懲(　)

6. 다음 漢字의 部首를 쓰시오.(123~127)

(123) 劣 (　)　　(124) 丘 (　)

(125) 覆 (　)　　(126) 畜 (　)

(127) 孰 (　)

7. 다음 漢字와 같은 뜻의 漢字를 (　)속에 넣어 漢字語를 만드시오.(128~132)

(128) (　　) 範　　(129) 末(　　)

(130) 議(　　)　　(131) 監(　　)

(132) 茂(　　)

8. 다음 漢字와 소리는 같으나, 뜻이 다른 漢字語를 쓰시오.(133~137)

(133) 繫屬. (　　　) - 끊어지지 않고 뒤를 이어 나감

(134) 貞淑. (　　　) - 고요하고 엄숙함

(135) 起床. (　　　) - 비, 바람, 구름 등 대기 등에서 일어나는 모든 현상

(136) 懸象. (　　　) - 현재의 상태

(137) 燒火. (　　　) - 먹은 음식물을 소화시킴

9. 다음 漢字語의 뜻을 쓰시오.(138~142)

(138) 逐出 :

(139) 隱逸 :

(140) 固定 :

(141) 乘船 :

(142) 閱覽 :

10. 다음 漢字語 중 첫 音節이 長音이 아닌 것을 고르시오.(143~147)

(143) ①彈丸 ②傑物 ③鎖國 ④緩慢

(144) ①浸透 ②斷念 ③刺傷 ④激憤

(145) ①情趣 ②賃金 ③倒置 ④苟且

(146) ①濫獲 ②閱覽 ③鈍感 ④累積

(147) ①幣物 ②某國 ③押送 ④凍死

11. 다음 漢字의 略字를 쓰시오.(148~150)

(148) 顯   (149) 彈

(150) 肅

▶ 정답은 359쪽

제11회 한자능력검정시험 3급 예상문제

(시험시간 : 60분. 시험문항 : 150문제. 합격문항 : 105문제이상) 성명 _____

1. 다음 漢字語의 讀音을 쓰시오.(1~45)

    (1) 祝辭   (2) 賦役
    (3) 浪漫   (4) 禪師
    (5) 捕卒   (6) 漏出
    (7) 存廢   (8) 卯時
    (9) 步幅   (10) 傾斜
    (11) 無菌   (12) 近郊
    (13) 挑發   (14) 債務
    (15) 厚賜   (16) 盤石
    (17) 汚染   (18) 但只
    (19) 頻度   (20) 罷職
    (21) 斤量   (22) 背叛
    (23) 鈍才   (24) 惡臭
    (25) 零細   (26) 姦淫
    (27) 淸廉   (28) 總販
    (29) 打倒   (30) 漆黑
    (31) 强奪   (32) 納幣
    (33) 雪糖   (34) 金屬
    (35) 硬度   (36) 勤愼
    (37) 解析   (38) 舍監
    (39) 牽制   (40) 遍歷
    (41) 分裂   (42) 屬國
    (43) 還拂   (44) 代替
    (45) 穴居

2. 다음 漢字의 訓과 音을 쓰시오.(46~72)

    (46) 訟   (47) 亞
    (48) 零   (49) 尖
    (50) 譽   (51) 免
    (52) 苗   (53) 裕
    (54) 播   (55) 肩
    (56) 塗   (57) 塡
    (58) 幅   (59) 鹿
    (60) 孟   (61) 催
    (62) 臭   (63) 訂
    (64) 巷   (65) 辨
    (66) 妾   (67) 汗
    (68) 頗   (69) 捉
    (70) 殊   (71) 輝
    (72) 廟

3. 다음 설명에 맞는 漢字語를 漢字로 쓰시오.(73~102)

    (73) 부정(옳지 않다고 인정함)
    (74) 경우(놓여 있는 조건이나 놓이게 되는 형편)
    (75) 합의(서로 뜻이 맞음)
    (76) 배경(뒤의 경치)
    (77) 이해(깨달아 알아들음)
    (78) 구호(외침, 말로 부름)
    (79) 손해(본디보다 밑지거나 해가 됨)
    (80) 자체(제 몸)
    (81) 구역(갈라놓은 지역)
    (82) 반사(빛이나 전파 따위가 어떤 물체에 부딪혀 되돌아오는 현상)

(83) 요소(중요한 장소나 지점)

(84) 참여(참가하여 경계함)

(85) 유산(죽은 이가 남겨 놓은 재산)

(86) 상영(영화를 영사하여 관객에게 보임)

(87) 모유(어머니의 젖)

(88) 긍정(어떤 사실이나 생각 따위를 그렇다고 인정함)

(89) 유학(유교의 학문)

(90) 노송(늙은 소나무)

(91) 격퇴(적을 쳐서 물리침)

(92) 적금(돈을 모아 둠)

(93) 인조(사람이 만듦)

(94) 묘지(무덤이 있는 땅)

(95) 범행(법을 어기는 짓)

(96) 산재(이곳저곳에 흩어져 있음)

(97) 영리(이윤을 추구하는 행위)

(98) 장정(나이가 젊고 한창 힘을 쓰는 건강한 남자)

(99) 장편(문장, 소설 등이 구도가 복잡하고 양도 많음)

(100) 특별(보통과 아주 다름)

(101) 기원(사물의 생긴 근원)

(102) 사전(무슨 일이 이루어지기 전)

4. 다음 漢字와 뜻이 反對 또는 相對되는 漢字를 쓰시오.(103~112)

(103) (   ) - 廢   (104) (   ) - 惡

(105) (   ) - 怠   (106) (   ) - 來

(107) 晴 - (   )   (108) 收 - (   )

(109) 干 - (   )   (110) (   ) - 肉

(111) (   ) - 陸   (112) (   ) - 易

5. 다음 漢字語의 (   )속에 알맞은 漢字를 쓰시오.(113~122)

(113) 削奪官(   )   (114) 機(   )主義

(115) 甲(   )文字   (116) 榮枯(   )衰

(117) 宣(   )布告   (118) 無爲徒(   )

(119) 馬耳東(   )   (120) (   )者無敵

(121) 羽化(   )仙   (122) 不(   )曲直

6. 다음 漢字의 部首를 쓰시오.(123~127)

(123) 光 (   )   (124) 威 (   )

(125) 穴 (   )   (126) 鳴 (   )

(127) 慶 (   )

7. 다음 漢字와 같은 뜻의 漢字를 (   )속에 넣어 漢字語를 만드시오.(128~132)

(128) (   )爭   (129) (   )尾

(130) 繼(   )   (131) 想(   )

(132) (   )固

8. 다음 漢字와 소리는 같으나, 뜻이 다른 漢字語를 쓰시오.(133~137)

(133) 糧食. (   ) - 서양의 양식이나 격식

(134) 通貨. (   ) - 전화 등으로 말을 서로 통함

(135) 戰警. (   ) - 전체의 경치

(136) 要素. (   ) - 중요한 장소

(137) 宿怨. (   ) - 오래도록 지녀온 소원

9. 다음 漢字語의 뜻을 쓰시오.(138~142)

(138) 否認 :

341

(139) 礎盤 :

(140) 謁見 :

(141) 與奪 :

(142) 生捕 :

10. 다음 漢字語 중 첫 音節이 長音이 아닌 것을 고르시오.(143~147)

(143) ①墨香 ②餓鬼 ③俊傑 ④養鼈

(144) ①罷場 ②免疫 ③愛誦 ④畢竟

(145) ①補佐 ②誕生 ③緩行 ④憤慨

(146) ①均衡 ②賜藥 ③晚年 ④霧散

(147) ①普遍 ②薦擧 ③偏食 ④遷都

11. 다음 漢字의 略字를 쓰시오.(148~150)

(148) 禮   (149) 乘

(150) 蟲

▶ 정답은 360쪽

제12회 한자능력검정시험 3급 예상문제

(시험시간 : 60분. 시험문항 : 150문제. 합격문항 : 105문제이상) 성명 _____

1. 다음 漢字語의 讀音을 쓰시오.(1~45)

    (1) 追敍   (2) 覆蓋
    (3) 租稅   (4) 抱擁
    (5) 左傾   (6) 經路
    (7) 滯佛   (8) 追伸
    (9) 辯論   (10) 比肩
    (11) 祭享   (12) 尤甚
    (13) 贈與   (14) 龜旨歌
    (15) 錯誤   (16) 漏落
    (17) 遍在   (18) 侮辱
    (19) 濁流   (20) 配匹
    (21) 怠慢   (22) 弔問
    (23) 償還   (24) 燒失
    (25) 實吐   (26) 虎穴
    (27) 跳躍   (28) 奏請
    (29) 禾穀   (30) 變遷
    (31) 誕降   (32) 荒唐
    (33) 滯症   (34) 彈丸
    (35) 提携   (36) 生涯
    (37) 婚期   (38) 隔差
    (39) 暮春   (40) 決裂
    (41) 拜謁   (42) 竊盜
    (43) 頻繁   (44) 衡平
    (45) 僚輩

2. 다음 漢字의 訓과 音을 쓰시오.(46~72)

    (46) 顧   (47) 而
    (48) 聰   (49) 予
    (50) 豈   (51) 侮
    (52) 緯   (53) 俊
    (54) 毁   (55) 禾
    (56) 殉   (57) 荷
    (58) 違   (59) 躍
    (60) 咸   (61) 逐
    (62) 錯   (63) 抽
    (64) 墮   (65) 牙
    (66) 庸   (67) 斯
    (68) 結   (69) 旋
    (70) 掛   (71) 稀
    (72) 慙

3. 다음 밑줄 친 말에 해당하는 漢字語를 漢字로 쓰시오.(73~102)

    (73) 그는 매주 텔레비전에 나와서 음악 **평론**을 한다.
    (74) 회사의 구내식당이 오늘 **개업**을 했다.
    (75) **혹자**는 말하기를, '그 사건의 진실을 누가 알겠느냐?'고 하였다.
    (76) **하계**방학 동안 봉사활동을 하였다.
    (77) 한참동안 **공방**이 오갔으나 결론이 나지 않았다.
    (78) 갑돌이는 갑순이에게 **청혼**을 했다.
    (79) **영화**를 누리다.
    (80) 역성**혁명**을 일으키다.
    (81) 군중을 **분산**시키다.
    (82) **형벌**을 과하다.

(83) 적의 **항복**을 받다.

(84) 성적을 **평균**내다.

(85) 그는 평생을 남을 위해 **인술**을 베풀었다.

(86) **지역**을 나누다.

(87) 그의 **환성**으로 가족들이 잠에게 깨어났다.

(88) 처리 결과에 대하여 **가부**를 논하다.

(89) **건장**한 사나이들이 단체로 몰려왔다.

(90) 이익의 **절반**을 나누어 주었다.

(91) 장난감 **병정**은 흔들리면서 물을 따라 내려갔다.

(92) 이자는커녕 **본전**도 못 건졌다.

(93) 피고측의 **증인**을 소환하다.

(94) 아름다운 **인연**을 맺다.

(95) **좌석**을 정돈하다.

(96) 경기가 **불황**의 늪에 빠지다.

(97) **진귀**한 선물을 받다.

(98) 그 산에는 **산적**이 자주 출몰한다.

(99) 건전한 **이성**교제를 합시다.

(100) **국고**가 바닥나다.

(101) **무역**수지가 적자를 내다.

(102) 곤충 **채집**을 하다.

4. 다음 漢字와 뜻이 反對 또는 相對되는 漢字를 쓰시오. (103~112)

(103) 伸 - (   )   (104) (   ) - 散
(105) (   ) - 炭   (106) (   ) - 弱
(107) 苦 - (   )   (108) 貧 - (   )
(109) 始 - (   )   (110) (   ) - 益
(111) (   ) - 舊   (112) (   ) - 落

5. 다음 漢字語의 (   )속에 알맞은 漢字를 쓰시오. (113~122)

(113) 情(   )參酌   (114) 互角(   )勢
(115) 以德(   )怨   (116) (   )口同聲
(117) 紅東白(   )   (118) 金(   )玉條
(119) 適者生(   )   (120) 秋風(   )葉
(121) (   )耶無耶   (122) 美風(   )俗

6. 다음 漢字의 部首를 쓰시오. (123~127)

(123) 於 (   )   (124) 了 (   )
(125) 免 (   )   (126) 鳳 (   )
(127) 募 (   )

7. 다음 漢字와 같은 뜻의 漢字를 (   )속에 넣어 漢字語를 만드시오. (128~132)

(128) 打(   )   (129) (   )了
(130) 庭(   )   (131) (   )濯
(132) 稱(   )

8. 다음 漢字와 소리는 같으나, 뜻이 다른 漢字語를 쓰시오. (133~137)

(133) 高麗. (   ) - 깊이 생각하여 헤아림

(134) 辛苦. (   ) - 국민이 행정관청에 일정한 사실을 진술 보고하는 일

(135) 屬性. (   ) - 빨리 이루어지거나 이룸

(136) 房門. (   ) - 남을 찾아가 봄

(137) 詳審. (   ) - 마음을 상함

9. 다음 漢字語의 뜻을 쓰시오. (138~142)

(138) 惜陰 :

(139) 雲霧 :

(140) 齊唱 :

(141) 督促 :

(142) 敬老 :

10. 다음 漢字語 중 첫 音節이 長音이 아닌 것을 고르시오.(143~147)

(143) ①俊才 ②慨歎 ③攝取 ④放恣

(144) ①養蜂 ②誓約 ③砲丸 ④肺炎

(145) ①享有 ②賦與 ③詠物 ④慘變

(146) ①贈與 ②晚秋 ③紫色 ④漫談

(147) ①濫用 ②懲戒 ③播遷 ④誦讀

11. 다음 漢字의 略字를 쓰시오.(148~150)

(148) 龍   (149) 畫

(150) 辭

▶ 정답은 360쪽

제13회 한자능력검정시험 3급 예상문제

(시험시간 : 60분. 시험문항 : 150문제. 합격문항 : 105문제이상) 성명 _____

1. 다음 漢字語의 讀音을 쓰시오.(1~45)

(1) 涉外 (2) 公爵
(3) 發狂 (4) 宜當
(5) 假借 (6) 拙速
(7) 善隣 (8) 押收
(9) 詠物 (10) 浸透
(11) 廢車 (12) 配享
(13) 淡泊 (14) 弘報
(15) 招請 (16) 毀傷
(17) 嫌惡 (18) 扶桑
(19) 亂舞 (20) 渡來
(21) 訣別 (22) 洗濯
(23) 麻衣 (24) 座談
(25) 基盤 (26) 疏遠
(27) 鴻毛 (28) 拂下
(29) 仲裁 (30) 荷重
(31) 煩惱 (32) 敏活
(33) 躍進 (34) 零點
(35) 慙愧 (36) 罷免
(37) 廟堂 (38) 謁見
(39) 閱兵 (40) 傷處
(41) 造幣 (42) 震檀
(43) 大幅 (44) 山岳
(45) 墨香

2. 다음 漢字의 訓과 音을 쓰시오.(46~72)

(46) 添 (47) 煩
(48) 胸 (49) 薦
(50) 欺 (51) 鴻
(52) 矢 (53) 賜
(54) 泳 (55) 渡
(56) 矣 (57) 吾
(58) 霜 (59) 篤
(60) 寅 (61) 戀
(62) 狗 (63) 泣
(64) 恣 (65) 慣
(66) 僞 (67) 鈍
(68) 旣 (69) 曉
(70) 索 (71) 擁
(72) 叛

3. 다음 밑줄 친 말에 해당하는 漢字語를 漢字로 쓰시오.(73~102)

(73) 둘 중에서 **택일**하다.
(74) **각고**의 노력 끝에 얻은 영광이다.
(75) 포로수용소를 **탈출**하다.
(76) 부모님의 **근황**을 물어보다.
(77) 그의 행동에 대하여 **투서**를 넣다.
(78) **희비**가 교차하는 순간이다.
(79) 저녁 식사에 **초대**를 받다.
(80) 그 곳은 **기후**가 좋은 지방이다.
(81) 교통사고로 **중상**을 입다.
(82) 부모님의 **회갑상**을 차리다.
(83) 사건의 **주범**을 수배하다.

(84) 빙판에 넘어져 **골절**을 입다.

(85) 계획했던 일을 **성취**하다.

(86) **후대**에 감사드립니다.

(87) 사건을 **추리**하다.

(88) **항쟁**을 벌이다.

(89) 공해로 하늘빛이 **회색**으로 보이는 날이 많아 졌다.

(90) 학과 **명칭**을 바꾸다.

(91) **고층** 아파트가 들어서다.

(92) **간병인**을 구하다.

(93) **핵심**을 찌르다.

(94) **취학**통지서를 받다.

(95) 피해 상황이 **심각**하다.

(96) **곤경**에 처하다.

(97) 그는 **후덕**한 사람이다.

(98) 학급 **대항** 축구 경기를 하다.

(99) 오랫동안 아내와 **별거**하다.

(100) 그의 생활은 매우 **검소**하다.

(101) 계약 내용을 **갱신**하다.

(102) 부동산에 **투자**하다.

4. 다음 漢字와 뜻이 反對 또는 相對되는 漢字를 쓰시오. (103~112)

(103) (　　) - 裏　　(104) (　　) - 背

(105) 田 - (　　)　　(106) 君 - (　　)

(107) (　　) - 緯　　(108) (　　) - 今

(109) 主 - (　　)　　(110) 寒 - (　　)

(111) (　　) - 着　　(112) (　　) - 僞

5. 다음 漢字語의 (　)속에 알맞은 漢字를 쓰시오. (113~122)

(113) 千態萬(　)　　(114) 自初(　)終

(115) 決死反(　)　　(116) 路柳墻(　)

(117) 拔(　)塞源　　(118) (　)地思之

(119) 公共場(　)　　(120) 搖(　)不動

(121) 美(　)良俗　　(122) 事實無(　)

6. 다음 漢字의 部首를 쓰시오. (123~127)

(123) 之 (　　)　　(124) 某 (　　)

(125) 戊 (　　)　　(126) 眉 (　　)

(127) 旱 (　　)

7. 다음 漢字와 같은 뜻의 漢字를 (　)속에 넣어 漢字語를 만드시오. (128~132)

(128) 救(　　)　　(129) (　　)空

(130) (　　)黨　　(131) 群(　　)

(132) 段(　　)

8. 다음 漢字와 소리는 같으나, 뜻이 다른 漢字語를 쓰시오. (133~137)

(133) 富商. (　　　) - 몸에 상처를 입음

(134) 間斷. (　　　) - 간략하고 또렷함

(135) 水災. (　　　) - 학문과 재능이 매우 뛰어난 사람

(136) 奇觀. (　　　) - 물건을 활동시키는 장치를 하여 놓은 기계

(137) 伏線. (　　　) - 겹줄

347

9. 다음 漢字語의 뜻을 쓰시오.(138~142)

(138) 忌避 :

(139) 履歷 :

(140) 訴訟 :

(141) 淺薄 :

(142) 爭訟 :

10. 다음 漢字語 중 첫 音節이 長音이 아닌 것을 고르시오.(143~147)

(143) ①叛軍 ②叛亂 ③謀叛 ④叛逆

(144) ①國賓 ②貴賓 ③來賓 ④外賓

(145) ①廢棄 ②存廢 ③廢車 ④廢品

(146) ①墓穴 ②虎穴 ③互惠 ④相互

(147) ①細菌 ②病菌 ③滅菌 ④何必

11. 다음 漢字의 略字를 쓰시오.(148~150)

(148) 黨   (149) 樣

(150) 錢

▶ 정답은 361쪽

제14회 한자능력검정시험 3급 예상문제

(시험시간 : 60분. 시험문항 : 150문제. 합격문항 : 105문제이상) 성명 _____

1. 다음 漢字語의 讀音을 쓰시오. (1~45)

(1) 愛誦   (2) 顧客
(3) 細菌   (4) 斜面
(5) 鐵鋼   (6) 封鎖
(7) 禁忌   (8) 快愈
(9) 漫談   (10) 押收
(11) 汚辱   (12) 姦臣
(13) 婚姻   (14) 飢渴
(15) 紫色   (16) 胃腸
(17) 論據   (18) 類似
(19) 解析   (20) 頻發
(21) 不渡   (22) 詐稱
(23) 苦杯   (24) 棄權
(25) 晨星   (26) 淫亂
(27) 訟事   (28) 厄運
(29) 窮塞   (30) 飜譯
(31) 發芽   (32) 漫筆
(33) 凍傷   (34) 狂暴
(35) 崩御   (36) 塗炭
(37) 囚人   (38) 干涉
(39) 方舟   (40) 添削
(41) 斜陽   (42) 召命
(43) 肩章   (44) 動搖
(45) 庶子

2. 다음 漢字의 訓과 音을 쓰시오. (46~72)

(46) 庚   (47) 屛
(48) 憂   (49) 戌
(50) 糖   (51) 仲
(52) 裂   (53) 辰
(54) 疫   (55) 株
(56) 鳴   (57) 枝
(58) 騎   (59) 梁
(60) 勵   (61) 返
(62) 辛   (63) 雁
(64) 云   (65) 尤
(66) 傍   (67) 蔬
(68) 庸   (69) 謹
(70) 怠   (71) 絃
(72) 互

3. 다음 밑줄 친 말에 해당하는 漢字語를 漢字로 쓰시오. (73~102)

(73) 연대순을 **배열**하다.

(74) 새로운 **천체**를 발견하다.

(75) 밤사이 **강도**가 침입했다.

(76) 빙벽 등반을 **감행**하다.

(77) 이 꽃은 우리나라 남부에 **분포**한다.

(78) 그 작품은 **호평**을 받았다.

(79) 각양각색의 깃발이 **난립**하고 있다.

(80) 낡은 제도를 **개혁**하다.

(81) 그 사람의 됨됨이는 **주위** 사람을 보면 알 수 있다.

(82) 다윈은 **진화론**을 주장했다.

(83) 사회적 **통념**을 깨다.

(84) 전파를 **수신**하다.

(85) **견해**의 차이를 느끼다.

(86) 나는 그가 올 것을 **확신**한다.

(87) 잘못된 점을 **시정**하다.

(88) 음주 운전은 매우 **위험**하다.

(89) **기이**한 현상이다.

(90) 기초 **과학** 분야에 많은 투자가 필요하다.

(91) 우리나라의 방송 **기술**이 이렇게 발전하다니 놀랍다.

(92) 그는 10년째 **도망** 중이다.

(93) 법률안이 **부결**되었다.

(94) 수성 역시 **행성** 중의 하나이다.

(95) 집요한 추적 끝에 간첩을 모두 **사살**하였다.

(96) 호주로 **이민**을 가다.

(97) 역사에 대한 **인식**이 부족하다.

(98) 그런 일은 **종래**에 없었다.

(99) 지구는 **자전**을 하다.

(100) 그는 모든 일에 **과시**를 잘한다.

(101) 그녀의 **환심**을 사기 위해 온갖 노력을 하다.

(102) **이왕**의 일은 생각하지 말자.

4. 다음 漢字와 뜻이 反對 또는 相對되는 漢字를 쓰시오.(103~112)

(103) 主 - (　) (104) (　) - 重
(105) (　) - 果 (106) 乘 - (　)
(107) 免 - (　) (108) 京 - (　)
(109) (　) - 後 (110) (　) - 弔
(111) (　) - 實 (112) 晩 - (　)

5. 다음 漢字語의 (　)속에 알맞은 漢字를 쓰시오.(113~122)

(113) 朋友有(　) (114) 元亨(　)貞
(115) (　)武堂堂 (116) 確固(　)動
(117) 拜(　)主義 (118) 兵家(　)事
(119) 溫(　)知新 (120) 田園(　)宅
(121) 意氣(　)合 (122) 言則(　)也

6. 다음 漢字의 部首를 쓰시오.(123~127)

(123) 蜜 (　) (124) 叛 (　)

(125) 稻 (　) (126) 飜 (　)

(127) 巳 (　)

7. 다음 漢字와 같은 뜻의 漢字를 (　)속에 넣어 漢字語를 만드시오.(128~132)

(128) (　)冷 (129) 尋(　)
(130) (　)貨 (131) 階(　)
(132) 溫(　)

8. 다음 漢字와 소리는 같으나, 뜻이 다른 漢字語를 쓰시오.(133~137)

(133) 邊境. (　) - 바꾸어 고침

(134) 擧主. (　) - 일정한 곳에 자리를 잡고 머물러 삶

(135) 字典. (　) - 저절로 돌아감

(136) 其餘. (　) - 도움이 되는 구실을 하는 것

(137) 徒勞. (　) - 사람이나 차가 다닐 수 있게 만든 길

9. 다음 漢字語의 뜻을 쓰시오.(138~142)
(138) 應試 :

(139) 保存 :

(140) 勸奬 :

(141) 沒頭 :

(142) 逮捕 :

10. 다음 漢字語 중 첫 音節이 長音이 아닌 것을 고르시오.(143~147)

(143) ①奪還 ②汚點 ③播種 ④銳敏

(144) ①傳播 ②賃借 ③佐郞 ④罪囚

(145) ①妥當 ②妥結 ③惡臭 ④臭氣

(146) ①飽和 ②抽出 ③變遷 ④幣物

(147) ①苗床 ②苗板 ③種苗 ④育苗

11. 다음 漢字의 略字를 쓰시오.(148~150)

(148) 麥　　　　　(149) 廣

(150) 覺

▶ 정답은 361쪽

제15회 한자능력검정시험 3급 예상문제

(시험시간 : 60분. 시험문항 : 150문제. 합격문항 : 105문제이상) 성명 _____

1. 다음 漢字語의 讀音을 쓰시오.(1~45)

(1) 濕地 (2) 賃金
(3) 殿下 (4) 種豚
(5) 淸潔 (6) 竝行
(7) 姪婦 (8) 間隔
(9) 墮落 (10) 水刺
(11) 落雷 (12) 列傳
(13) 祝杯 (14) 缺禮
(15) 絶叫 (16) 桂冠
(17) 債權 (18) 積金
(19) 賜姓 (20) 廢品
(21) 詐欺 (22) 臥龍
(23) 隣近 (24) 荒唐
(25) 返還 (26) 抽象
(27) 庶務 (28) 孰若
(29) 惱殺 (30) 殉葬
(31) 免職 (32) 暖風
(33) 佐郞 (34) 却說
(35) 糖分 (36) 訪北
(37) 漫畵 (38) 餓鬼
(39) 後尾 (40) 宿泊
(41) 爆發 (42) 賣渡
(43) 規範 (44) 借用
(45) 天涯

2. 다음 漢字의 訓과 音을 쓰시오.(46~72)

(46) 岳 (47) 刑
(48) 茲 (49) 豚
(50) 潛 (51) 吐
(52) 拂 (53) 顧
(54) 菜 (55) 巷
(56) 筋 (57) 憶
(58) 似 (59) 抵
(60) 躍 (61) 欲
(62) 悅 (63) 徵
(64) 惱 (65) 坐
(66) 驅 (67) 藏
(68) 坤 (69) 繁
(70) 矯 (71) 挑
(72) 峯

3. 다음 밑줄 친 말에 해당하는 漢字語를 漢字로 쓰시오.(73~102)

(73) 해충을 **퇴치**하다.
(74) 그 지역은 생활 **수준**이 높다.
(75) 어른에게 **반항**하다.
(76) 시선을 **고정**하다.
(77) 악역으로 **등장**하다.
(78) 교육시설을 **완비**하다.
(79) 인간 이하의 **대접**을 받다.
(80) 작은 **신용**도 소중히 하다.
(81) 평화적인 통일을 **강조**하다.
(82) 요구 **조건**을 다 들어주다.
(83) 우리나라 신문학 **건설**의 주역이다.

(84) 이 건물은 조선초기의 독특한 건축 **양식**이다.

(85) 원인이 되는 증거물을 **확보**하다.

(86) 그는 빨리 **완쾌**되었다.

(87) 새로운 공장을 교외에 **위치**하다.

(88) 과학적 **원리**를 실험을 통해 설명하다.

(89) 건전한 **정신**은 건전한 신체로부터 시작한다.

(90) **체계**를 세워 일을 처리하다.

(91) 그는 모래판의 **거인**이다.

(92) 전쟁과 동시에 모든 차량은 군사 목적에 **동원** 되었다.

(93) 목표를 무난히 **달성**하다.

(94) **가속** 페달을 밟다.

(95) 민물고기는 **생식**하지 않는 것이 좋다.

(96) 그 작품은 **입체적**이다.

(97) 보내는 쪽에서 우송료를 **부담**하다.

(98) 길에서 **습득**한 물건의 주인을 찾아 주다.

(99) **정규** 과정을 밟다.

(100) **이해**하기 어려운 책이다.

(101) **사후** 처리를 잘하다.

(102) 선생과 학생의 격의 없는 **대화**가 이루어지다.

4. 다음 漢字와 뜻이 反對 또는 相對되는 漢字를 쓰시오. (103~112)

(103) ( ) - 滿   (104) 恩 - ( )

(105) ( ) - 合   (106) ( ) - 辱

(107) 顯 - ( )   (108) ( ) - 衆

(109) 贊 - ( )   (110) ( ) - 實

(111) ( ) - 凶   (112) ( ) - 此

5. 다음 漢字語의 ( )속에 알맞은 漢字를 쓰시오. (113~122)

(113) 指名打( )   (114) ( )價償却

(115) 自他( )認   (116) 千篇一( )

(117) 血( )相通   (118) 甘言( )說

(119) 從( )記者   (120) 高( )大爵

(121) 重言( )言   (122) 茫( )自失

6. 다음 漢字의 部首를 쓰시오. (123~127)

(123) 塞 ( )   (124) 岳 ( )

(125) 嘗 ( )   (126) 垂 ( )

(127) 雁 ( )

7. 다음 漢字와 같은 뜻의 漢字를 ( )속에 넣어 漢字語를 만드시오. (128~132)

(128) 崇( )   (129) 朱( )

(130) ( )窮   (131) ( )悟

(132) 稱( )

8. 다음 漢字와 소리는 같으나, 뜻이 다른 漢字語를 쓰시오. (133~137)

(133) 受精. ( ) - 서적 등의 잘못을 고침

(134) 檀紀. ( ) - 짧은 기간

(135) 長遠. ( ) - 과거에 수석으로 급제함

(136) 敵黨. ( ) - 어울려 알맞음

(137) 事前. ( ) - 낱말을 모아 일정한 순서로 배열하여 발음·뜻·용법 등을 해석한 책

9. 다음 漢字語의 뜻을 쓰시오.(138~142)

(138) 蘇生 :

(139) 直面 :

(140) 越墻 :

(141) 遺書 :

(142) 妥協 :

10. 다음 漢字語 중 첫 音節이 長音인 것을 고르시오.(143~147)

(143) ①債券 ②尋訪 ③交涉 ④封鎖

(144) ①僞善 ②遙遠 ③弔問 ④懲役

(145) ①訂正 ②應募 ③錯覺 ④慘敗

(146) ①別添 ②租稅 ③英才 ④罔極

(147) ①睡眠 ②濕度 ③罷免 ④齒牙

11. 다음 漢字의 略字를 쓰시오.(148~150)

(148) 歸　　　　　(149) 絲

(150) 聯

▶ 정답은 362쪽

【3급 예상문제 정답】

〈제1회〉

(1) 부하 (2) 계속 (3) 절규
(4) 구충 (5) 소홀 (6) 선서
(7) 둔병 (8) 금기 (9) 허기
(10) 완행 (11) 원격 (12) 번복
(13) 둔탁 (14) 약동 (15) 혈루
(16) 투철 (17) 빙장 (18) 긍정
(19) 무임 (20) 계류 (21) 연화
(22) 위배 (23) 첨가 (24) 파다
(25) 안경 (26) 위선 (27) 연민
(28) 축시 (29) 매각 (30) 칠기
(31) 모집 (32) 편곡 (33) 고문
(34) 절취 (35) 험난 (36) 양돈
(37) 추악 (38) 복록 (39) 습식
(40) 양지 (41) 묘목 (42) 오락실
(43) 부여 (44) 선방 (45) 괴색

(46) 살필 심 (47) 젖을 습
(48) 시렁 가 (49) 잡을 파
(50) 화창할 창 (51) 국화 국
(52) 지름길 경/길 경 (53) 벨 할
(54) 손 빈 (55) 여러 서
(56) 바꿀 역/쉬울 이 (57) 흙덩이 괴
(58) 뛰어넘을 초 (59) 벼 도
(60) 어찌 하 (61) 훔칠 절
(62) 부칠 부 (63) 빛날 휘
(64) 계수나무 계 (65) 녹 록
(66) 세포 포 (67) 민첩할 민
(68) 피곤할 피 (69) 두루 편
(70) 밭갈 경 (71) 나라 방
(72) 다다를 부/갈 부

(73) 專攻 (74) 姿勢 (75) 怨望 (76) 普通 (77) 達辯
(78) 凶作 (79) 知覺 (80) 探訪 (81) 隱密 (82) 勤儉
(83) 龍宮 (84) 訓戒 (85) 敢行 (86) 更生 (87) 巨大
(88) 體制 (89) 眼鏡 (90) 叔父 (91) 甲富 (92) 伏兵
(93) 味覺 (94) 休暇 (95) 射殺 (96) 辭任 (97) 持論
(98) 與件 (99) 差異 (100) 優待 (101) 食糧 (102) 迎入

(103) 首 (104) 優 (105) 低 (106) 成, 勝 (107) 末端
(108) 盛 (109) 勤 (110) 勝 (111) 靜 (112) 立體

(113) 獨 (114) 聞 (115) 令 (116) 滿 (117) 親
(118) 論 (119) 吏 (120) 動 (121) 絲 (122) 相

(123) 冂 (124) 殳 (125) 白 (126) 乙 (127) 月肉

(128) 範 (129) 尊 (130) 論 (131) 爭 (132) 製

(133) 京鄕 (134) 隱語 (135) 新裝 (136) 樣式 (137) 修身

(138) 보고서 깨달아 앎
(139) 식물 따위를 옮겨 심음
(140) 어떤 일에만 마음이 쏠려 떠나지 아니함
(141) 근무해야 할 날에 나오지 않고 빠짐
(142) 일을 맡음

(143) ④ (144) ① (145) ③ (146) ② (147) ④

(148) 虚 (149) 体 (150) 経

〈제2회〉

(1) 연횡 (2) 등촉 (3) 검찰
(4) 재배 (5) 농무 (6) 수반
(7) 징계 (8) 유독 (9) 감방
(10) 체류 (11) 인근 (12) 통쾌
(13) 매몰 (14) 흥취 (15) 타당
(16) 연주 (17) 미혹 (18) 반복
(19) 장내 (20) 증여 (21) 졸작
(22) 읍소 (23) 규명 (24) 기발
(25) 총판 (26) 파직 (27) 굴곡
(28) 오점 (29) 직파 (30) 미행
(31) 허탄 (32) 밀어 (33) 위조
(34) 조화 (35) 권면 (36) 강탈
(37) 포섭 (38) 인척 (39) 개성
(40) 이체 (41) 파천 (42) 준법
(43) 투과 (44) 이합 (45) 묘목

(46) 어조사 혜 (47) 마침내 경
(48) 잡을 집 (49) 살펴알 량/믿을 량
(50) 종 노 (51) 자주 빈
(52) 몇 기 (53) 배 리
(54) 겨룰 항 (55) 벼슬 경
(56) 어른 장 (57) 어조사 우
(58) 다락 루 (59) 덮을 개
(60) 부끄러울 참 (61) 더울 서
(62) 번역할 번 (63) 구차할 구/진실로 구
(64) 더할 첨 (65) 번거로울 번
(66) 여러 서 (67) 촛불 촉
(68) 날카로울 예 (69) 조카 질
(70) 가슴 흉 (71) 짐승 수
(72) 누릴 향

(73) 糧食 (74) 愼痛 (75) 輪禍 (76) 攻略 (77) 墓碑
(78) 思慮 (79) 驚歎 (80) 辭表 (81) 發射 (82) 組成
(83) 延期 (84) 堅固 (85) 靜脈 (86) 證據 (87) 藥酒
(88) 離脫 (89) 假髮 (90) 傑作 (91) 投手 (92) 苦痛
(93) 居處 (94) 脫出 (95) 慰勞 (96) 包圍 (97) 拒逆
(98) 拍手 (99) 進擊 (100) 類推 (101) 傑出 (102) 趣向

(103) 野, 否 (104) 裏 (105) 降 (106) 慶 (107) 苦
(108) 因 (109) 精神 (110) 京 (111) 經 (112) 任

(113) 亂 (114) 親 (115) 晩 (116) 分 (117) 病
(118) 角 (119) 道 (120) 潮 (121) 開 (122) 獨

(123) 貝 (124) 車 (125) 立 (126) 冂 (127) 木

(128) 髮 (129) 慮, 考, 想 (130) 參, 給, 授 (131) 傑 (132) 易

(133) 失機 (134) 攻勢 (135) 解散 (136) 救助 (137) 榮華

(138) 성이나 요새 따위를 무너뜨림
(139) 덮어 감추거나 가리어 숨김
(140) 몹시 화를 냄
(141) 같은 핏줄로 이어진 인연
(142) 마음이 흐려서 무엇에 홀림

(143) ② (144) ③ (145) ④ (146) ① (147) ③

(148) 伝 (149) 統 (150) 灯

〈제3회〉

(1) 감읍 (2) 광풍 (3) 혼미
(4) 도화 (5) 포착 (6) 견골
(7) 순사 (8) 모반 (9) 병렬
(10) 음보 (11) 추행 (12) 미간
(13) 가칭 (14) 말미 (15) 매복
(16) 교체 (17) 과당 (18) 규탄
(19) 불결 (20) 변상 (21) 소동
(22) 참상 (23) 토사 (24) 소거
(25) 단기 (26) 개편 (27) 포부
(28) 신축 (29) 제등 (30) 열광
(31) 사선 (32) 도치 (33) 판로
(34) 탕약 (35) 소맥 (36) 둔전
(37) 성곽 (38) 기일 (39) 완불
(40) 확충 (41) 기질 (42) 고분
(43) 경혈 (44) 모방 (45) 각료

(46) 난간 란 (47) 보낼 수
(48) 잔 배 (49) 벼 도
(50) 줄 증 (51) 무릎쓸 모
(52) 갈 서 (53) 부세 부
(54) 무늬 문 (55) 이끌 견/끌 견
(56) 비낄 사 (57) 값 치
(58) 술부을 작/잔질할 작 (59) 빌 걸
(60) 칠할 도 (61) 긴뱀 사
(62) 거문고 금 (63) 검열할 열/볼 열
(64) 거짓 가 (65) 연꽃 련
(66) 깎을 삭 (67) 넘칠 람
(68) 꽃다울 방 (69) 오를 등
(70) 제후 후 (71) 속일 사
(72) 복숭아 도

(73) 觀覽 (74) 資格 (75) 鑛物
(76) 妹兄 (77) 異變 (78) 與否
(79) 嚴禁 (80) 勝負 (81) 複雜
(82) 看過 (83) 血管 (84) 管理
(85) 否認 (86) 複製 (87) 亂舞
(88) 妨害 (89) 離散 (90) 戒律
(91) 先烈 (92) 體系 (93) 秀才
(94) 肅然 (95) 品階 (96) 繼承
(97) 孤立 (98) 金庫 (99) 獨占
(100) 經營 (101) 豫感 (102) 困窮

(103) 恩 (104) 可, 與 (105) 閉 (106) 愛 (107) 雨
(108) 隱 (109) 昨, 古 (110) 榮 (111) 卑 (112) 生, 活

(113) 與 (114) 量 (115) 國 (116) 初 (117) 兩
(118) 行 (119) 張 (120) 義 (121) 正 (122) 又

(123) 土 (124) 牛 (125) 羽 (126) 阝邑 (127) 月肉

(128) 淸 (129) 試 (130) 聽 (131) 討 (132) 敬

(133) 群舞 (134) 修行 (135) 金庫 (136) 批判 (137) 厚待

(138) 심하게 움직임
(139) 밤송이
(140) 법령을 지킴
(141) 나이·이름 등을 남의 것을 사용하거나 거짓으로 지어 씀
(142) 재주와 지혜가 뛰어남

(143) ② (144) ④ (145) ① (146) ② (147) ③

(148) 総 (149) 価 (150) 堅

〈제4회〉

(1) 향년 (2) 맹서 (3) 우대
(4) 희비 (5) 단군 (6) 섭생
(7) 초침 (8) 비약 (9) 지연
(10) 총기 (11) 기증 (12) 권말
(13) 모년 (14) 주화 (15) 감액
(16) 둔영 (17) 염치 (18) 휘호
(19) 근면 (20) 필부 (21) 간이
(22) 응시 (23) 첨단 (24) 주전
(25) 면제 (26) 압송 (27) 항설
(28) 조차 (29) 묵수 (30) 포란
(31) 장외 (32) 상환 (33) 지폐
(34) 암약 (35) 편제 (36) 주가
(37) 착시 (38) 탄복 (39) 흉부
(40) 진영 (41) 서출 (42) 궁체
(43) 후작 (44) 체신 (45) 옹립

(46) 종 례 (47) 뽕나무 상
(48) 읊을 음 (49) 살찔 비
(50) 엉길 응 (51) 이별할 결
(52) 소 축 (53) 반딧불 형
(54) 쇠불릴 주 (55) 돼지 해
(56) 어긋날 착 (57) 부를 소
(58) 사이뜰 격 (59) 넘칠 람
(60) 하물며 황/상황 황 (61) 음란할 음
(62) 밥통 위 (63) 토할 토
(64) 갈릴 체 (65) 바꿀 체
(66) 하늘 건/마를 간 (67) 물가 애
(68) 욀 송 (69) 이끼 야/어조사 야
(70) 기러기 안 (71) 고을 현
(72) 조 속

(73) 特委 (74) 勤勞 (75) 複寫
(76) 西紀 (77) 奇妙 (78) 威勢
(79) 大盜 (80) 頌祝 (81) 歌舞
(82) 困難 (83) 自肅 (84) 亂雜
(85) 遊牧 (86) 宣傳 (87) 豫防
(88) 勤續 (89) 舌戰 (90) 解散
(91) 遺言 (92) 病暇 (93) 交易
(94) 延命 (95) 屬性 (96) 隱退
(97) 損失 (98) 妙手 (99) 範圍
(100) 優勝 (101) 怨聲 (102) 點火

(103) 正 (104) 近攻 (105) 賢 (106) 怒, 悲 (107) 應答
(108) 溫, 暖 (109) 干, 收 (110) 昨, 古 (111) 福 (112) 優

(113) 痛 (114) 年 (115) 里 (116) 同 (117) 頭
(118) 忠 (119) 川 (120) 見 (121) 大 (122) 及

(123) 斤 (124) 麻 (125) 口 (126) ++草 (127) 尸

(128) 段, 層 (129) 價 (130) 監 (131) 極 (132) 獨

(133) 利害 (134) 山賊 (135) 延期 (136) 地緣 (137) 存續

(138) 사악한 생각
(139) 희게 하는 일
(140) 성대하고 활기에 찬 모양
(141) 안개가 걷히듯 흩어져 사라짐
(142) 권리·재산·법률상의 지위 등을 남에게 넘겨줌

(143) ④ (144) ③ (145) ③ (146) ① (147) ②

(148) 亀 (149) 数 (150) 独

〈제5회〉

(1) 타천 (2) 주철 (3) 탕재
(4) 제후 (5) 체납 (6) 응집
(7) 내진 (8) 체포 (9) 교열
(10) 준걸 (11) 흉상 (12) 채밀
(13) 확장 (14) 삭풍 (15) 징벌
(16) 표류 (17) 태만 (18) 형평
(19) 확대 (20) 탄신 (21) 추호
(22) 주물 (23) 망극 (24) 기결수
(25) 편성 (26) 변경 (27) 응모
(28) 파종 (29) 투시 (30) 호접
(31) 강연 (32) 예측 (33) 전각
(34) 함지 (35) 경조 (36) 현감
(37) 난자 (38) 분봉 (39) 준수
(40) 칠판 (41) 우모 (42) 분묘
(43) 가로등 (44) 편파 (45) 폐물

(46) 이끌 견/끌 견 (47) 토끼 묘
(48) 뵐 알 (49) 뽑을 초
(50) 밝을 소 (51) 자주빛 자
(52) 목마를 갈 (53) 참혹할 참
(54) 여러 루 (55) 우레 진
(56) 깎을 삭 (57) 누를 압
(58) 옮길 천 (59) 재앙 앙
(60) 썩을 부 (61) 낯 안
(62) 소반 반 (63) 그루 주
(64) 쓰일 수 (65) 무너질 붕
(66) 사냥 렵 (67) 거둘 확
(68) 어찌 해 (69) 삼갈 신
(70) 혼인 인 (71) 잡을 착
(72) 두려워할 외

(73) 專任 (74) 納期 (75) 構圖
(76) 豫測 (77) 緣分 (78) 壯觀
(79) 群舞 (80) 慰問 (81) 依據
(82) 屈辱 (83) 旅券 (84) 拒絶
(85) 郵便 (86) 機密 (87) 赤潮
(88) 勸農 (89) 存續 (90) 採取
(91) 勉學 (92) 殘務 (93) 證言
(94) 隱語 (95) 功績 (96) 點檢
(97) 逃避 (98) 階級 (99) 轉學
(100) 底邊 (101) 盜賊 (102) 援助

(103) 勤 (104) 孫 (105) 足 (106) 存 (107) 失
(108) 兄 (109) 扶桑 (110) 遠郊 (111) 複雜 (112) 急

(113) 忘 (114) 狗 (115) 强 (116) 理 (117) 冬
(118) 戰 (119) 發 (120) 然 (121) 海 (122) 使

(123) 忄心 (124) 欠 (125) 日 (126) 木 (127) 舟

(128) 打 (129) 爭 (130) 擇 (131) 增 (132) 怨

(133) 看過 (134) 否認 (135) 歡迎 (136) 答謝 (137) 疑心

(138) 따로 따로 임
(139) 남이 납득할 수 있도록 설명함
(140) 억지로 빼앗아 가짐
(141) 모르는 것이나 알고 싶은 것을 물음
(142) 어떤 일이나 임무를 맡겨 어떤 곳에 보냄

(143) ② (144) ③ (145) ④ (146) ③ (147) ①

(148) 変 (149) 担 (150) 当

〈제6회〉

(1) 인시 (2) 처서 (3) 만방
(4) 분변 (5) 압축 (6) 열람
(7) 기민 (8) 예각 (9) 위도
(10) 잡지 (11) 붕당 (12) 습지
(13) 기혼 (14) 오물 (15) 근검
(16) 가두 (17) 완만 (18) 해발
(19) 반란 (20) 간흉 (21) 삭망
(22) 내빈 (23) 동궤 (24) 완급
(25) 보상 (26) 운임 (27) 봉분
(28) 묵객 (29) 신승 (30) 암반
(31) 수면 (32) 촉매 (33) 연민
(34) 죄수 (35) 사족 (36) 허위
(37) 요원 (38) 운위 (39) 서민
(40) 반역 (41) 명상 (42) 거부
(43) 면화 (44) 표준 (45) 면적

(46) 싹 아 (47) 탐낼 탐
(48) 언덕 구 (49) 저울대 형
(50) 드리울 수 (51) 누구 숙
(52) 고요할 적 (53) 쇠사슬 쇄
(54) 윤달 윤 (55) 검소할 검
(56) 간음할 간 (57) 창성할 창
(58) 점 복 (59) 안을 포
(60) 눈물 루 (61) 병풍 병
(62) 재상 재 (63) 거북이 구/귀, 터질 균
(64) 찌를 자/척 (65) 닭 유
(66) 맹세할 서 (67) 벗 붕
(68) 졸음 수 (69) 탈 승
(70) 더울 서 (71) 두려워할 외
(72) 남녁 병

(73) 危險 (74) 歸鄕 (75) 復歸
(76) 寢室 (77) 論據 (78) 指針
(79) 窮理 (80) 適當 (81) 氣象
(82) 傷心 (83) 疑心 (84) 殘存
(85) 延着 (86) 發覺 (87) 雜念
(88) 均等 (89) 劇場 (90) 徒黨
(91) 構築 (92) 稱讚 (93) 納品
(94) 崇高 (95) 脫稅 (96) 氏族
(97) 危急 (98) 採擇 (99) 宿怨
(100) 缺損 (101) 嚴肅 (102) 最近

(103) 慶 (104) 縮 (105) 賢 (106) 怒 (107) 經
(108) 劣 (109) 任 (110) 存 (111) 眞 (112) 勤

(113) 肉 (114) 學 (115) 面 (116) 說 (117) 萬
(118) 利 (119) 靑 (120) 體 (121) 源 (122) 甘

(123) 无 (124) 殳 (125) 大 (126) 豆 (127) 田

(128) 過 (129) 到, 通 (130) 度 (131) 究 (132) 評

(133) 旅券 (134) 香水 (135) 群衆 (136) 歡聲 (137) 條約

(138) 여러 가지가 섞인 잡다한 종류
(139) 책이나 신문 등을 죽 훑어봄
(140) 적은 것을 보지 않고 입으로 욈
(141) 그릇되게 보도함
(142) 축나거나 잃어버리거나하여 손해를 봄

(143) ① (144) ① (145) ② (146) ③ (147) ④

(148) 旧 (149) 宝 (150) 观

〈제7회〉

(1) 추문 (2) 수탈 (3) 교체
(4) 강재 (5) 구상 (6) 환성
(7) 파지 (8) 한재 (9) 필적
(10) 배필 (11) 체취 (12) 방역
(13) 단장 (14) 채권 (15) 황폐
(16) 초속 (17) 반주 (18) 균형
(19) 화폭 (20) 징역 (21) 취침
(22) 전소 (23) 소상 (24) 심흉
(25) 순음 (26) 축사 (27) 경외
(28) 낭송 (29) 간염 (30) 참변
(31) 귀의 (32) 온탕 (33) 폐차
(34) 화창 (35) 참패 (36) 수직
(37) 번잡 (38) 애재 (39) 액운
(40) 쾌청 (41) 신라 (42) 웅변
(43) 서술 (44) 귀감 (45) 표어

(46) 못 지 (47) 굳을 경
(48) 벼슬 작 (49) 건널 섭
(50) 제비 연 (51) 이 자
(52) 슬퍼할 개 (53) 버들 양
(54) 허리 요 (55) 미칠 광
(56) 맬 계 (57) 부끄러울 괴
(58) 아무 모 (59) 떳떳할 용
(60) 노략질할 략 (61) 맡길 탁
(62) 갈 마 (63) 떠들 소
(64) 치우칠 편 (65) 물리칠 각
(66) 대개 개 (67) 가물 한
(68) 뛸 도 (69) 어조사 의
(70) 자못 파 (71) 흔들 요
(72) 먹 묵

(73) 悲劇 (74) 納稅 (75) 樣相
(76) 財政 (77) 營業 (78) 歡迎
(79) 屈曲 (80) 讚歌 (81) 考慮
(82) 遊覽 (83) 亂離 (84) 水準
(85) 豫備 (86) 悲鳴 (87) 勤勉
(88) 採鑛 (89) 嚴格 (90) 難聽
(91) 轉移 (92) 招來 (93) 壓卷
(94) 整備 (95) 急錢 (96) 業績
(97) 事態 (98) 儉約 (99) 大陸
(100) 靜肅 (101) 堅持 (102) 暴徒

(103) 利益 (104) 腹背 (105) 喜 (106) 前進 (107) 結果
(108) 賞 (109) 出 (110) 雨天 (111) 隱 (112) 平和

(113) 牛 (114) 草 (115) 盡 (116) 行 (117) 藥
(118) 亡 (119) 到 (120) 平 (121) 書 (122) 舟

(123) 丿 (124) 口 (125) 田 (126) 八 (127) 厂

(128) 申 (129) 屈, 衣 (130) 繼, 連 (131) 引 (132) 考, 思, 念

(133) 起工 (134) 烈士 (135) 孝誠 (136) 記述 (137) 招待

(138) 이웃해 있음
(139) 행동이 미치는 범위
(140) 빼앗아 가짐
(141) 믿고 의지함
(142) 더러운 것을 닦고, 쓸어 깨끗이 함

(143) ③ (144) ② (145) ① (146) ④ (147) ③

(148) 満 (149) 断 (150) 釈

〈제8회〉

(1) 처서 (2) 진지 (3) 통분
(4) 수색 (5) 숙질 (6) 침구
(7) 요동 (8) 급서 (9) 변상
(10) 혼수 (11) 경험 (12) 미혹
(13) 세모 (14) 선종 (15) 오수
(16) 소송 (17) 채문 (18) 차명
(19) 소주 (20) 화촉 (21) 탈당
(22) 관계 (23) 배알 (24) 수료
(25) 순장 (26) 추심 (27) 위염
(28) 추증 (29) 첨병 (30) 기안
(31) 위약 (32) 주구 (33) 요통
(34) 살균 (35) 편견 (36) 시의
(37) 철삭 (38) 만성 (39) 엽총
(40) 위증 (41) 혼탁 (42) 사채
(43) 첨작 (44) 정맥 (45) 대작

(46) 물 구 (47) 어조사 호
(48) 도타울 돈 (49) 짝 반
(50) 부를 빙 (51) 얼 동
(52) 꽃다울 방 (53) 놀 유
(54) 강철 강 (55) 족보 보
(56) 삼 마 (57) 민망할 민
(58) 잡을 섭 (59) 참혹할 참
(60) 바퀴자국 궤 (61) 빌릴 대/뀔 대
(62) 빌 걸 (63) 빼앗을 탈
(64) 그 궐 (65) 어조사 야
(66) 없을 망 (67) 불꽃 염
(68) 상서 상 (69) 사냥 렵
(70) 엉길 응 (71) 사를 소
(72) 속일 사

(73) 多樣 (74) 聽衆 (75) 伏線
(76) 遊覽 (77) 規範 (78) 妙案
(79) 過激 (80) 模樣 (81) 勤勉
(82) 强烈 (83) 稱頌 (84) 念慮
(85) 推論 (86) 盜難 (87) 裝備
(88) 批判 (89) 感歎 (90) 擔當
(91) 從來 (92) 同族 (93) 秘境
(94) 智略 (95) 主張 (96) 私心
(97) 消盡 (98) 子孫 (99) 傾向
(100) 組織 (101) 極限 (102) 災害

(103) 勸善 (104) 減 (105) 私 (106) 美 (107) 婦
(108) 苦盡 (109) 厚 (110) 開放 (111) 虛構 (112) 暖

(113) 盆 (114) 馬 (115) 定 (116) 賞 (117) 草
(118) 義 (119) 視 (120) 致 (121) 珍 (122) 新

(123) 車 (124) 女 (125) 豕 (126) 亻人 (127) 山

(128) 話 (129) 稱 (130) 庫 (131) 望 (132) 黨

(133) 西紀 (134) 笑話 (135) 弱者 (136) 急傳 (137) 視差

(138) 실력이나 형세가 보다 나음
(139) 너그럽게 받아들여 인정함
(140) 묵은 해를 보냄
(141) 시일을 미루거나 늦춤
(142) 꼭 필요함

(143) ② (144) ④ (145) ① (146) ③ (147) ②

(148) 点 (149) 亜 (150) 医

〈제9회〉

(1) 밀월 (2) 목침 (3) 염증
(4) 가공 (5) 섭렵 (6) 강경
(7) 멸렬 (8) 검역 (9) 황야
(10) 수확 (11) 요새 (12) 위헌
(13) 희사 (14) 유상 (15) 신예
(16) 뇌리 (17) 소환 (18) 소채
(19) 휴대 (20) 분규 (21) 위약
(22) 서술 (23) 면세 (24) 유시
(25) 참선 (26) 와병 (27) 강론
(28) 편식 (29) 사선 (30) 홍역
(31) 교량 (32) 소객 (33) 온난
(34) 비명 (35) 순교 (36) 자행
(37) 여등 (38) 기피 (39) 동료
(40) 완수 (41) 휴가 (42) 외경
(43) 경질 (44) 궤도 (45) 병립

(46) 전각 전 (47) 초하루 삭
(48) 어릴 치 (49) 어찌 해
(50) 보낼 견 (51) 뛸 약
(52) 맬 계 (53) 비단 견
(54) 꾀 책 (55) 징계할 징
(56) 줄 사 (57) 너 여
(58) 누울 와 (59) 부르짖을 규
(60) 벌 봉 (61) 손 빈
(62) 중매 매 (63) 잠길 침/성 심
(64) 드디어 수 (65) 본뜰 방
(66) 뱀 사 (67) 예 석
(68) 논 답 (69) 불을 윤
(70) 누를 압 (71) 뽑을 발
(72) 도타울 독

(73) 席卷 (74) 隱居 (75) 簡便
(76) 構造 (77) 適性 (78) 本籍
(79) 納得 (80) 觀點 (81) 條目
(82) 勤學 (83) 條約 (84) 關心
(85) 打鐘 (86) 政府 (87) 座中
(88) 織物 (89) 陣營 (90) 集團
(91) 時差 (92) 源泉 (93) 志願
(94) 烈士 (95) 推仰 (96) 直面
(97) 激變 (98) 逃走 (99) 假稱
(100) 彈壓 (101) 恨歎 (102) 規模

(103) 續 (104) 急 (105) 落 (106) 立體 (107) 方
(108) 迎新 (109) 買 (110) 衆 (111) 離 (112) 兵

(113) 百 (114) 禍 (115) 苦 (116) 治 (117) 正
(118) 難 (119) 海 (120) 記 (121) 門 (122) 狗

(123) 馬 (124) 冂 (125) 乙 (126) 木 (127) 丶

(128) 窮 (129) 亡 (130) 章 (131) 技 (132) 逃

(133) 認可 (134) 流入 (135) 悲鳴 (136) 舌戰 (137) 慰勞

(138) 마땅히. 으레
(139) 새롭고 바른 지식을 가지도록 함
(140) 죽은 이가 한평생 살면서 누린 나이를 이름
(141) 지금까지 내려온 그대로
(142) 자연 현상의 변화 따위를 관찰하여 측정함

(143) ② (144) ① (145) ④ (146) ③ (147) ②

(148) 訳 (149) 実 (150) 応

〈제10회〉

(1) 발군 (2) 삭풍 (3) 경직
(4) 기중 (5) 근린 (6) 봉기
(7) 비열 (8) 지나 (9) 반품
(10) 돈독 (11) 파견 (12) 금괴
(13) 해당 (14) 분개 (15) 준거
(16) 궤도 (17) 와가 (18) 재마
(19) 부과 (20) 도원 (21) 갈증
(22) 근수 (23) 사약 (24) 징벌
(25) 회포 (26) 육묘 (27) 우둔
(28) 구박 (29) 우방 (30) 계루
(31) 민연 (32) 파기 (33) 변명
(34) 균열 (35) 연마 (36) 누수
(37) 목련 (38) 반경 (39) 구현
(40) 반송 (41) 격리 (42) 성총
(43) 영하 (44) 미추 (45) 가교

(46) 즐길 오 (47) 머무를 박/배댈 박
(48) 얽힐 규 (49) 우레 진
(50) 새벽 효 (51) 이에 내
(52) 둑 제 (53) 소금 염
(54) 동료 료 (55) 넓힐 확
(56) 나란히 병 (57) 거의 태
(58) 아뢸 주 (59) 가둘 수
(60) 살펴알 량/믿을 량 (61) 넘어질 도
(62) 막힐 체 (63) 호걸 호
(64) 번역할 번 (65) 배부를 포
(66) 펼 신 (67) 좇을 준
(68) 물리칠 척 (69) 갈릴 체
(70) 나 여 (71) 집 헌
(72) 배반할 반

(73) 標語 (74) 愛犬 (75) 修訂
(76) 四季 (77) 龍王 (78) 判事
(79) 能力 (80) 貧困 (81) 派生
(82) 血緣 (83) 平生 (84) 傳達
(85) 保存 (86) 訓戒 (87) 可能
(88) 投票 (89) 均一 (90) 私立
(91) 徒步 (92) 派兵 (93) 姉妹
(94) 犯罪 (95) 判決 (96) 種族
(97) 手段 (98) 群衆 (99) 車庫
(100) 大略 (101) 組織 (102) 簡單

(103) 重 (104) 肉 (105) 厚 (106) 炭 (107) 本
(108) 甘 (109) 創造 (110) 縮 (111) 民 (112) 發

(113) 異 (114) 母 (115) 肉 (116) 方 (117) 漁
(118) 無 (119) 愛 (120) 求 (121) 聞 (122) 惡

(123) 力 (124) 一 (125) 両 (126) 田 (127) 子

(128) 模 (129) 端 (130) 論 (131) 視 (132) 盛

(133) 繼續 (134) 靜肅 (135) 氣象 (136) 現狀 (137) 消化

(138) 몰아냄
(139) 속세를 떠나 숨음. 또는 그런 사람
(140) 일정한 곳이나 상태에서 변하지 아니함
(141) 배를 탐
(142) 책·문서 등을 죽 훑어보거나 조사하여 봄

(143) ② (144) ④ (145) ① (146) ② (147) ③

(148) 顕 (149) 弾 (150) 粛

〈제11회〉

(1) 축사 (2) 부역 (3) 낭만
(4) 선사 (5) 포졸 (6) 누출
(7) 존폐 (8) 묘시 (9) 보폭
(10) 경사 (11) 무균 (12) 근교
(13) 도발 (14) 채무 (15) 후사
(16) 반석 (17) 오염 (18) 단지
(19) 빈도 (20) 파직 (21) 근량
(22) 배반 (23) 둔재 (24) 악취
(25) 영세 (26) 간음 (27) 청렴
(28) 총판 (29) 타도 (30) 칠흑
(31) 강탈 (32) 납폐 (33) 설탕
(34) 금속 (35) 경도 (36) 근신
(37) 해석 (38) 사감 (39) 견제
(40) 편력 (41) 분열 (42) 속국
(43) 환불 (44) 대체 (45) 혈거

(46) 송사할 송 (47) 버금 아
(48) 떨어질 령 (49) 뾰족할 첨
(50) 기릴 예/명예 예 (51) 면할 면
(52) 모 묘 (53) 넉넉할 유
(54) 뿌릴 파 (55) 어깨 견
(56) 칠할 도 (57) 무덤 분
(58) 폭 폭 (59) 사슴 록
(60) 맏 맹 (61) 재촉할 촉
(62) 냄새 취 (63) 바로잡을 정
(64) 거리 항 (65) 분별할 변
(66) 첩 첩 (67) 땀 한
(68) 자못 파 (69) 잡을 착
(70) 재앙 앙 (71) 빛날 휘
(72) 사당 묘

(73) 否定 (74) 境遇 (75) 合意
(76) 背景 (77) 理解 (78) 口呼
(79) 損害 (80) 自體 (81) 區域
(82) 反射 (83) 要所 (84) 參與
(85) 遺産 (86) 上映 (87) 母乳
(88) 肯定 (89) 儒學 (90) 老松
(91) 擊退 (92) 積金 (93) 人造
(94) 墓地 (95) 犯行 (96) 散在
(97) 營利 (98) 壯丁 (99) 長篇
(100) 特別 (101) 起源 (102) 事前

(103) 存 (104) 善, 好 (105) 勤 (106) 去, 往 (107) 雨
(108) 支 (109) 滿, 支 (110) 骨 (111) 海 (112) 難

(113) 職 (114) 會 (115) 骨 (116) 盛 (117) 戰
(118) 食 (119) 風 (120) 仁 (121) 登 (122) 問

(123) 儿 (124) 女 (125) 穴 (126) 鳥 (127) 心

(128) 競 (129) 末 (130) 承, 續 (131) 念 (132) 堅
(133) 洋式 (134) 通話 (135) 全景 (136) 要所 (137) 宿願

(138) 인정하지 않음
(139) 주춧돌
(140) 찾아 뵘
(141) 주는 일과 빼앗는 일
(142) 사로잡음

(143) ① (144) ④ (145) ② (146) ① (147) ③

(148) 礼 (149) 乗 (150) 虫

〈제12회〉

(1) 추서 (2) 복개 (3) 조세
(4) 포옹 (5) 좌경 (6) 경로
(7) 체불 (8) 추신 (9) 변론
(10) 비견 (11) 제향 (12) 우심
(13) 증여 (14) 구지가 (15) 착오
(16) 누락 (17) 편재 (18) 모욕
(19) 탁류 (20) 배필 (21) 태만
(22) 조문 (23) 상환 (24) 소실
(25) 실토 (26) 호협 (27) 도약
(28) 주청 (29) 화곡 (30) 변천
(31) 탄강 (32) 황당 (33) 체증
(34) 탄환 (35) 제휴 (36) 생애
(37) 혼기 (38) 격차 (39) 모춘
(40) 결렬 (41) 배알 (42) 절도
(43) 빈번 (44) 형평 (45) 요배

(46) 돌아볼 고 (47) 말이을 이
(48) 귀 밝을 총 (49) 나 여
(50) 어찌 기 (51) 업신여길 모
(52) 씨 위 (53) 준걸 준
(54) 헐 훼 (55) 벼 화
(56) 따라죽을 순 (57) 멜 하
(58) 어긋날 위 (59) 뛸 약
(60) 다 함 (61) 쫓을 축
(62) 어긋날 착 (63) 뽑을 추
(64) 떨어질 타 (65) 어금니 아
(66) 떳떳할 용 (67) 이 사
(68) 맺을 결 (69) 돌 선
(70) 걸 괘 (71) 드물 희
(72) 부끄러울 참

(73) 評論 (74) 開業 (75) 或者
(76) 夏季 (77) 攻防 (78) 請婚
(79) 榮華 (80) 革命 (81) 分散
(82) 刑罰 (83) 降伏 (84) 平均
(85) 仁術 (86) 地域 (87) 歡聲
(88) 可否 (89) 健壯 (90) 折半
(91) 兵丁 (92) 本錢 (93) 證人
(94) 因緣 (95) 座席 (96) 不況
(97) 珍貴 (98) 山賊 (99) 異性
(100) 國庫 (101) 貿易 (102) 採集

(103) 縮 (104) 集 (105) 氷 (106) 強 (107) 樂
(108) 富 (109) 末, 終 (110) 損 (111) 新, 今 (112) 當

(113) 狀 (114) 之 (115) 報 (116) 異 (117) 西
(118) 科 (119) 存 (120) 落 (121) 有 (122) 良

(123) 方 (124) 亅 (125) 儿 (126) 鳥 (127) 力

(128) 擊 (129) 終 (130) 園 (131) 洗 (132) 頌
(133) 考慮 (134) 申告 (135) 速成 (136) 訪問 (137) 傷心

(138) 시간을 아낌
(139) 구름과 안개
(140) 여럿이 한목에 소리를 내어 부름
(141) 몹시 재촉함
(142) 노인을 공경함

(143) ③ (144) ② (145) ④ (146) ① (147) ②

(148) 竜 (149) 画 (150) 辞

〈제13회〉

(1) 섭외   (2) 공작   (3) 발광
(4) 의당   (5) 가차   (6) 졸속
(7) 선린   (8) 압수   (9) 영물
(10) 침투   (11) 폐차   (12) 배향
(13) 담박   (14) 홍보   (15) 초청
(16) 훼상   (17) 혐오   (18) 부상
(19) 난무   (20) 도래   (21) 결별
(22) 세탁   (23) 마의   (24) 좌담
(25) 기반   (26) 소원   (27) 홍모
(28) 불하   (29) 중재   (30) 하중
(31) 번뇌   (32) 민활   (33) 약진
(34) 영점   (35) 참괴   (36) 파면
(37) 묘당   (38) 알현   (39) 열병
(40) 상처   (41) 조폐   (42) 진단
(43) 대폭   (44) 산악   (45) 묵향

(46) 더할 첨   (47) 번거로울 번
(48) 가슴 흉   (49) 천거할 천
(50) 속일 기   (51) 기러기 홍
(52) 화살 시   (53) 줄 사
(54) 헤엄칠 영   (55) 건널 도
(56) 어조사 의   (57) 나 오
(58) 서리 상   (59) 도타울 독
(60) 범 인/동방 인 (61) 그리워할 련
(62) 개 구   (63) 울 읍
(64) 방자할 자/마음대로 자 (65) 익숙할 관
(66) 거짓 위   (67) 둔할 둔
(68) 이미 기   (69) 새벽 효
(70) 찾을 색/노 삭 (71) 낄 옹
(72) 배반할 반

(73) 擇一   (74) 刻苦   (75) 脫出
(76) 近況   (77) 投書   (78) 喜悲
(79) 招待   (80) 氣候   (81) 重傷
(82) 回甲床   (83) 主犯   (84) 骨折
(85) 成就   (86) 厚待   (87) 推理
(88) 抗爭   (89) 灰色   (90) 名稱
(91) 高層   (92) 看病人   (93) 核心
(94) 就學   (95) 深刻   (96) 困境
(97) 厚德   (98) 對抗   (99) 別居
(100) 儉素   (101) 更新   (102) 投資

(103) 盛 (104) 腹 (105) 畓 (106) 臣 (107) 經
(108) 昨, 古 (109) 客 (110) 暖 (111) 脫, 發 (112) 眞

(113) 象 (114) 至 (115) 對 (116) 花 (117) 本
(118) 易 (119) 所 (120) 之 (121) 風 (122) 根

(123) 丿 (124) 木 (125) 戈 (126) 目 (127) 日

(128) 濟 (129) 虛 (130) 徒 (131) 衆 (132) 階

(133) 負傷 (134) 簡單 (135) 秀才 (136) 機關 (137) 複線

(138) 꺼리고 피함
(139) 지금까지 닦아온 학문이나 거쳐온 직업 따위의 경력
(140) 법원에 재판을 청구하는 일
(141) 지식이나 생각 따위가 얕음
(142) 송사로 서로 다툼

(143) ③   (144) ①   (145) ②   (146) ④   (147) ①

(148) 党   (149) 様   (150) 銭

〈제14회〉

(1) 애송   (2) 고객   (3) 세균
(4) 사면   (5) 철강   (6) 봉쇄
(7) 금기   (8) 쾌유   (9) 만담
(10) 압수   (11) 오욕   (12) 간신
(13) 혼인   (14) 기갈   (15) 자색
(16) 위장   (17) 논거   (18) 유사
(19) 해석   (20) 빈발   (21) 부도
(22) 사칭   (23) 고배   (24) 기권
(25) 신성   (26) 음란   (27) 송사
(28) 액운   (29) 궁색   (30) 번역
(31) 발아   (32) 만필   (33) 동상
(34) 광포   (35) 붕어   (36) 도탄
(37) 수인   (38) 간섭   (39) 방주
(40) 첨삭   (41) 사양   (42) 소명
(43) 견장   (44) 동요   (45) 서자

(46) 별 경   (47) 병풍 병
(48) 근심 우   (49) 개 술
(50) 엿 당/사탕 탕 (51) 버금 중
(52) 찢어질 렬   (53) 별 진/때 신
(54) 전염병 역   (55) 그루 주
(56) 슬플 오   (57) 가지 지
(58) 말탈 기   (59) 들보 량/다리 량
(60) 힘쓸 려   (61) 돌이킬 반
(62) 매울 신   (63) 기러기 안
(64) 이를 운   (65) 더욱 우
(66) 곁 방   (67) 나물 소
(68) 떳떳할 용   (69) 삼갈 근
(70) 게으를 태   (71) 줄 현
(72) 서로 호

(73) 排列   (74) 天體   (75) 頻盜
(76) 敢行   (77) 分布   (78) 好評
(79) 亂立   (80) 改革   (81) 周圍
(82) 進化論   (83) 通念   (84) 受信
(85) 見解   (86) 確信   (87) 是正
(88) 危險   (89) 奇異   (90) 科學
(91) 技術   (92) 逃亡   (93) 否決
(94) 行星   (95) 射殺   (96) 移民
(97) 認識   (98) 從來   (99) 自轉
(100) 誇示   (101) 歡心   (102) 已往

(103) 從, 客 (104) 輕 (105) 因 (106) 降 (107) 任
(108) 鄕 (109) 先, 前 (110) 慶 (111) 虛 (112) 早

(113) 信 (114) 利 (115) 步 (116) 不 (117) 金
(118) 常 (119) 故 (120) 住 (121) 投 (122) 是

(123) 虫 (124) 又 (125) 禾 (126) 飛 (127) 己

(128) 寒 (129) 訪 (130) 財 (131) 層 (132) 暖

(133) 變更 (134) 居住 (135) 自轉 (136) 寄與 (137) 道路

(138) 시험을 치름
(139) 잘 지니어 상하거나 없어지거나 하지 않도록 함
(140) 권하고 장려함
(141) 한 가지 일에만 온 정신을 기울임
(142) 죄인 혹은 그런 혐의가 있는 사람을 강제로 잡음

(143) ①   (144) ①   (145) ③   (146) ②   (147) ④

(148) 麦   (149) 広   (150) 覚

##〈제15회〉

(1) 습지
(2) 임금
(3) 전하
(4) 종돈
(5) 청결
(6) 병행
(7) 질부
(8) 간격
(9) 타락
(10) 수라
(11) 낙뢰
(12) 열전
(13) 축배
(14) 결례
(15) 절규
(16) 계관
(17) 채권
(18) 적금
(19) 사성
(20) 폐품
(21) 사기
(22) 와룡
(23) 인근
(24) 황당
(25) 반환
(26) 추상
(27) 서무
(28) 숙약
(29) 뇌쇄
(30) 순장
(31) 면직
(32) 난풍
(33) 좌랑
(34) 각설
(35) 당분
(36) 방북
(37) 만화*
(38) 아귀
(39) 후미
(40) 숙박
(41) 폭발
(42) 매도
(43) 규범
(44) 차용
(45) 천애

(46) 큰산 악
(47) 형벌 형
(48) 이 자
(49) 돼지 돈
(50) 잠길 잠
(51) 토할 토
(52) 떨칠 불
(53) 돌아볼 고
(54) 나물 채
(55) 거리 항
(56) 힘줄 근
(57) 생각할 억
(58) 닮을 사
(59) 막을 저
(60) 뛸 약
(61) 하고자할 욕
(62) 기쁠 열
(63) 부를 징
(64) 번뇌할 뇌
(65) 앉을 좌
(66) 몰 구
(67) 감출 장
(68) 땅 곤
(69) 번성할 번
(70) 바로잡을 교
(71) 돋을 도
(72) 봉우리 봉

(73) 退治
(74) 水準
(75) 反抗
(76) 固定
(77) 登場
(78) 完備
(79) 待接
(80) 信用
(81) 强調
(82) 條件
(83) 建設
(84) 樣式
(85) 確保
(86) 完快
(87) 位置
(88) 原理
(89) 精神
(90) 體系
(91) 巨人
(92) 動員
(93) 達成
(94) 加速
(95) 生食
(96) 立體的
(97) 負擔
(98) 拾得
(99) 正規
(100) 理解
(101) 死後
(102) 對話

(103) 干
(104) 怨
(105) 離
(106) 榮
(107) 隱
(108) 寡
(109) 反
(110) 虛
(111) 豊, 吉
(112) 彼

(113) 者
(114) 減
(115) 共
(116) 律
(117) 脈
(118) 利
(119) 軍
(120) 官
(121) 復
(122) 然

(123) 土
(124) 山
(125) 口
(126) 土
(127) 佳

(128) 高
(129) 紅
(130) 貧
(131) 覺
(132) 讀

(133) 修訂
(134) 短期
(135) 壯元
(136) 適當
(137) 辭典

(138) 다시 살아남
(139) 어떤 사태에 직접 부닥침
(140) 담을 넘음
(141) 유언을 적어 남긴 글
(142) 두 편이 서로 좋도록 절충하여 협의함

(143) ①
(144) ③
(145) ②
(146) ④
(147) ③

(148) 帰
(149) 糸
(150) 联

부록(附錄) 학습

- 읽기장
- 부수자 일람표

♣ 한자(漢字)의 훈음(訓音)을 가리고, 소리내어 읽어보시오.

3급-1

却	姦	渴	慨	皆	乞	牽	肩	絹
물리칠 각	간음할 간	목마를 갈	슬퍼할 개	다 개	빌 걸	이끌 견	어깨 견	비단 견
遣	卿	庚	竟	癸	繫	枯	顧	坤
보낼 견	벼슬 경	별 경	마침내 경	북방 계	맬 계	마를 고	돌아볼 고	따 곤
郭	掛	塊	愧	矯	郊	俱	狗	懼
둘레 곽	걸 괘	흙덩이 괴	부끄러울 괴	바로잡을 교	들 교	함께 구	개 구	두려워할 구
苟	驅	龜	厥	軌	叫	糾	僅	斤
구차할 구	몰 구	거북 구/귀	그 궐	바퀴자국 궤	부르짖을 규	얽힐 규	겨우 근	근 근
謹	肯	幾	忌	棄	欺	旣	豈	飢
삼갈 근	즐길 긍	몇 기	꺼릴 기	버릴 기	속일 기	이미 기	어찌 기	주릴 기
那	乃	奈	惱	畓	塗	挑	跳	稻
어찌 나	이에 내	어찌 내	번뇌할 뇌	논 답	칠할 도	돋을 도	뛸 도	벼 도
篤	敦	豚	屯	鈍	騰	濫	掠	諒
도타울 독	도타울 돈	돼지 돈	진칠 둔	둔할 둔	오를 등	넘칠 람	노략질할 략	살펴알 량
憐	劣	廉	獵	零	隸	鹿	了	僚
불쌍히여길련	못할 렬	청렴할 렴	사냥 렵	떨어질 령	종 례	사슴 록	마칠 료	동료 료
屢	淚	梨	隣	慢	漫	忙	忘	罔
여러 루	눈물 루	배 리	이웃 린	거만할 만	흩어질 만	바쁠 망	잊을 망	없을 망

♣ 한자(漢字)의 훈음(訓音)을 가리고, 소리내어 읽어보시오.

3급-2

茫	埋	冥	侮	募	冒	暮	某	卯
아득할 망	묻을 매	어두울 명	업신여길 모	모을 모	무릅쓸 모	저물 모	아무 모	토끼 묘
廟	苗	戊	霧	迷	眉	憫	敏	蜜
사당 묘	모 묘	천간 무	안개 무	미혹할 미	눈썹 미	민망할 민	민첩할 민	꿀 밀
泊	伴	叛	返	傍	倣	邦	杯	煩
머무를 박	짝 반	배반할 반	돌이킬 반	곁 방	본뜰 방	나라 방	잔 배	번거로울 번
飜	辨	屛	竝	卜	蜂	赴	墳	朋
번역할 번	분별할 변	병풍 병	나란히 병	점 복	벌 봉	다다를 부	무덤 분	벗 붕
崩	賓	頻	聘	似	巳	捨	斯	賜
무너질 붕	손 빈	자주 빈	부를 빙	닮을 사	뱀 사	버릴 사	이 사	줄 사
詐	朔	嘗	祥	庶	敍	暑	誓	逝
속일 사	초하루 삭	맛볼 상	상서 상	여러 서	펼 서	더울 서	맹세할 서	갈 서
昔	析	攝	涉	召	昭	蔬	騷	粟
예 석	쪼갤 석	잡을 섭	건널 섭	부를 소	밝을 소	나물 소	떠들 소	조 속
誦	囚	睡	搜	遂	誰	雖	須	孰
욀 송	가둘 수	졸음 수	찾을 수	드디어 수	누구 수	비록 수	모름지기 수	누구 숙
循	殉	脣	戌	矢	伸	晨	辛	尋
돌 순	따라죽을 순	입술 순	개 술	화살 시	펼 신	새벽 신	매울 신	찾을 심

♣ 한자(漢字)의 훈음(訓音)을 가리고, 소리내어 읽어보시오.
3급-3

餓	岳	雁	謁	押	殃	涯	厄	也
주릴 아	큰산 악	기러기 안	뵐 알	누를 압	재앙 앙	물가 애	액 액	이끼 야
耶	躍	楊	於	焉	予	余	汝	輿
어조사 야	뛸 약	버들 양	어조사 어	어찌 언	나 여	나 여	너 여	수레 여
閱	泳	詠	銳	傲	吾	嗚	娛	汚
볼 열	헤엄칠 영	읊을 영	날카로울 예	거만할 오	나 오	슬플 오	즐길 오	더러울 오
擁	翁	臥	曰	畏	搖	腰	遙	庸
낄 옹	늙은이 옹	누울 와	가로 왈	두려워할 외	흔들 요	허리 요	멀 요	떳떳할 용
于	又	尤	云	緯	違	唯	惟	愈
어조사 우	또 우	더욱 우	이를 운	씨 위	어긋날 위	오직 유	생각할 유	나을 유
酉	閏	吟	泣	凝	宜	矣	夷	而
닭 유	윤달 윤	읊을 음	울 읍	엉길 응	마땅 의	어조사 의	오랑캐 이	말이을 이
姻	寅	恣	玆	爵	酌	墻	哉	宰
혼인 인	범 인	방자할 자	이 자	벼슬 작	술부을 작	담 장	어조사 재	재상 재
滴	竊	蝶	訂	堤	弔	燥	拙	佐
물방울 적	훔칠 절	나비 접	바로잡을 정	둑 제	조상할 조	마를 조	졸할 졸	도울 좌
舟	俊	遵	贈	只	遲	姪	懲	且
배 주	준걸 준	좇을 준	줄 증	다만 지	더딜 지	조카 질	징계할 징	또 차

♣ 한자(漢字)의 훈음(訓音)을 가리고, 소리내어 읽어보시오.

3급-4

捉	慘	慙	暢	斥	薦	尖	添	妾
잡을 착	참혹할 참	부끄러울 참	화창할 창	물리칠 척	천거할 천	뾰족할 첨	더할 첨	첩 첩
晴	替	逮	遞	抄	秒	燭	聰	抽
갤 청	바꿀 체	잡을 체	갈릴 체	뽑을 초	분초 초	촛불 촉	귀밝을 총	뽑을 추
醜	丑	逐	臭	枕	妥	墮	托	濁
추할 추	소 축	쫓을 축	냄새 취	베개 침	온당할 타	떨어질 타	맡길 탁	흐릴 탁
濯	誕	貪	怠	把	播	罷	頗	販
씻을 탁	낳을 탄	탐낼 탐	게으를 태	잡을 파	뿌릴 파	마칠 파	자못 파	팔 판
貝	遍	幣	蔽	抱	飽	幅	漂	匹
조개 패	두루 편	화폐 폐	덮을 폐	안을 포	배부를 포	폭 폭	떠다닐 표	짝 필
旱	咸	巷	亥	奚	該	享	軒	絃
가물 한	다 함	거리 항	돼지 해	어찌 해	갖출 해	누릴 향	집 헌	줄 현
縣	嫌	亨	螢	兮	乎	互	毫	昏
고을 현	싫어할 혐	형통할 형	반딧불 형	어조사 혜	어조사 호	서로 호	터럭 호	어두울 혼
弘	鴻	禾	穫	擴	丸	曉	侯	毁
클 홍	기러기 홍	벼 화	거둘 확	넓힐 확	둥글 환	새벽 효	제후 후	헐 훼
輝	携							
빛날 휘	이끌 휴							

부수자(部首字: 214자) 일람표(一覽表)

1 획
- 一 한 일
- 丨 뚫을 곤
- 丶 점 주
- 丿 삐칠 별
- 乙 새 을
- 亅 갈고리 궐

2 획
- 二 두 이
- 亠 머리부분 두
- 人亻 사람 인
- 儿 어진사람 인
- 入 들 입
- 八 나눌 팔
- 冂 멀 경
- 冖 덮을 멱
- 冫 얼음 빙
- 几 걸상 궤
- 凵 입벌릴 감
- 刀 칼 도
- 力 힘 력
- 勹 감쌀 포
- 匕 숟가락 비
- 匚 상자 방
- 匸 감출 혜
- 十 열 십
- 卜 점 복
- 卩㔾 병부 절
- 厂 언덕 한
- 厶 사사 사
- 又 손 우

3 획
- 口 입 구
- 囗 에워쌀 위
- 土 흙 토
- 士 선비 사
- 夂 뒤져올 치
- 夊 천천히 걸을 쇠
- 夕 저녁 석
- 大 큰 대
- 女 계집 녀
- 子 아들 자
- 宀 집 면
- 寸 마디 촌
- 小 작을 소
- 尢 절름발이 왕
- 尸 누울 시
- 屮 싹날 철
- 山 메 산
- 巛 내 천
- 工 장인 공
- 己 몸 기
- 巾 수건 건
- 干 방패 간
- 幺 작을 요
- 广 집 엄
- 廴 연이어 걸을 인
- 廾 두손 공
- 弋 주살 익
- 弓 활 궁
- 彐彑 돼지머리 계
- 彡 무늬 삼
- 彳 걸을 척

4 획
- 心 마음 심
- 戈 창 과
- 戶 지게문 호
- 手扌 손 수
- 支 나눌 지
- 攴攵 칠 복
- 文 글월 문
- 斗 말 두
- 斤 도끼 근
- 方 모 방
- 无 없을 무
- 日 해 일
- 曰 말할 왈
- 月 달 월
- 木 나무 목
- 欠 하품 흠
- 止 그칠 지
- 歹 남은뼈 알
- 殳 창 수
- 毋 말 무
- 比 견줄 비
- 毛 터럭 모
- 氏 뿌리 씨
- 气 기운 기
- 水氵 물 수
- 火灬 불 화
- 爪 손톱 조
- 父 아비 부
- 爻 점괘 효
- 爿 조각 장

5 획
- 片 조각 편
- 牙 어금니 아
- 牛 소 우
- 犬犭 개 견

5 획
- 玄 검을 현
- 玉 구슬 옥
- 瓜 외 과
- 瓦 기와 와
- 甘 달 감
- 生 날 생
- 用 쓸 용
- 田 밭 전
- 疋 발 소
- 疒 병들 녁
- 癶 걸을 발
- 白 흰 백
- 皮 가죽 피
- 皿 그릇 명
- 目 눈 목
- 矛 창 모
- 矢 화살 시
- 石 돌 석
- 示 보일 시
- 内 짐승발자국 유
- 禾 벼 화
- 穴 구멍 혈
- 立 설 립

6 획
- 竹 대 죽
- 米 쌀 미
- 糸 실 사
- 缶 장군 부
- 网 그물 망
- 羊 양 양
- 羽 날개 우
- 老 늙을 로
- 而 말이을 이
- 耒 쟁기 뢰
- 耳 귀 이
- 聿 붓 률
- 肉月 고기 육
- 臣 신하 신
- 自 코 자
- 至 이를 지
- 臼 절구 구
- 舌 혀 설

7 획
- 舛 어그러질 천
- 舟 배 주
- 艮 괘이름 간
- 色 빛 색
- 艸 풀 초
- 虍 범무늬 호
- 虫 벌레 충
- 血 피 혈
- 行 다닐 행
- 衣 옷 의
- 襾 덮을 아

7 획
- 見 볼 견
- 角 뿔 각
- 言 말씀 언
- 谷 골 곡
- 豆 콩 두
- 豕 돼지 시
- 豸 사나운짐승 치
- 貝 조개 패
- 赤 붉을 적
- 走 달릴 주
- 足 발 족
- 身 몸 신
- 車 수레 거(차)
- 辛 매울 신
- 辰 별 진
- 辵 갈 착
- 邑 고을 읍
- 酉 술 유
- 釆 분별할 변
- 里 마을 리

8 획
- 金 쇠 금
- 長 긴 장
- 門 문 문
- 阜 언덕 부
- 隶 미칠 체
- 隹 새 추
- 雨 비 우
- 靑 푸를 청
- 非 아닐 비

9 획
- 面 낯 면
- 革 가죽 혁
- 韋 다룸가죽 위
- 韭 부추 구
- 音 소리 음
- 頁 머리 혈
- 風 바람 풍
- 飛 날 비
- 食 밥 식
- 首 머리 수
- 香 향기 향

10 획
- 馬 말 마
- 骨 뼈 골
- 高 높을 고
- 髟 털늘어질 표
- 鬥 싸울 투
- 鬯 기장술 창
- 鬲 오지병 격
- 鬼 귀신 귀

11 획
- 魚 물고기 어
- 鳥 새 조
- 鹵 소금밭 로
- 鹿 사슴 록
- 麥 보리 맥
- 麻 삼 마

12 획
- 黃 누를 황
- 黍 기장 서
- 黑 검을 흑
- 黹 바느질할 치

13 획
- 黽 맹꽁이 맹
- 鼎 솥 정
- 鼓 북 고
- 鼠 쥐 서

14 획
- 鼻 코 비
- 齊 가지런할 제

15 획
- 齒 이 치

16 획
- 龍 용 룡
- 龜 거북 귀

17 획
- 龠 피리 약